Franz Elsensohn – Süoßlarschnitz und Füdlabloser

Titelbildgestaltung unter Verwendung einer Illustration
von der Karte Eichel Sieben. Abdruck mit freundlicher Genehmigung
der Wiener Spielkartenfabrik Ferd. Piatnik & Söhne, 1140 Wien.

Franz Elsensohn

Süoßlarschnitz und Füdlabloser

Ortsübernamen in Vorarlberg

BUCHER

BUCHER VERLAG, Hohenems
www.quintessence.at

Gestaltung: Dietmar Waibel
Druck: BUCHER DruckVerlag Netzwerk, Hohenems
Bindung: Buchbinderei Eibert, Eschenbach/CH

ISBN 978-3-902525-61-1
Printed in Austria

Solche Namen stellen dem gern als nüchtern bezeichneten Vorarlberger Volk das Zeugnis einer »regen, knüpfungsreichen und bildschöpferischen Phantasie« aus.

Univ.-Prof. Dr. Eugen Thurnher

Vorwort

»Von einer Gemeinde selbst hätte ich den eigenen Übernamen wohl nur dann erfahren, wenn er nichts Unangenehmes aussagte.« So hat Dr. Artur Schwarz vor nunmehr etwa einem halben Jahrhundert geschrieben und dann erklärt er, wie er bei seiner Suche vorgegangen ist: »Ich schrieb an jede Gemeinde um die Übernamen der Nachbargemeinden, und da waren die Berichterstatter sehr aufgeschlossen.« Inzwischen ist einiges Wasser durch den Rhein hinuntergeflossen, und bei der Überprüfung der bekannten Übernamen oder bei der Suche nach neuen gab es keine Gemeinde, in der nicht Leute bereitwillig Auskunft über die ortseigenen Übernamen gaben, ja gelegentlich war es der Bürgermeister selbst, der ohne zu zögern auch eine weniger schmeichelhafte Titulierung seiner Gemeindeangehörigen bestätigte und begründete.

Sicher die stärksten Häufungen solcher Orts-Übernamen finden sich im Rheintal, im Walgau, in den beiden Walsertälern und im Klostertal, auch der Bregenzerwald ist – abgesehen vom Vorderwald – gut vertreten. Das Leiblachtal dagegen und vor allem das Montafon können nur mit wenigen Spottnamen aufwarten. Ob dies ehemals anders war, wird sich wahrscheinlich nicht mehr feststellen lassen. Um einige Gemeinden nicht »leer ausgehen« zu lassen, sind in solchen Fällen Namen erwähnt, die sich zwar historisch begründen lassen, aber wohl kaum einmal richtig im Gebrauch gewesen sind.

Darüber, woran es liegt, dass gerade das Vorderland so auffallend viele Ortsübernamen besitzt, können nur Vermutungen angestellt werden. Eine mögliche Erklärung ist vielleicht darin zu finden, dass sich die Menschen hier bei besonders zahlreichen Gelegenheiten nahe gekommen sind. Da gab es die Märkte, die Versammlungen beim gemeinsamen Gericht und vor allem die Wallfahrten auf den Liebfrauenberg. Schon die jüngsten Teilnehmer erkannten dabei schnell, dass auch eine derart fromme Betätigung wie eine Bittprozession gute Gelegenheit bot, den Nachbarbuben die eigenen Kräfte zu zeigen und ihnen mit entsprechenden Zurufen zu imponieren. Vor allem die Jungmannschaften der einzelnen Gemeinden dürften es hier, aber natürlich auch anderswo gewesen sein, die dann lauthals dafür sorgten, dass solche Bezeichnungen nicht in Vergessenheit gerieten. Was die »Urahna« und der »Guggähne« ihnen in dieser Hinsicht von früher erzählten, fiel bei ihnen sicher auf fruchtbaren Boden. Ein Kenner dieser Materie meinte einmal im Hinblick auf solche Spötteleien, die Ursprünge der Namensgebungen seien von den Vorfahren mit in die Ewigkeit genommen worden. Zum Teil dürfte er Recht haben, doch viele dieser Schöpfungen lassen sich ohne weiteres erklären und bescheinigen den Vorfahren nicht selten eine gute Portion an gesundem Humor.

Ordnet man die erhaltenen Namen bestimmten Kategorien zu, fällt recht schnell auf, wie oft es wirtschaftliche Gegebenheiten gewesen sind, die den Nachbarn Anlass für ihre Zurufe gegeben haben. Dass dabei besonders die einseitige und meist auch ärmliche Art der Ernährung Ziel des Spottes gewesen ist, lässt sich bei nahezu einem Viertel aller Namen feststellen. Stark vertreten sind auch Anspielungen auf Charaktereigenschaften, auf weniger geschätzte natürlich!

Übernamen, bei denen es angebracht ist, sie inhaltlich jeweils etwas breiter darzustellen, sind jene, bei denen es um heute oft schon längst ausgestorbene Tätigkeiten und Berufe geht. Dem Hörensagen nach zwar oft noch bekannt, verdienen sie es ganz besonders, vor dem Vergessen bewahrt zu werden.

Eine weitere Gruppe ist jene, bei der es um Anekdoten von Geschehen geht, die sich in den Dorfgemeinschaften abgespielt haben sollen; sie erinnern oft stark an Schildbürgerstreiche, wirken nicht selten austauschbar und sind in manchen Fällen auch tatsächlich »gewandert«. Daneben gibt es aber auch durchaus Historisches, das in solchen Übernamen Niederschlag gefunden hat.

Von der besonders oft verwendeten Bezeichnung »Stier« einmal abgesehen, ist die Anzahl der Tiernamen eigentlich nicht auffallend groß. Ob es daran liegt, dass derartige Titulierungen eher dem privaten Gegenüber an den Kopf geworfen worden sind, muss Vermutung bleiben.

Die Tatsache, dass gar nicht so selten auch in der untersten Schublade gekramt worden ist und Wörter erklungen sind, bei deren Niederschrift sonst üblicherweise nur noch Punkte gesetzt werden, hat dem vorliegenden Buch schließlich zum zweiten Teil seines Titels verholfen. Dass solche Namen – offensichtlich ohne jede Hemmungen – verwendet worden sind, ist wahrscheinlich die geringere Überraschung als ihre doch stattliche Anzahl. Als Dr. Artur Schwarz im Jahre 1980 sein Büchlein »Vorarlberger Sprüch« herausgab, meinte er in Hinsicht auf dieses Thema: »Dieser Gruppe von Redensarten mußten wir die Druckreife versagen.« Bei der Neuauflage wurden dann auch die derberen und nicht immer stubenreinen Sprüche aufgenommen, denn – so meinte der Verleger – auch sie würden den Vorarlberger charakterisieren. Ähnliches mag wohl auch für Übernamen dieser Art gelten.

Was in gar nicht so wenigen Fällen auch noch dazu gehörte, das war ein gewisses Auftrumpfen mit einem entsprechenden Vers. Für solche Ergebnisse gilt dann der Grundsatz »Reim dich, oder ich fress dich!« ganz besonders.

»In der heutigen Zeit der schwindenden dörflichen Zusammengehörigkeit verlieren die Spitznamen an Schärfe«, hat schon seinerzeit ein Fachmann auf diesem volkskundlichen Gebiet festgestellt. Seitdem ist schon bald ein halbes Jahrhundert vergangen und viele Übernamen haben nicht nur ihre Schärfe eingebüßt, sondern sind ganz einfach in Vergessenheit geraten und – zumindest bei den Jüngeren – bereits verloren gegangen. Wahrscheinlich gäbe es in dieser Hinsicht noch viel mehr Lücken, würde nicht alljährlich in der fünften Jahreszeit eine stattliche Zahl dieser Namen wieder aufgefrischt. Etwa die Hälfte aller Vorarlberger Fasnatvereine hat bei der Auswahl ihrer Narrenrufe nämlich auf alte Ortsübernamen zurückgegriffen.

Für alle, die auf diesem Gebiet mit weniger Erfreulichem bedacht wurden, blieb übrigens stets noch ein Trost: Fast alle Titulierungen endeten mit der Nachsilbe »-er«, sie galten also sowohl für eine einzelne Person als auch für eine kleinere oder größere Gruppe und schließlich eben für die ganze Dorfgemeinschaft. Das war eine nicht zu unterschätzende Qualität dieser Spottnamen, brauchte sich dann doch niemand persönlich beleidigt zu fühlen.

»In der Gegenwart ist der Quell der Übernamen schon fast versiegt. Was noch lebt, wird von der älteren Generation festgehalten. Wenn wieder ein Menschenalter um ist, wäre eine solche Sammlung nicht mehr möglich«, hat der eingangs erwähnte Autor im Jahre 1961 gemeint. Es war also hoch an der Zeit, sich mit diesem Thema zu beschäftigen! Gut möglich, dass etliche Leserinnen und Leser beim einen oder anderen Namen erstaunt sein werden, da sie ihn noch nie gehört haben. Ebenso gut vorstellbar ist, dass sie für manche Bezeichnungen andere Deutungen wüssten oder überhaupt noch weitere Namen in Erinnerung hätten. Benachrichtigungen über Ergänzungen, Erweiterungen und natürlich auch Richtigstellungen würden den Verfasser freuen.

Abschließend soll an dieser Stelle noch eine wichtige Bemerkung von Dr. Artur Schwarz angeführt werden. Am Ende einer seiner Abhandlungen über solche Spottnamen heißt es bei ihm: »Schließlich bitte ich um Verzeihung, wenn ich alles frisch von der Leber weg brachte, beleidigen oder anstößig wirken wollte ich nicht.« Es ist dies eine Bitte, der sich der Autor nur anschließen kann. Vor allem aber soll Geltung haben, was die Mellauer Mundartdichterin Klara Schwendinger zu diesem Thema gemeint hat: *»Nüd lau si vorgrämmo von Doaf-Übornämmo!«*

Franz Elsensohn
Götzis, 2007

Die 96 Vorarlberger Gemeinden und ihre Übernamen

Alberschwende

Merboto-Tötar
Musar
Toashackar
Klobhornar

Ganz offensichtlich ist da jemand umgebracht worden, und dass die Untat dann gleich allen Alberschwendern in die Schuhe geschoben worden ist, braucht bei einem Übernamen nicht zu verwundern. Beim erwähnten Merbot handelt es sich um den Jüngsten von drei Geschwistern, die – jedenfalls laut Legende – auf Burg Bregenz aufgewachsen sein sollen. Während die beiden anderen – es geht um einen gewissen Diedo und eine Ilga – ein Leben in der Einsamkeit gewählt haben, soll Merbot ins damals noch junge Benediktinerkloster am Bodensee eingetreten sein. Auf seine Bitten hin habe er dort vom Abt die Erlaubnis bekommen, in Alberschwende als Seelsorger zu wirken. Dort machte er dann an einem Sonntagnachmittag wie stets seine Krankenbesuche, heilte ein schwer krankes Kind, indem er es segnete, und kaum hatte er das Haus verlassen, überfielen ihn ein paar Unholde und erschlugen ihn mit einer Keule.

Das ergibt wenig Sinn. Irgendeinen Grund muss ihnen dieser Leutpriester für ihre Untat gegeben haben, doch nach so langer Zeit können wir höchstens Vermutungen anstellen. Er habe die »Laster und Rohheiten des Tales mit warmem Eifer angegriffen«, heißt es. Auch die Vermutung, die Bauern hätten befürchtet, er wolle ihnen in seinem Glaubenseifer ihre Weiber und Kinder abspenstig machen, hat wohl etwas für sich. Natürlich sind es nur einige rabiate Kerle gewesen, die sich damals zur Untat haben hinreißen lassen, doch der Dorfübername hat sich in der Folge gleichmäßig auf Gute und Böse verteilt. Später wurde dem Erschlagenen eine Kapelle errichtet; ihre Nachfolgerin, die heutige St.-Wendelins-Kapelle, war noch bis in die jüngste Zeit ein viel besuchter Wallfahrtsort. Der Ortsnamenforscher Josef Zehrer schreibt, es sei nicht von der Hand zu weisen, dass Alberschwende früher einmal daran gewesen sei, seinen Namen in »Merboten« zu ändern. *»Ma got ge Merbotta«*, habe es geheißen, erzählt der Volkskundler Artur Schwarz, und dann habe man gleich gewusst, dass damit Alberschwende gemeint sei. Auf jeden Fall bot so eine Wallfahrt die günstige Gelegenheit, das »Merboto-Tötar« gleich an der richtigen Adresse loszuwerden. Natürlich ist nicht anzunehmen, dass der Übername bereits seit dem Geschehen vor so langer Zeit in Verwendung ist, doch der Blick, der dabei geworfen wird, ist wahrscheinlich landesweit jener, der am weitesten in die Vergangenheit zurückreicht, schließlich geht es dabei um rund 900 Jahre!

Beim Übernamen »Musar« an ein ganz bestimmtes Tier zu denken liegt nahe. Das Mäusefangen war einstmals eine derart wichtige Arbeit, dass sie mancherorts sogar bezahlt wurde, und das nicht einmal schlecht. Nicht ausschließen lässt sich allerdings auch, dass es einfach der Name Müselbach gewesen war, der die spottlustigen Nachbarn gar so sehr an die gefräßigen Tiere denken ließ; wobei noch anzumerken wäre, dass der Name selbst wohl eher mit dem moosigen Gebiet zu tun hat, aus dem der Bach kommt. Da im Gemeindewappen unter anderem ein Baumstumpf zu sehen ist, bietet sich auch die ehemalige Flößerei des Holzes, der so genannten »Müsel«, in der Bregenzerach als Erklärung an.

Schließlich hat auch noch die Meinung, mit dem Namen »Musar« werde eher das geruhsame Tempo bei der Arbeit der damit Bezeichneten aufs Korn genommen, etwas für sich, gilt doch: »Gut Ding braucht Weile«; außerdem dürfte ja wohl Folgendes feststehen: Wer langsam ist, überlegt sich sein Tun sorgfältiger; vielleicht ist er sogar gewissenhafter, und es unterlaufen ihm weniger Fehler. So gesehen, klingt der Name ja geradezu nach Lob! So sah es auch der bereits erwähnte Artur Schwarz. Als gebürtiger Langenegger weiß er zum Ausgleich auch von einer Anekdote zu berichten, die bei den »Wäldern« umgehe. Bei der Erschaffung des

Menschen habe der Herrgott die Alberschwender gefragt, ob sie lieber klein und klug oder groß und dumm werden wollten, und da hätten sie sich fürs Letztere entschieden. Seiner Meinung nach kommt die Bezeichnung »Musar« übrigens vom Mus in der Bedeutung von Brei. Dessen auffallendste Eigenschaft sei das langsame Abfließen, und so habe sich dieser Vorgang mit der sinnfälligen Bezeichnung auch auf den Menschen übertragen lassen.

Beim nächsten Übernamen »Toashackar« geht es ums »Toas«, das sind frische, junge Zweige, vor allem von der Weißtanne, die man gern als Viehfutter verwendete. Wurde es dann dürr, war solches »Kreas« immer noch als Viehstreu verwendbar, vor allem aber eignete es sich dazu, um in entsprechender Länge und gebüschelt in einem Kachelofen verbrannt zu werden. Alberschwende ist von schönen Wäldern umgeben, der Rohstoff lag sozusagen vor der Haustür, und dass man mit der Axt umzugehen wusste, zeigt in gewissem Sinne ja auch das Beil im bereits erwähnten Gemeindewappen. Fertige Buscheln wurden auch gern in der Nachbarschaft verkauft, und so dürfte dieser Name entstanden sein, wenn vor allem die Fischbacher des Öfteren mit ihren beladenen Fuhren zu sehen waren.

Bleiben noch die »Klobhornar«. Grobe, ungeschlachte Menschen seien es, und das komme zu einem guten Teil von der Witterung. Bei Gebhard Wölfle heißt es jedenfalls in einem Gedicht, *dom Seigo nau sei es im Breagazarwauld drü Viotoljaur Wiotor, a Viotoljaur kauld,* und wegen dieser Kälte gebe es dort eben *überall klobhoanat Lüt.*

Wohlgemerkt überall! Es dürfte für »d' Alborschwindar« ein Trost sein!

Altach

Läattabüch

»Letten, ahd. *letto*, mhd. *lette*, bedeutet Tonerde, Schlamm, Dreck.« So heißt es in der erklärenden Fußnote in einem Artikel aus dem Jahre 1930, in dem der in Altach aufgewachsene Josef Gasser von den »Spitznamen mit tieferer Bedeutung« schreibt. Im Folgenden erinnert sich der seinerzeitige Professor an der Dornbirner Realschule an seine Bubenzeit und berichtet, solche Namen seien immer besonders gern anlässlich der Prozessionen am Markustag oder in der Bitt- oder Kreuzwoche eingesetzt worden. Als Begleitmusik der besonderen Art habe es dazu noch Rippenstöße und gelegentlich Fußtritte gegeben, wenn die Lehrpersonen nicht besonders gut aufgepasst hätten. Als »junger Bub mit stark entwickeltem Lokalpatriotismus« habe er sich über das unschön klingende Attribut bisweilen ordentlich geärgert, doch das sei vorbei. Schließlich hätte es ja für sie gar keinen treffenderen Spitznamen als diesen gegeben. Wer steckte denn schon tiefer im Schlamm und im Letten drin? Wer erfuhr die verhängnisvolle Versumpfung des Rheintals gründlicher? Sprachen doch auch die Bach- und Flurnamen eine mehrhundertjährige beredte Sprache und bedeuteten letzten Endes dasselbe: Wasser, Schlamm, Sumpf.

»Vorarlberg grenzt bekanntlich an den Rhein; während derselbe aber in Deutschland zu Lorelei-Liedern verwendet wird und bei Schaffhausen gegen ein Entree von einem Franken den berühmten Rheinfall bildet, wird er bei uns zu Überschwemmungen benützt«, hat ein Spaßvogel vor vielen Jahren einmal geschrieben. Er hat dabei nicht ausdrücklich Altach erwähnt, aber er hätte es mit gutem Grund tun können. Josef Gasser berichtet von den mehr als fünfzig Überschwemmungen, die das Gelände seit dem 13. Jahrhundert – ältere Quellen seien nicht vorhanden – bald diesseits, bald jenseits des Rheins verwüstet haben. »*Gleich under*

der Meder ist allbereits der ganze Reinstrom auf die Altach gefahren«, schreibt ein Rankler Chronist, und Gasser erwähnt Damm- und Wuhrbrüche und wie man sich noch erzähle, der Rhein habe dann und dann eine mehrere Schuh hohe Schlammdecke zurückgelassen. Dort, wo sich heute die Kirche und der Friedhof befänden – also ziemlich am höchsten Punkt des Dorfes –, sei einmal ein mächtiger Hackstock angeschwemmt worden. Schließlich kommt er zur Feststellung: »So steckten durch Jahrhunderte unsere Väter und schließlich wir selber bis an die Ohren im Schlamm. Was Wunder, wenn uns die glücklicheren Nachbarn scherzweise als das bezeichneten, was wir in der Tat waren, als die ›Altacher Lettobüch‹, d. h. Letten- oder Schlammbäuche.«

Was die Bäuche dabei sollten, hat mit der Vorliebe der Nachbarn für Anspielungen in Richtung Ernährung zu tun, eher armseliger natürlich! So wie die Kobler als »Schollafreasser« bezeichnet wurden, obwohl ihre Schollen sicher nie – außer vom Feuer – verzehrt worden sind, war es auch bei den Altachern und beim Letten. Der Name hatte tatsächlich mit der Ernährung zu tun, war es doch jene Erde, auf der ihre Nahrung größtenteils wuchs.

Natürlich gab es auch eher böswillige Erklärungen des Spottrufs. Nach einer hätten die Altacher einst bei den Lustenauern gesehen, wie bei diesen die schönsten Erdäpfel gewachsen seien. Dabei hatte deren Boden doch ganz ähnliche Qualitäten wie der ihrige. Sogar dicke Bäuche hätten sie davon bekommen. Das wollten »d' Altiger« auch. Also machten sie es ihnen nach, allerdings – ohne vorher Kartoffeln zu stecken. Klar, dass es im darauf folgenden Herbst mit der erhofften Ernte schlecht ausschaute, und es sei ihnen dann eben nichts anderes übrig geblieben, als ihren Hunger mit Lettenboden zu stillen.

Andelsbuch

Kriasebickar

Eigentlich war es ja zu erwarten, dass man hier nicht mit einem Übernamen aufwarten konnte, der an jene große Zeit erinnerte, als über Jahrhunderte hinweg innerhalb der Gemarkungen der Gemeinde die Landammänner der »Wälderrepublik« gewählt worden waren. Nein, da mussten die Ortsbewohner schon selbst zum Rechten schauen und wenigstens ihre geschichtsträchtigste Sehenswürdigkeit, die »Bezegg-Sul«, die zur Erinnerung an das einstige hölzerne Rathaus errichtet worden war, in ihr Wappen übernehmen. Aber so war es eben: Wann schon sollten mit einem solchen Übernamen Lob und Anerkennung ausgedrückt werden! Spott war gefragt, und auch hier bei Andelsbuch scheint den Nachbarn nichts anderes eingefallen zu sein, als die eher mangelhafte Ernährungslage in früheren Zeiten aufs Korn zu nehmen.

Josef Metzler schreibt vor rund dreißig Jahren, die Anfänge des Obstbaus dürften in dieser Gegend etwa 200 bis 250 Jahre zurückliegen, und er vermutet, sie hätten mit der damaligen Notlage zu tun gehabt. Da habe man in besonders geeigneten Gebieten Obstbäume gesetzt, zum Beispiel in den Ortsteilen Moos und Meisten. Auch der gebürtige Langenegger Artur Schwarz berichtet, hier auf der größten Ebene des ganzen Bregenzerwaldes seien früher viele Kirschbäume gestanden. So habe es ihm gegenüber jedenfalls einmal ein alter Schulmann erklärt. Und dann fährt der Volkskundler, der sich viel mit Ortsübernamen beschäftigt hat, weiter, das könne aber nur zu der Zeit gewesen sein, als das Klima hier noch wesentlich milder gewesen sei.

Unwillkürlich könnte man fortfahren: ... und als die »Wälder« sich noch nicht derart auf die Gras- und die damit verbundene Viehwirtschaft verlegt hatten. Die Tatsache, dass die schönen Flurstücke dieser Gemeinde nur durch wenige Obstbäume beschattet würden, hänge nämlich mit der Abneigung des Wälder Bauern gegen jegliche Behinderung des Graswachstums zusammen. Er sei eben nur für Graswirtschaft eingestellt, und um Vieh, Milchprodukte und Holz könne er sich alles Nötige kaufen: Darum wolle er auch keinen Acker und halte sogar den Garten nicht für unbedingt notwendig.

Um auf den »Kriasebickar«-Namen zurückzukommen: *»Kriase Kriase, Bickar Bickar!«*, so lautet hier auf jeden Fall der Fasnatruf; die Sache mit den einstmals vielen Kirschbäumen scheint also doch nicht ganz vergessen zu sein, auch wenn es heute in dieser Beziehung nicht mehr so großartig aussieht.

Der Langenegger Volkskundler erwähnt auch ein Sprüchlein, das in seiner Heimatgemeinde gut bekannt sei:

»Vögele, Vögele, pick am Bomm,
as hukt an aute Jungfrou domm!«

Ob das allerdings etwas mit dem Andelsbucher Übernamen zu tun hat, bleibe dahingestellt. Ein Vögele, das da auf jeden Fall in Frage käme, wäre der Kirschkernbeißer, der durch seine Vorliebe für solche Früchte zu seinem Namen gekommen ist und auch gern als »Kriasebickar« bezeichnet wird. Ob die Andelsbucher Wert darauf legen, mit ihm verglichen zu werden, wenn sie gleich im erstbesten Tierlexikon über das Vöglein lesen, sein Gesang sei nicht viel wert und in der Gefangenschaft werde es zwar sehr zahm, sei aber langweilig, zänkisch und beiße tüchtig?

Feodoroblausar Mähraländar

Ein seltsamer Übername ist es schon, zu dem die Auer da gekommen sind – die »Feodoroblausar«, also die Federnblaser! Ihr einstiger Pfarrer Joseph Hiller erwähnt in seinem Auer Buch von 1890 zu diesem Thema eine Strophe aus der damals gerade bekannt gewordenen Verserzählung »Dreizehnlinden« von F. W. Weber, die von einer Geschichte aus den ersten christlichen Zeiten Deutschlands erzählt.

»Straßen hat die Welt, vier Straßen,
offen seit viel tausend Jahren:
Blas' ich eine Federflocke,
wo sie fliegt, da kann ich fahren.«

So sagt dort einer, um sich klar zu werden, welchen Weg er einschlagen soll. Er ist ungerechterweise in Acht und Bann gesprochen worden, und ganz ähnlich werden sich wohl auch jene Auer gefühlt haben, von denen später oft und oft erzählt wurde. Gerade standen sie oben auf dem Starzeljoch und hatten die wichtige Entscheidung zu treffen, in welche Richtung sie sich wenden sollten. Da warfen sie Federn in die Luft, um dies zu erfahren; der Himmel sollte also entscheiden.

Während dieser Teil des Geschehens eher sagenhaft und vielleicht nur gut erfunden klingt, ist das Folgende eine geschichtliche Tatsache. Die Namen der Auswanderer, um die es geht, sind nämlich aktenkundig: *In allem sind der fortgeloffenen Personen 38 gewesen, 10 Männer, 14 Frauen und 14 Kinder. Da werden Namen wie Albrecht, Koler, Mosbrugger, Mosmann und Rüscher erwähnt, alles Geschlechter, die hier auch heute noch anzutreffen sind. Es trennten sich Mann und Weib, Eltern verließen ihre Kinder und Kinder ihre Eltern, weder Blutbande noch materielle Opfer vermochten, die Irregeführten zurückzuhalten.*

Nach anderen Quellen sollen es sogar 46 gewesen sein, die sich entscheiden mussten, wohin sie sich wenden sollten. Dass sie in ihrer Heimat nicht mehr bleiben konnten, war für sie klar. Es ging damals – man schrieb das Jahr 1581 – um ein Thema besonderer Art: um die Religion. Angefangen hatte alles mit Streitereien mit den Seelsorgern, dann ging es um die neue ketzerische Lehre Zwinglis, und schließlich um jene der Wiedertäufer, die wahrscheinlich durch Saisonarbeiter in den Wald gekommen war.

In Au fing die Ketzerei an, sehr allgemein zu werden. So jedenfalls sah es Kaplan Johann Konrad Herburger später und schrieb es auch so in seine »Lingenauer Chronik« von 1818. An die fünfzig Jahre habe sie gedauert, und viele seien auch in ihr gestorben. Es müssen jene gewesen sein, die nicht bei denen dabei waren, die auf dem erwähnten Starzeljoch Federn in die Luft warfen.

Um die ganze »Federnblaserei« gibt es übrigens noch eine etwas anders lautende Sage. Darin heißt es, etliche Ketzer seien in der Heimat verblieben und hätten zu erfahren versucht, ob ihr Glauben wahr oder falsch sei. Dazu hätten sie einen Sack voll Federn auf die Starzel hinaufgetragen und verabredet, diese Federn dort fliegen zu lassen. Sollten sie auswärts fliegen, wollten sie bei ihrem Glauben bleiben und ihr Blut und Leben für ihn hergeben; nahmen sie jedoch die entgegengesetzte Richtung, wollten sie ihren bisherigen Glauben an die Wiedertäuferei als falsch verwerfen und zur katholischen Kirchenlehre zurückkehren. Die Federn seien in Richtung Baad geflogen. Das »Gelobte Land« aber für sie, das war Mähren – also der östliche Teil des heutigen Tschechiens –, und das lag in einer völlig anderen Richtung. Darüber seien sie heftig erschrocken, *weil die Federn ihnen den Handel verspielt hatten und sie jetzt ihre Ketzerei ablegen sollten.* Und weil sich solche »Gottesurteile« eigentlich auf vielerlei Arten deuten lassen, gibt es auch noch die Version, wonach die Federn zwar in Richtung Nordosten geflogen seien, doch nicht um die Losenden zur Ausreise nach Mähren aufzufordern, sondern um ihren ausgewanderten Brüdern klarzumachen, dass ihr bisheriger Glaube falsch sei.

Es wird Zeit, zum eigentlichen Vorwurf, der hinter dem Dorfübernamen steckt, zu kommen. Ausdrücklich wird es zwar nirgends erwähnt, aber gedacht wurde es natürlich: Die Auer hatten den Federchen durch kräftiges Blasen und Pusten die erwünschte Richtung gegeben. Doch wer hätte es ihnen verübeln dürfen? Dass die Daheimgebliebenen sich noch lange Zeit »Mähraländar« heißen lassen mussten, traf natürlich ausgerechnet die Falschen, aber so ist es bei Übernamen ja öfters. Wenn der Name tatsächlich seit dem historischen Geschehen verwendet wurde, ist er mit seinem Alter von weit über 400 Jahren sicher einer der ältesten.

Abschließend soll noch der Reiseschriftsteller Ludwig Steub zu Wort kommen. Nachdem auch er den Hintergrund des gerade erwähnten Übernamens erklärt hat, schließt er seine Ausführungen mit der Feststellung: »Was das Dörfchen in seiner damaligen Zweifelsucht an der Mutterkirche gesündigt, das hat es durch seine geschickten Baumeister in anderer Art wieder redlich gut zu machen gesucht. Die große Wallfahrtskirche zu Einsiedeln, ... das berühmte Gotteshaus zu Weingarten, die Stiftskirche zu St. Gallen, all das ist von Meistern aufgeführt worden, die in der Au das Licht der Welt erblickt haben.«

Von den Kirchen zu den Glocken, und in diesem Fall zu jenen von Au!

»Und d' Ouar Glogga, dio hind an schöana Klang,
aber d' Ouar Buobo an schioggega Gang.«

Und damit auch die Weiblichkeit nicht zu kurz kommt, soll ganz zum Schluss noch ein Sprüchlein jener Sorte aufgewärmt werden, von der es früher so viele gegeben hat:

»Z' Lugo sand di Kluogo, z' Wido di böso Wibr.«

Für Ortskundige ist natürlich beides sofort klar, für alle anderen muss noch dazugefügt werden, dass es sich bei »Lugen« und »Widen« um Auer Ortsparzellen handelt.

Bartholomäberg

Stiara
Bärgerstiara

Von den »Bärgern«, also den Einwohnern von Bartholomäberg, erzähle man sich neben den »Talern« (Silbertalern) die meisten Dummheiten, weiß Hermann Sander vor weit über hundert Jahren zu berichten, und in der »Vandanser Heimatkunde« findet sich gleich einiges, an das hier gedacht werden könnte. Unter anderem erzählt deren Verfasser Hans Barbisch auch ein »Gschichtli«, das den Übernamen erklären soll.

Die »Bärger« hatten einst ein ziemlich altes Kirchendach, auf dem schon hohes Gras wuchs. Da dieses nicht leicht herunterzuholen war, kamen sie auf die Idee, den Gemeindestier aufs Dach hinaufzubefördern, damit er das Gras fressen könne. Sie knüpften ihm also ein Heuseil um den Hals und zogen ihn über eine Rolle hinauf. Als das Tier schon fast oben war und verständlicherweise die Zunge herausstreckte, rief einer der unten Stehenden: *»Luagan o, wia-n-ar noch'm Gras glangat!«*

Das Ganze erinnert allerdings an einen oft berichteten walserischen Schildbürgerstreich. Ähnliches wurde nämlich genauso von den Raggalern, aber auch von Dorfbewohnern im Wallis, im Graubündischen und den Walsern in manch anderem Gebiet erzählt. So gesehen würde der Name natürlich besonders für jene Walser gelten, die sich hier auf dem »Berg« bekanntlich um einiges später als die romanischen Erstbesiedler niedergelassen haben. Dass mit »Stiara« außerdem oft eher grobe, halsstarrige Leute bezeichnet worden sind, sei nur der Vollständigkeit halber erwähnt.

Und was, wenn so ein »Stier« einem echten Stier begegnete? Einmal, als das vorgekommen sei, habe der »Bärger« zu seinem Gegenüber gesagt: *»Dr Gschider git noch!«* Fast überflüssig zu erwähnen, dass der Stier ausgewichen sei.

Kaum eine Montafoner Gemeinde ist vor Sprüchlein verschont geblieben, die ihr Dasein mehr oder weniger nur der Reimkunst eines Möchtegern-Dichters verdanken. Auch die »Bärger« sind dabei nicht vergessen worden und da heißt es dann zum Beispiel:

Dört dinna, dört dobna, wo d'r Gugger schö singt,
do tanzat an Bärger, daß'm d' Hosa zerspringt.

Derartiges hörte man wahrscheinlich nicht einmal so ungern. Und auch der Hinweis »*Am Bärg ist ma nianer wärt*« machte den Menschen hier heroben wenig aus, wussten sie doch selbst am besten, wie es sich bei ihnen in dieser Beziehung in Wirklichkeit verhielt. Oder war an dem Sprüchlein etwas dran? Als Ludwig Steub um die Mitte des 19. Jahrhunderts auf seinen Streifzügen durch Vorarlberg beim damaligen Kuraten von Innerberg übernachten wollte, fertigte ihn die Köchin kurzweg ab und meinte, der »Her« sei nicht daheim und sie hätten hier auch kein Gasthaus. Auf seinen Einwand hin, er sei schon oft von einem menschenfreundlichen Geistlichen über Nacht behalten worden, entgegnete sie nur, das sei hier nicht der Brauch, er solle seiner Wege gehen. Dafür erging es dann einem Reisenden ein halbes Jahrhundert später an der gleichen Stelle wesentlich besser, denn diesmal machte der »liebenswürdige Curat den barmherzigen Samariter« und erquickte den Wanderer mit einem vorzüglichen Tirolerwein. Fast überflüssig zu bemerken, dass es sich in beiden Fällen um Begebenheiten gehandelt hat, die nicht verallgemeinert werden können.

Dass hier im Montafon die Neckereien über die Nachbarschaft oft und gern in gereimter Form ertönt sind, ist bereits erwähnt worden. Dass es dabei in vielen Fällen ganz offensichtlich nur um reine Lust am »Dichten« gegangen ist, dafür finden sich noch weitere Beispiele. Da heißt es von denen *of Valleu* – einer Ortsparzelle –, dort *hon si dräckigi Kneu.*

Dem letzten Reim, dem haben die »Bärger« von früher ganz sicher zugestimmt:

Schöni Meiggana am Bärg sind 's Liaba o wärt.

Die heutigen Bewohner der Berggemeinde werden es erst recht tun. Von den Bewohnerinnen gar nicht zu reden!

Bezau

Küboldraiar Dräckvorsaiar Marktgemüondlar

»Kübol« und »Dräck« sind wohl auch für einen Nicht-Einheimischen sofort verständliche Begriffe. In diesem Fall handelt es sich bei der ersten Bezeichnung um Behälter ganz besonderer Art; in ihnen sind nämlich einst Tabakröllele verschickt worden. Zu Beginn des 19. Jahrhunderts hatte der Bezauer Unternehmer Josef Feuerstein im Hauptort des Bregenzerwaldes eine »Kau- und Schnupftabakerzeugung« aufgebaut, die dazu notwendigen Pflanzen wurden eingeführt und hier verarbeitet. Die Produktion schien vorerst zwar gut anzulaufen, mit dem Verkauf allerdings haperte es, die Wälder Bauern fanden an dem »Kübelbak« nämlich keinen Gefallen. So blieb der Fabrikant auf seinen Erzeugnissen sitzen, vorerst jedenfalls. Nach vielen Versuchen traf er dann aber offensichtlich doch den Geschmack seiner Landsleute, und das Geschäft begann zu florieren. Den Bezauern schmeckten die Produkte der eigenen Fabrik mehr und mehr, und nicht wenige von ihnen verwendeten nun so einen »europäischen Kaugummi«. Das Unternehmen war übrigens keine Fabrik im heutigen Sinne, wurden doch nur sechs Personen, zumeist Buben, beschäftigt.

Dass dem »Küboldraia« ein »Dräckvorsaia« folgte – folgen musste –, liegt auf der Hand bzw. lag in diesem Fall auf dem Boden. Papst Innozenz X. hatte um die Mitte des 17. Jahrhunderts ein Rauchverbot für den Petersdom erlassen, und das galt natürlich auch für alle anderen Gotteshäuser. Tabakkauen dagegen, das war dort nicht verboten. Leider gehörte dazu eben auch das Spucken und nicht jeder auf der Kirchenempore traf dabei mit seinem würzigen Saft immer genau in die eigens dazu aufgestellte Truhe. Gut möglich, dass es der Pfarrer selber war, dem eines Tages der bereits erwähnte zweite Teil des Ortsübernamens über die entrüsteten Lippen kam. Als Namensgeber käme natürlich auch der Messner oder eine jener Frauen, die sich um die Sauberkeit in der Kirche kümmerten, in Frage. Oder war es etwa ein Messbesucher aus einer Nachbargemeinde? Sei es, wie es gewesen sein mag, die Bezauer wurden den klingenden Doppel-Übernamen fortan nicht mehr los.

Natürlich gab es auch brave Kirchgänger, die bereits vor dem Betreten des Gotteshauses ihren noch nicht restlos ausgelaugten »Schick« aus dem Mund nahmen und auf die Fenstersimse vor dem Eingang oder in eine Nische der Friedhofsmauer legten, um ihn nach dem Gottesdienst dort wieder zu holen. Dabei dürfte wohl jeder sein Stammplätzchen gehabt haben, gelegentlich wird es aber schon zu Verwechslungen gekommen sein. Gut möglich, dass auch das vorkam, was aus einer anderen Ortschaft berichtet wird. Dort hätten angeblich manche am Ende der Messe die Kirche auffallend rasch verlassen und sich zu ihrem »Kraftfutter auf der Kirchhofmauer« begeben, um dann – die größten »Schick« zu nehmen.

»Denn hea-n-i allat ou im Sack a guote, frische Rollo
und bea vo minnom Schub Doback am oana Baggo gschwollo.«

So lässt der Andelsbucher Josef Feldkircher einen richtigen »Wälderbuob« sagen. An seinem Wirkungsort in der Mainzer Diözese, wo er an verschiedenen Orten als Kaplan und Pfarrprovisor tätig gewesen ist, wird er vielleicht auch selbst diese Gewohnheit gepflegt haben. Es ist dies nur eine Vermutung, denn es durfte einem wohl auch zugemutet werden, mit der »Schickerei« Schluss zu machen. Schließlich lässt der Mundartdichter in seinem Gedicht »D' Wäldarschmelg« diese ja auch von ihrem Zukünftigen sagen:

»Ar müoßt imstand sinn, blos meor z'liob,
zum Höro freaßdo-backo ...«

Bleibt noch ein Übername jüngeren Datums: »Marktgemüondlar«. Er entspricht nicht dem, was man bei einem Spottnamen erwartet, und die Mellauerin Klara Schwendinger hat wahrscheinlich

Recht, wenn sie in einem ihrer Gedichte darauf hinweist, dass die Bezauer den Namen nicht ungern hören würden. Nachdem sie daran erinnert hat, dass diese früher »Küboldraiar – Dräckvorsaiar« gewesen seien, stellt sie nämlich fest:

»… und iotz mätod's de gaunz wäho Marktgemüondlar blos no sin.«

Zur Marktgemeinde ist Bezau im Jahre 1962 erhoben worden; jene »Erhebung« dagegen, um die es im folgenden Vierzeiler geht, ist um einiges älter, und hier ist sogar von einer Stadt die Rede:

Bezau ist a Herrastadt,
Rüthe ist der Bettelsack,
Büza ist da Grumberakübel,
Mella ist der Deckel drüber.

Für die erwähnten Bewohner der Nachbargemeinden Reuthe, Bizau und Mellau soll es ein Trost sein, dass ähnliche Sprüche auch in anderen Talschaften und dann eben für andere Gemeinden im Umlauf waren.

Bildstein

Beasarisar Beasabindar

Ohne Zweifel verstanden es unsere Vorfahren, auch aus dem Einfachsten, das ihre Umgebung bot, etwas Nützliches herzustellen. Hier in Bildstein gab es ein Naturprodukt, das die Bewohner der Berggemeinde auf die Idee gebracht hatte, daraus nicht nur etwas Brauchbares, sondern auch etwas Gewinnbringendes zu machen. Damit sollen sie nicht etwa als die »Erfinder« der Reisigbesen bezeichnet werden, denn die waren sicher bereits altbekannte Geräte, die man ja seit jeher schon deshalb gebraucht hatte, um auch vor der eigenen Haustür »fürba« zu können. Das Rohmaterial dazu stammte von jenem Baum, der geradezu als Sinnbild des Frühlings galt: von der Birke. Nach alten Vorstellungen machte der Schlag mit einer solchen »Lebensrute« Mensch und Tier fruchtbar und schützte auch vor Krankheiten. Überhaupt schien einem Besen aus Birkenreisig ein Heilzauber innezuwohnen; *pirkenholz, wer daz pei im tregt, daz ist für den krampf guot!*, wusste man bereits in ältesten Zeiten und legte beim Zubettgehen einen solchen Besen neben sich, das beste Mittel gegen Wadenkrämpfe! Besen brauchten also nicht mehr erfunden zu werden, die Erzeugung in großer Menge und der Handel mit ihnen, das war es, was die Bildsteiner in ihre Hände nahmen.

Zur Herstellung eines derartigen Besens gehörte zuerst das Schneiden von Ästen im Herbst. Natürlich nicht gerade an einem Sonntag, sonst hätte es einem ja womöglich so ergehen können wie einem geradezu berühmten Berufskollegen, dem bekannten »Mann im Mond«, der wegen seiner Feiertagsarbeit zur Strafe auf den kalten Erdbegleiter gekommen war. Im Winter, wenn man genug Zeit dazu hatte, ging es dann ans Binden der Besen. Dazu wurde das Reisig in einer eigenen maschinellen Vorrichtung in die richtige Rundform gepresst und dann mit entsprechenden Ringen aus Haselruten zusammengebunden. Das war eine anstrengende Arbeit, bei der ein Besenbinder ordentlich Kraft anwenden musste. Jetzt fehlten nur noch entsprechend kräftige Stiele, und dann konnte man zeitig im Frühjahr in die Nachbardörfer, aber auch nach Dornbirn, nach Bregenz und bis in den Vorderwald ziehen, um die Erzeugnisse zu verkaufen. Da konnte es gut sein, dass eine fleißige Familie an die 300 bis 400 Besen, gebündelt zu zwölf bis zwanzig Stück, an den Mann bzw. an die Frau brachte.

Ob gelegentlich das eine oder andere Exemplar in der ehemaligen Kapelle im Wirtatobel landete? Das war nämlich ehemals ein bekanntes »Besenkappele«, in dem solche Reinigungsgeräte zu beiden Seiten des Altares hinterlegt wurden. Nach allgemeiner Überzeugung konnte man mit einem derartigen Opfer allerlei Wehwehchen loswerden, besonders so genannte »Oaßo«, also Eiterbeulen, und andere lästige Ausschläge.

Dass die »Bildstar« zu ihrer alten Tätigkeit stehen und wohl auch ein wenig stolz darauf sind, zeigt sich in ihrem Fasnatruf, der an den Nebenerwerb von einst erinnert: *»Beasa-Risar, Beasa-Risar, hoi, hoi, hoi!«*, heißt es bei ihnen. Und dass am 11.11. jeweils ein derartiger Besen gebunden wird, gehört inzwischen ebenso zur Tradition wie sein Mitführen bei den Umzügen und sein heißer Tod am Fasnatdienstag um Mitternacht.

Genau genommen, drückt der Übername überhaupt nichts Abwertendes oder Spöttisches aus. Oder sollte das, was der Bregenzer Kaspar Hagen in einem Gedicht erzählt, etwa eine Anspielung auf die ganze Zunft der Besenbinder sein? Da treffen sich zwei solche »Beasebinder« in einem Gasthaus. Der eine, das Hannesle, trinkt einen Most und der andere, der Klaus, drei Schoppen Wein. Da schnupft der »Mestlar« und fragt seinen Gegenüber, wie er sich denn das leisten könne. Der lacht und meint: *»I verlid itt vil! I hou me duer, so guet i ka; mach Bease halt und stihl.«*

Die »Bildstar« von heute werden es hoffentlich nicht krumm nehmen, wenn auch noch der ehemalige Name ihrer Ortschaft erwähnt wird, zumal er sich als Spottname besonders gut angeboten hätte. »Steußberg« habe sie ehedem im Mittelalter geheißen. Wo dabei der Spott sein soll, wird erst klar, wenn man die Erklärung bekommt, hinter »Steuß« verberge sich das heutige »Steiß«, und das ist ein alter Ausdruck für jenen Körperteil, auf dem man zu sitzen pflegt. Vergleiche man dessen charakteristische Form mit der Lage der Berggemeinde – mit dem tief eingefurchten Tobel und den Erhebungen zu beiden Seiten –, so müsse man zugeben, dass der Vergleich gut sei, meinte einst ein bekannter Namenforscher. Nicht unerwähnt soll bleiben, dass zu diesem »Steußberg« einst auch Buch gehört hat.

Bizau

Goßgaglar
Goßboppolar

Beide Namen klingen abwertender, als sie früher gemeint gewesen sind. Da die Viehzucht in den Dörfern des hinteren Bregenzerwaldes einst noch nicht auf besonders hohem Stand war, hielt man entsprechend viel Kleinvieh, vor allem Schafe und Ziegen: letztere vor allem wegen ihrer Milch – drei von ihnen wurden einer Kuh gleichgesetzt – und wegen der feinen Felle. Da Ziegen auch im Futter nicht allzu anspruchsvoll sind, begnügten sie sich im Winter oft mit Laubbüscheln, die gesammelt und getrocknet worden waren. Hier in Bizau, und anderswo natürlich auch, wurden die meckernden Tiere dann stets in der Früh schon ab 7 Uhr vom »Goßar«, dem Ziegenhirten, aus dem Dorf getrieben. Da ertönte regelmäßig lautes »Tü tüü« vom Unterdorf her. *»Dor Goßar kunnt!«*, schallte es dann von Haus zu Haus, der ließ nämlich bei seinem Gang durchs Dorf regelmäßig etliche Hornstöße ertönen, und jeder Bauer wusste, dass seine Tiere bereit stehen mussten, wenn »'s Bubbo« zu hören war.

»Ma hört min Hoan i jedom Hus
und laut am Morgo d' Goßa-n us.
I trib s' dinn i-e: ›Hüo und ho!‹
bis heondorn Wauld und beo sa froh ...«

So heißt es im »Goßar-Leod» von Klara Schwendinger. Voran schritt stolz die Leitgeiß, sie blickte weder nach links noch nach rechts und behauptete ihre Stellung. Kolleginnen, die sie von ihrem Posten verdrängen wollten, mussten mit ordentlichen Knüffen rechnen. Ihr folgte der lange Zug der Tiere, etwa 200 an der Zahl, und am Schluss kam der Geißhirt. Er hatte sein Horn um den Hals gehängt und knallte vergnügt mit der Peitsche. In einem Rucksack trug er den »Znüner« mit sich. Bei unsicherem Wetter hatte er auch einen großen Regenschirm unter den Arm geklemmt. Am Abend wurden die Tiere mit ihren prallen Eutern verlässlich wieder heimgebracht und im erwähnten Lied heißt es vom Einzug ins Dorf:

As scheallolot und louft und springt
dor 's Döafle usse, daß as klingt.

Dann öffneten sich der Reihe nach die Stalltüren und zielsicher fanden die Heimkehrerinnen ihr gewohntes Dach über dem Kopf. Dass das, was dann auf der Dorfstraße zu sehen war, nicht von Kirschbäumen stammte, war sicher allen klar, bei ihrer Benützung dürfte also einige Vorsicht geboten gewesen sein. Ob der »hohe« Gang, den man der örtlichen Weiblichkeit gern nachsagte, etwa auf solche Vorsichtsmaßnahmen zurückzuführen war? Die lieben Nachbarn erklärten es sich jedenfalls gerne so. Besonders in alten Zeiten, als die Anzahl der Tiere oft an die 300 herankam, dürfte da schon einiges an »Hinterlassenschaft« zusammengekommen sein, und dass Ortsfremde beim Anblick ihrer Menge erstaunt waren, ist gut denkbar.

Seit nunmehr gut dreißig Jahren ist das Trappeln und Kleppern der aus- und heimziehenden Herde verstummt, und auch vom »Bubbo«, dem Tuten des »Goßars«, ist nichts mehr zu hören.

Ein bisschen klingt dieses Wort ja auch nach Buben, und tatsächlich ließen diese, aber auch die Mädchen bei ihrem Versteckspiel früher so ein »bubb, bubb« ertönen. Schlecht natürlich, wenn man den Ruf im Eifer des Spiels überhörte. Unvergleichlich schlechter aber war es wohl, wenn man um etliche Jahre später von einer Dorfschönen sagte: *»Dio hat 's Bubbo überhört«*, hatte sie dann doch nach Meinung der anderen ihre besten Jahre zum Heiraten vorbeigehen lassen.

Ob der Andelsbucher Josef Feldkircher auch ein wenig daran gedacht hat, wenn er sein Gedicht »'s Bockhuon« mit folgender Strophe beginnen lässt?

Du Summor hört-ma Goßar dudo,
um Winnat hat-ma d' Goß im Stal,
und d' Hexa seand uf Wiotorstudo,
di böso Wibor seand im Tal.

Blons

Haberschneller

Von einem richtigen Hafergebiet konnte man hier im Großen Walsertal eigentlich nicht sprechen, und in einem alten Text heißt es, Hafer habe man *offtermahlen mit parren gelt zue Veldtkürch* kaufen müssen, doch es gab ehemals auch hier heroben größere Anbauflächen mit dieser Getreidesorte. So wie der überwiegende Teil des Großen Walsertales waren auch die Blonser der Propstei St. Gerold zinspflichtig. Eine Erklärung des Übernamens lautet nun, die Ortsbewohner hätten mit dem Schneiden des Hafers erst beginnen dürfen, wenn das Propsteifuhrwerk angefahren gekommen sei. Vermutlich habe dann der Fuhrmann mit einem lauten Geißel-Schnellen zum Beginn der Arbeit aufgefordert. Nach einer anderen Deutung des Namens habe man sich später noch oft an das Geräusch erinnert, das beim Schneiden des Korns von vielen Hängen ertönt sei und sich nach etwas Brechendem, eben etwas »Schnellendem«, angehört habe.

Vom Hafer und seiner Verwendung heißt es in einer alten Urkunde, der Propst – gemeint war allerdings jener von Lingenau – solle in seinem Hof *och han … ain haber sieder.* Dabei an einen Kessel fürs Bierbrauen zu denken, wäre natürlich nahe liegend, schließlich war Haferbier – das so genannte »Cerevisia« – das alltägliche Getränk für Mönche, doch in Wirklichkeit war damit einfach ein großer Behälter gemeint. So einen dürfte wahrscheinlich auch der Propst vom nahen St. Gerold gehabt haben und diesen Kessel konnte man sich bei Bedarf bei ihm ausleihen. In ihm wurde der Haber in Wasser gesotten, dann im Backofen oder in einer eigenen Haberdörre gedörrt, dann enthülst, gebrochen und schließlich noch durch die Mühle getrieben. Das Endprodukt, das Habermehl, spielte hier und natürlich auch anderswo keine kleine Rolle, und noch vor wenigen Jahrzehnten – so heißt es in einer Abhandlung aus den Fünfzigerjahren – hätten die Walserinnen daraus Brot und kräftiges Habermus zubereitet. Dabei habe man sich an die Regel gehalten, dass pro Familienmitglied und Jahr ein Sack von diesem Mehl genügen müsse. Bis zur Einführung der Kartoffeln war Habermus hier eins der wichtigsten Grundnahrungsmittel und beherrschte gemeinsam mit Haberbrot und Gerstensuppe mit geselchtem Fleisch den walserischen Speisezettel; auch bei Hochzeiten wurde den Gästen vor dem Kirchgang eine »Haber-Morgensuppe« verabreicht.

Dass Hafer für Pferde ein wahres Kraftfutter ist und so manchen müden Gaul wieder munter macht, ist eine bekannte Tatsache. Und dass solches Hafermehl auch heutzutage einen wertvollen Bestandteil der menschlichen Nahrung darstellt, zeigt sich daran, wie oft es in Backwaren und in Müsli verwendet wird. Nicht zuletzt zeugt auch die alte Redewendung, die von einem sagte, er sei »ghäberet«, von der großen Bedeutung dieser Getreideart, damit sollte nämlich darauf hingewiesen werden, der Betreffende sei kräftig und widerstandsfähig gegen Krankheiten.

Ob der Haber die Blonser gelegentlich auch gestochen hat?

Sie können sich jedenfalls mit ihrem Übernamen sehen und vor allem hören lassen!

Bludenz

Statzgafrässer

»Z' Bludaz säg an schöna Gruaß,
ob sie Krut im Kär dun hei'n
oder Statzga frässa teu'n.«

So sang man in Nüziders gern in einer Strophe des bekannten »Gibele-Gäbele«-Tanzliedes. Da hatte man in der Alpenstadt schon seit vielen Jahrhunderten ein eindrucksvolles Einhorn als Wappentier, und dann war den Nachbarn nicht Gescheiteres eingefallen, als wieder einmal die in Notzeiten erzwungenermaßen etwas einfache Ernährung aufs Korn zu nehmen. Wenn die Stadtbewohner da an die Emser dachten! Die waren doch auf Grund ihres Wappens immerhin zu »Schtuaböck« geworden!

Ob »Statzga«, »Statsga«, »Starza« oder »Staza«, es war immer das Gleiche gemeint: die Strünke der Kraut- und Kohlköpfe, die vor dem Einhobeln mit einem eigenen Bohrer herausgestochen bzw. -gebohrt wurden. Gut möglich, dass man sie in schlimmen Zeiten, wenn wirklich alles auch nur einigermaßen Essbare verwendet werden musste, auch verzehrt hatte. Solche Notzeiten waren zum Beispiel sicher jene gewesen, in denen die Pest regiert hatte, in deren Begleitung stets auch Hungersnöte aufgetreten waren, oder jene der Stadtbrände, die Bludenz gleich einige Male zerstört hatten. Auch der Schrunser J. B. Biedermann schlägt in die gleiche Kerbe, wenn er in einem seiner »Spottrimli« bestätigt: *»Stazafrässer, des sens, des muaß ma da Schnapfa lo!«*

»Schnapfa«? Was das sein soll, ist nicht mit einem einzigen Satz zu beantworten. Wer das Wort noch nie gehört hat, wird dabei vielleicht zuerst an eine Schnepfe denken, doch bei Hermann Sander findet sich dafür eine einleuchtendere Erklärung: Schnapf sei aus »canaba« (Schenke, Kneipe) entstanden, das Schnapfenland sei also ursprünglich das Tal der Schenken und des Weines gewesen. Ab Bludenz wurden ja einst bis zum Bodensee hinunter Weinreben angebaut. Somit können natürlich alle ab hier in Richtung Feldkirch das Wort »Schnapfa« beanspruchen; und damit doch eigentlich auch den Übernamen, um den es hier geht. Tatsächlich erwähnt das »Vorarlbergische Wörterbuch«: »Storzenfresser: Spottname für die Bewohner von Bludenz und des Walgaus.« Unwillkürlich mag man fragen, was die in Nüziders da also diesbezüglich überhaupt zu singen gehabt hatten.

Weil gerade der bekannte Volkskundler zu Wort gekommen ist, sollen auch noch seine Betrachtungen hinsichtlich der Möglichkeiten, die Alpenstadt jemals zu erobern, erwähnt werden: Nie könne sie eingenommen werden, denn schließlich werde eine Stadt entweder durch Beschießung, Erstürmung oder Aushungerung zur Übergabe gezwungen; Bludenz aber sei keinen Schuss Pulver wert, also werde es nicht beschossen. Falls man es erstürmen wolle, würden die Mauern zusammenfallen, wenn man die Leitern anlehne, also sei auch eine Erstürmung unmöglich. Ja, und gegen eine Aushungerung seien die Bludenzer durch ihre Gewöhnung an den Hunger gefeit. Bei Josef Wichner, einem Sohn der Stadt, klingt es übrigens ganz ähnlich: Er hält das Beschießen für wirkungslos, da ohnehin alle Kugeln unschädlich in den vielen Misthaufen stecken blieben, die um die Stadt herumlägen; die Mauern seien zu schwach, und das Hungerleiden seien die Bludenzer gewöhnt. Schließlich hätten sie ja immer noch ihre »Starzen«. Außer es waren keine mehr vorhanden, weil sie wirklich das getan hatten, was ein Spötter des 17. Jahrhunderts (!) in einem Gedicht unter anderem von den Bewohnern der Alpenstadt behauptete:

»... im Schweizerkhrieg haben sie sich gewert,
die thörer mit krauthstarzen verspert.«

Natürlich war das nicht ernst gemeint, aber es lässt doch eher an holzige Stängel samt den Wurzeln denken, die sonst auf den Feldern stehen gelassen wurden. Hermann Sander erwähnt bei seiner Erklärung des Namens »Starzafresser« ausdrücklich auch die Stängel des »Welschkornes«, also des Türggens. Oder war es überhaupt das herumliegende Gestrüpp? Bei den Nachbarn in Nüziders jedenfalls ist man der Meinung, das »Statzgafrässer« habe möglicherweise damit zu tun, dass die Bludenzer Stadtbevölkerung in früheren Zeiten nicht ungern alles auch nur halbwegs Brennbare in der Umgebung gesammelt habe, um damit daheim die Öfen zu heizen. Dass dann gleich vom »Fressen« geredet wurde, war landauf, landab ein gängiger Vorwurf, nur dass er sich dann auf andere »Nahrung« bezog: Scholla, Farn, Leatta zum Beispiel; diesmal waren es eben »Statzga«.

Die Bewohner einer so stolzen Stadt hielten es sicher aus, wenn man sich gelegentlich über ihre Mundart lustig machte, weil sie den Zwielaut »ei« als »a« aussprachen. Dann hieß es zum Beispiel: *A Heusal (Heuseil) un a Wagalatara (Wagenleiter), an Mälkamar (Melkeimer) un i d'r Stadt daham.* Derartige Spötteleien waren sie aber sicher längst gewohnt, machte sich der oben erwähnte »Dichter« doch schon vor fast 340 Jahren auch über diese Eigenheit lustig, wenn er unter anderem berichtete, die Bludenzer hätten einen schönen Traum gehabt, und zwar vom *halligen gast ufem achlen bom*, also vom Heiligen Geist auf einem Eichenbaum. Wie die Sache weitergegangen sein soll? Am darauf folgenden Morgen wollten es die Stadtbewohner genau wissen. Da habe ihnen der Heilige Geist etwas – unschwer zu Erratendes – *aufs maul aber gschmissen.*

Lange Zeit »i d'r Stadt daham«, das war natürlich auch der bereits erwähnte Josef Wichner. In einem seiner »Alt-Bludenzer Reimspiele« stellt er Überraschendes fest:

»Sechs Öpfel um an Krüzer,
d' Schelfra send's wert,
d' Bludazer Bueba
send 's Lieba net wert.«

So meinte der »vorarlbergische Rosegger«, doch als er mit 28 Jahren seine Vaterstadt verließ und als junger Professor nach Krems ging, wird wohl kaum der Grund gewesen sein, dass man dort von solchen Feststellungen nichts wusste.

Im Übrigen ist Bludenz natürlich ...

... a stolze Stadt, mit Gassa krumm und kli,
und wenn's noch etle Hüser hätt, so gäng's bis Runggeli.

So hat der gebürtige Thüringer Gabriel Ludwig Seeger – der »Seeger an der Lutz« – in einem seiner »Gsätzle« festgestellt.

Dorthin, zu den Rungeliner »Schwi«, wollen wir uns jetzt noch begeben.

Na ja, so mag es einem beim ersten Hören des Übernamens durch den Kopf gehen, viel ist den Nachbarn da aber nicht eingefallen. Doch dann muss man – vielleicht ein wenig überrascht – zur Kenntnis nehmen, der Name habe sozusagen einen historischen Hintergrund.

Es war vor nunmehr 600 Jahren, da kamen die Schweizer im Verlauf der bereits erwähnten Appenzellerkriege wieder einmal über den Rhein. Eigentlich hatte sich ihr Aufstand anfangs ja nur gegen ihren Herrn, den Abt von St. Gallen, gerichtet, doch dann waren die Habsburger diesem zu Hilfe gekommen, und schließlich kam es zu großen Auseinandersetzungen. Diesseits des Rheins sympathisierten nicht wenige mit den Aufständischen, und in einer Chronik heißt es, *daß sie alle Appenzeller woltent sin.* Nicht alle, die Bludenzer wollten es nicht, sie blieben damals ihrem Grafen Albrecht treu. Die Montafoner dagegen und die Rungeliner, die schwenkten auf die eidgenössische Seite, traten dem so genannten »Bund ob dem See« bei, rückten vor die Stadttore und *namend den von Bludentz ire Küe und Swin.*

Um diese »Swin« – die Schweine – soll es beim Übernamen gehen. Die Bludenzer traten dann zwar auf Empfehlung ihres Grafen bald darauf ebenfalls dem »Bund« bei, aber das Wegtreiben der Kühe und Schweine konnten und wollten sie den Rungelinern nicht so ohne weiteres verzeihen, von nun an hießen diese für sie nur noch »Rungeliner Schwi«.

Der Name hat sich offensichtlich bis in unsere Zeit herauf erhalten, sicher nicht zur Freude der Rungeliner. Dann aber taten sie genau das Richtige: Sie gründeten eine eigene Funkenzunft und inzwischen lassen sie sich bereits seit mehr als vierzig Jahren mit einem lautstarken »*Hutschla, Hutschla, hoo!*« vernehmen.

Es gibt übrigens noch eine andere Version der Entstehung des Übernamens. Nachdem der erwähnte Graf 1394 seine Grafschaft an die Habsburger verkauft habe, sei ein großes Fest gefeiert worden. Zu dessen gutem Verlauf hätten auch die Rungeliner beigetragen, sowohl ihr Wein als auch ihr Schweinefleisch seien jedoch von einem städtischen Ratsherrn öffentlich für schlecht befunden worden. »*Ihr wern no froh um üsre Fleischstuck si*«, hätten sie daraufhin gesagt. Elf Jahre später, im Appenzellerkrieg, wird die Stadt eingeschlossen und die Bewohner hungern. Draußen vor den Toren aber, da tauchen die Rungeliner auf und ...

... schöne, frische Schwiköpf trägen z' lad,
uf langa Stanga gsteckt, si vor dia Stadt,

und verspotten deren Bewohner. Nicht verwunderlich, dass »d' Städtler« das nie vergessen haben und seither rufen:

»I Runggeli sind lauter Schwi,
und ebba no amol a Färle dri!«

Der Bludenzer Ing. Bruno Neyer äußert in seinem Buch über das Alpenstädtlein im Walgau indes noch eine weitere, eigentlich ganz nahe liegende Vermutung, wie es zum Namen »Schwi« gekommen sein könnte. Schweine waren wegen ihres Geruchs in der engen Altstadt von Bludenz sicher nicht beliebt. Das Rungeliner Gebiet jedoch, mit dem Sumpf im Unterfeld und der sonnigen Halde mit Eichen- und Buchenbeständen, bot die besten Lebensbedingungen für solche Tiere. Das Borstenvieh dürfte sich dort also wohl auch in entsprechender Anzahl bemerkbar gemacht haben. Dass dann schließlich die zweibeinigen Rungeliner zum entsprechenden Übernamen kamen, war eigentlich fast zu erwarten gewesen.

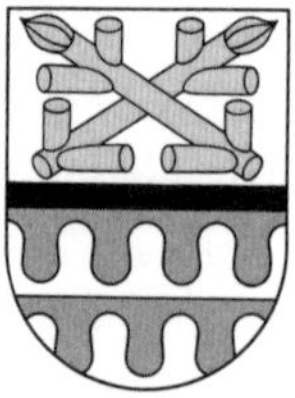

Bludesch

Schnägga

»Schnägga« scheint einst ein beliebter Übername gewesen zu sein, um ihn den Nachbarn zuzurufen. Neben den Frastanzern sollten offensichtlich auch die Bludescher damit geärgert werden, denn darauf lief es ja wohl hinaus. Mit Erklärungen für den Spott schaut es allerdings eher schlecht aus. Sollte den Dorfbewohnern damit etwa Langsamkeit oder zumindest eine gewisse Bedächtigkeit vorgeworfen werden?

Um welche Art dieser Weichtiere es sich dabei handeln soll, wird nicht ausdrücklich gesagt, am ehesten kommt aber wohl die Weinbergschnecke in Frage, zählte Bludesch doch nicht nur zu den ältesten, sondern auch zu den größten Weinbaugebieten des Landes. Besonders der »Zitzer« galt als ausgezeichnete Lage, und in einer Chronik wird berichtet, wie den Gemeindevätern die Gläsle mit köstlichem Bludescher-Tropfen gefüllt worden seien. Die hatten nämlich ihre Beratungen regelmäßig vom »trockenen« Gemeindesitzungszimmer in Brosis (Ambros Pfister) gemütliche Stube verlegt.

Während Schnecken in den Wingerten natürlich nicht gern gesehen waren, riefen sie anderswo mehr als zufriedene Gesichter hervor. Gemeint sind hier jene Exemplare, die nach fachgerechter Zubereitung auf den Gedecken entsprechender Liebhaber landeten. Außerdem waren sie »weder Fisch noch Fleisch« und eigneten sich deshalb besonders gut als Fastenspeise, da sie die entsprechenden Gebote nicht verletzten. Besonders in Klöstern verstand man sich darauf, aus ihnen wohlschmeckende Gerichte herzustellen.

Was das alles mit den Bludeschern »Schnägga« zu tun haben soll? Vorerst noch nichts, aber jetzt kommen wir zu einem Gedicht vom bekannten »Seeger an der Lutz«.

Der stammt zwar aus Thüringen und ist in Ludesch aufgewachsen, aber das, was er da erzählt, könnte durchaus etwas mit Bludesch zu tun haben.

Da sitzt ein gewisser Martin, ein »Flötzer« von Beruf, in der »Krone« zu Ludesch und unterhält sich mit seinen Berufskollegen. Dabei kommt die Rede auf den »Schnägga-Nazi«, der deshalb so heißt, weil er mit Schnecken handelt. Mit denen versorgt er rundherum im Winter die »Hera«, also die Geistlichen. Bei dieser Tätigkeit kommt er auch bis nach Tirol, wo er dann stets vor allem die Klöster aufsucht. Einmal im Februar – so erzählt Martin – habe er ihn in der Nähe von Flirsch getroffen. Gerade sei dort eine große Menge Leute beisammen gestanden, mittendrin der Nazi und ...

... nüt as ufgsprungene Fäßle und lauter krühige Schnägga,
über d' Leitara, d' Räder und über Diachsla uf 's Roßgschiarr.
Über da Nazi sell sind etle am Fuatterhemd uffi,
und dia Wiber hond gfustet und tua, as er Schnägga-n-i's Land bring.

Schlimm genug, was er da angerichtet hat, aber die Hauptsache kommt erst, denn was sollen die Abnehmer der schleimigen Ware jetzt machen ...

... i da Tiroler Klöster. »Wia söllen dia Münka jetz fasta?«

So fragt der Schnägga-Nazi am Ende des Gedichts.

War er etwa ein Bludescher? Und gleich noch eine zweite Frage: Gab es hier vielleicht einmal mehrere, die solche Delikatessen in der näheren und weiteren Umgebung anboten? Oder um die Sache auf den Punkt zu bringen: Galt Bludesch etwa einmal geradezu als bekannter Schneckenhändler-Ort? Natürlich ist es nur eine Vermutung. Doch bevor ein heutiger Bewohner der Walgaugemeinde Derartiges entschieden von sich weist, mag er Folgendes bedenken: In der Fabel überlistet die Schnecke den Fuchs. Das will etwas heißen, gilt Meister Reineke ja als das schlaue Tier schlechthin. Wie die Schnecke es geschafft hat? Sie hat sich einfach – es ging um einen Wettlauf – auf seinen Schwanz gesetzt. »Schnägga« kann also durchaus als Kompliment verstanden werden. Das entspricht zwar nicht dem Sinn eines Spottnamens, aber wer kann die Bludescher daran hindern, die Sache eben so zu verstehen?

Dass sie sich mit dem Namen ohnehin abgefunden, besser gesagt, angefreundet haben, dafür gibt es gleich zwei Belege: Seit dem Jahre 1986 spielt hier die »Bludescher Schnägga-Bühne« und drei Jahre später ist im Dorfzentrum das Cafe »Schnägg« eröffnet worden.

Übrigens, auch die Ortsbewohner selbst denken bei den erwähnten »Schnägga« offensichtlich eher an solche mit Häuslein. Das kann man aus ihrem »Dorflied« ersehen, heißt es dort doch: »*Wo mr Schnäggahüüsr bauand …*«. Fast hat es den Anschein, als hätten die Bludescher da den Tierchen sogar einiges abgeschaut.

Brand

Färle

Durch die Abgeschiedenheit von den anderen Walsern, die sich bei uns einst gleich in einigen Tälern niedergelassen haben, hat sich der Dialekt in Brand lange erhalten können. Besonders typisch ist dabei der Laut »ä«. So ist man beispielsweise hier heroben »dahäm«, wohnt »allä« und stolpert gelegentlich über einen »Stä«. Natürlich geht einem echten »Branner« deswegen auch der Übername besonders leicht über die Lippen. Am ehesten könnte dieser entstanden sein, weil die Branner solche »Färle« – junge Schweine – früher gern hinunter nach Bludenz brachten, um sie dort zum Verkauf anzubieten.

Am Maistig fahren d' Bure von Brand
mit ihre Färle gern a-d's Land;
das git a Rußede und a G'schrei,
es paßt fast nit zum erste Mai …

So heißt es in einem Gedicht von Nikolaus Neßler und der gebürtige Branner hat damit auf einen für die Bauern besonders wichtigen Termin hingewiesen. *Am Maistig sei er scho viel hundertmol am Land gsi,* habe »d's Christa-Becka-Toni«, ein noch heute gern erwähntes Original aus Brand, einmal gemeint. Auch wenn sich das mit der Lebenszeit des Sprüchemachers nicht ausgegangen sein konnte, zeigte es doch, wie wichtig dieser 1. Mai für die Bauern im weiten Umkreis war. An diesem Tag fand nämlich unten in Bludenz der große Frühlingshauptmarkt statt, und da ging es für sie eben darum, mit dem Verkauf der Ferkel ihr Einkommen etwas aufzubessern.

Zuerst aber mussten die Färle ordentlich herangewachsen sein und da konnte schließlich noch allerlei danebengehen. Ludwig Gabriel Seeger, der »Seeger an der Lutz«, erzählt von einem Fall, bei dem ein Bauer den Pfarrer holte, um die Muttersau benedizieren zu lassen. Die kam nämlich nicht mehr auf ihre Beine, und ein Nachbar hatte gemeint, in diesem Fall könne ein »Vehdokter« sicher nicht mehr helfen. Der Gerufene kam gleich; anfangs ging es auch ganz gut, und schon bald stand die muntere Schar wieder um das Muttertier. Genau in diesem Moment aber verblätterte sich der Geistliche, suchte aufgeregt in seinem Büchlein herum, von vorn nach hinten, von hinten nach vorn, und landete schließlich in seinem Eifer – ohne es zu merken – bei der Beschwörungsformel zur Vertilgung der Käfer und Engerlinge. Dann aber ...

... da hat's d'r die Färle verpudlet und gstreckt,
und nach a paar Gwähgger sind alle verreckt.

Im eingangs erwähnten Gedicht hat dagegen mit der Aufzucht der Färle alles gut geklappt, und Neßler erzählt, wie die Bauern mit ihren Tieren über Bürserberg zum Weiher kommen. Dort empfängt sie ein lustiges Gequake der zahlreichen Frösche und Kröten und bald darauf ist man unten in Bürs angelangt. Heute seien sie aber schon früh aufgestanden, meint dort ein Mann lachend unter der Haustür, und sogar mit »Musigbande« kämen sie. Da gibt ihm einer der Bauern die passende Antwort und ruft:

» ... Du kast mir globe,
eur G'sangsverein am Weiher dobe
hot üs scho mit'm schönste Lied begrüßt,
da hom-mir z'semme gset, ma müeßt
si passed bedanke für die Ehr:
Drum kom-mir mit üsrer Musig daher.«

Was für eine Gesicht der Bürser, ein Vertreter der dortigen »Krotta«, daraufhin gemacht hat, wird nicht weiter geschildert.

Gelegentlich scheint im Zusammenhang mit den Schweinchen auch von einem »Färlekaspar« die Rede gewesen zu sein. Dabei braucht man bestimmt nicht an etwas Ehrenrühriges zu denken, der Kaspar, das ist in diesem Fall eben der Branner, und es klingt dabei fast etwas Gutmütiges mit. Dass dieser »Brandner Kaspar« etwas mit dem bekannten Titelhelden des gleichnamigen bayrischen Volksstücks zu tun hat, darf ausgeschlossen werden; eine gewisse Schlitzohrigkeit, wie sie die Hauptperson des

Theaterstücks besitzt, dürfte jedoch wahrscheinlich auch manchen Bewohner dieser Ortschaft auszeichnen.

Die Branner selbst scheinen sich mit ihrem Namen mehr als nur abgefunden zu haben, warum auch sonst würden die »Obernarra« mit ihrem ausgelassenen *»Färle, Färle, hutsch, hutsch!«* ins allgemeine Fasnatgeschrei miteinstimmen, und warum wohl hätte sich ihre Theatergruppe schon vor etlichen Jahren ausgerechnet den Namen »Färlebühne Brand« gegeben?

Bregenz

Leabledruckar Stengelehockar Steacklehoppar Seebrinzlar

Am Bodesee, am Bodesee,
do ist a lustigs Leabe!
Ma hot a wackre Husmaskost,
hot Hereleable, Bier und Most,
a munters Zottele Kaffee,
de Susar vu der Reabe.

So schwärmt der Bregenzer Mundartdichter Kaspar Hagen in einem Gedicht vom Leben in seinem Heimatort und erwähnt auch gleich die »Hereleable«, um die es im ersten der Übernamen geht. Dass es etwas zum Essen sein muss, ist sicher gleich klar. Gemeint sind damit so genannte »Herrenlaibchen«, worunter man zwei zusammengebackene Brötchen verstand, die meistens Kümmel enthielten. Aus bestem Weißmehl war ein besonders weicher Teig hergestellt worden, der dann zu so einem »Pärle« gebacken worden war. Der erste Teil des Namens hat mit dem »Her« zu tun; so bezeichnete man früher gern einen Geistlichen, vor allem den Ortspfarrer, und dem wurde, wenn er in ein Gasthaus kam, nur das Beste serviert.

Natürlich waren solche »Leable« bei anderen Hungrigen ebenfalls beliebt, und auch wenn die Bregenzer sich das Sprüchlein »*Bleatz am Fidle, Bleatz am Loch, Hereleable git es doch!*« noch so oft anhören mussten, so konnte ihnen das ihre Vorliebe zu den beliebten Kümmel-Pärle sicher nicht nehmen.

Bis hierher ist von einem Spott eigentlich nichts zu bemerken, in einer netten Episode erfährt man aber, wie die ganze Sache noch gemeint war.

»Wenn dr 's nechstemol wider i-kehrat, gond glei zum a Becka!« So soll einmal ein Wirt einigen Gästen aus der Bodenseestadt nachgerufen haben. Diese waren zwar bei ihm zugekehrt und hatten auch etwas getrunken, verzehrt hatten sie aber nur die erwähnten Brötchen. An der Sache scheint etwas dran zu sein, denn auch im übrigen Unterland hieß es: *»Herolööble uf a Tisch! Breagazer kummed!«*

Nun ist gegen eine gewisse Sparsamkeit sicher nichts einzuwenden, schließlich kann man ja seinen Hunger auch daheim bei einer herzhaften Mahlzeit stillen, und das eben wesentlich billiger als in einem Gasthaus. Dass es jedoch damit – trotz Kaspar Hagens *»wackrer Husmaskost«* – nicht immer so weit her war, erläutert Hermann Sander. Wenn ein Bregenzer eine Suppe gegessen habe – so erzähle man jedenfalls in Dornbirn –, stelle er sich gern unter die Haustür und stochere in seinen Zähnen, als ob er gerade von einem mit Braten besetzten Tisch käme. Gar so schlimm wird es aber auch nicht gewesen sein, beim Bregenzer Mundartdichter Gebhard Weiß heißt es jedenfalls:

»A Rehbock ist z' Breagez a ganz tire War,
drum easset mir Oxe, si sind it so rar.«

Bregenz habe überhaupt nur köstliche Übernamen, fand seinerzeit der Volkskundler Artur Schwarz, und es falle einem geradezu schwer, sich für einen zu entscheiden. Dann erklärt er die Bezeichnung »Stengelehockar« und meint, damit seien jene gemeint, die es mit der Arbeit nicht so ernst nähmen, solche die lieber auf einem Zaun säßen, um die Vorübergehenden zu betrachten, gemütliche Leute eben. Als Beispiel führt er jene Spaziergänger an, die auf ihren Wegen bis zum Zoll oder bis zur Klause ermüdeten – besonders wenn der Seewein trefflich gemundet hatte – und rasten mussten. In Ermangelung einer Sitzbank seien sie dann eben oft auf den Zaun an der Straße gesessen. Das hätten sie recht gemütlich gefunden, obwohl es ihre Allerwertesten etwas beeinträchtigt habe.

Nicht viel anders klang ein »Stengelehoppar«, das ebenfalls oft zu hören war. Es ging dabei um etwas ganz Ähnliches wie vorhin. Da gab es einst in der alten Riedergasse im Garten des Gasthauses »Im Krug zum grünen Kranze« Zeitgenossen, die allen Ernstes ausprobieren wollten, *wevel Viertele ma zu'ma Rusch brucht.* Dass sie sich dabei ausgerechnet auf ein ziemlich schmales Bänklein setzten, beschleunigte die ganze Sache wahrscheinlich. Sie hockten also auf dem »Kogebänkle«, auf dem man wie auf einem Draht zu sitzen glaubte. Prompt fielen sie nach einiger Zeit und etlichen Viertele – der eine früher, der andere später – rücklings ins Gras, hatten aber offensichtlich ihren Spaß daran und erinnerten sich später immer wieder gern an ihr Erlebnis. So erzählte es jedenfalls eine Tafel, die im erwähnten Gasthaus hing, bis dieses vor nunmehr etwa vierzig Jahren abgebrochen wurde.

Auch in einem alten Vers geht es um ein solches Hocken, doch diesmal ist es eine andere Sitzgelegenheit. Ziel des Spotts sind die ...

... Breagezer Buaba,
die hockend uf am Stoa
und warten uf d' Moadla
wi an Hund uf a Boa.

Ein weiterer, ähnlich klingender Spottname ist der Ausdruck »Steacklehoppar«. Unwillkürlich wird man dabei an Feldkirch erinnert, wo ein »Steacklejucker« ertönte. Hier, am Bodensee, waren mit den »Steacklehoppar« natürlich Bregenzer gemeint, und zwar vor allem jene, die sich sonntags, ihre Spazierstöcke städtisch-elegant schwingend, am Ufer des Sees sehen ließen.

Bleibt noch der sicher bekannteste Übername, der natürlich auch erwähnt werden soll: »Seebrinzlar«. Die Bezeichnung sei »zwar anschaulich, aber weniger schön«, schränkt Artur Schwarz ein. Es soll nun nicht gerade behauptet werden, Gabriel Ludwig Seeger habe mit seinem »Gsätzle«

»Bregez lit am Bodasee, dort müender ahe, Bueba,
a Gülla, ja, i säg nit z'vil, ma ka nit drüber luega ...«

auf die Folgen solcher Tätigkeiten anspielen wollen, doch anbieten würde sich diese Deutung natürlich schon. Andererseits könnte der »Seeger an der Lutz« mit der »Gülla« auch nur einfach eine »große Lache« gemeint haben.

Eine Möglichkeit der Deutung für den Spott wäre, dass hinter der Titulierung eine gewisse Verärgerung der anderen Städte der Landeshauptstadt gegenüber stand. Am meisten Grund dazu hätte dabei sicher Feldkirch gehabt. Dort hatte man sich schließlich besonders nach der Bayernherrschaft im Jahre 1816 berechtigte Hoffnungen gemacht, das Kreisamt in die eigenen Mauern zu bekommen und damit Landeshauptstadt zu werden.

Übrigens, wenn sich die Bregenzer Weiblichkeit bei der gerade erwähnten Titulierung nicht betroffen fühlte, wurden die Dinge durch gewisse Nachbarn in einem dazu passenden Zweizeiler eigens klargestellt, wobei der See keine Rolle mehr spielte:

Und d' Breagezer Mädle hond wiße Strümpf a,
si bruchen's net z'wäscha, si soachends gad a.

Unwillkürlich mag man dabei an den alten Ausdruck »Soachtäscha« für ein vorwitziges, freches Mädchen erinnert werden. Das »Mädle« von vorhin scheint auf die Nachbarschaft im Norden hinzuweisen; »Moadla« waren die jungen Bregenzerinnen dagegen in einem Unterländer Spruch, in dem sie allerdings auch nicht gerade gut davonkamen. Es ging dabei um die Mode beziehungsweise um den Unterschied zwischen noblem, sonntäglichem Auftreten und dem eher bescheidenen im gewöhnlichen Alltag:

Am Sunnteg französisch, am Werktag is Holz;
wie sind doch die Breagezer Moadla so stolz!

Wie ernst solche Spötteleien indes insgesamt zu nehmen sind, illustriert besonders gut eine Episode, die sich einmal hier am Bodenseeufer zwischen zwei Bregenzern abgespielt haben soll. Die saßen eines Tages im Wirtshaus beisammen, der eine von ihnen ein baumstarker Kerl, der andere ein eher schmächtiger Zeitgenosse. Über irgend etwas gerieten die beiden in Streit und schließlich warf der Starke dem Schwachen eine Grobheit an den Kopf. Entrüstet schnellte dieser von seinem Sitz auf und rief: *»G'spaß oder Ernst?«* – *»Ernst, Ernst!«*, gab der Starke ganz gelassen zur Antwort. *»So, as kunnt d'r goet«*, meinte darauf der andere, *»a so an Gspaß hett i m'r denn nit g'fallo lo!«*

Bregenz-Fluh

Schnalladruckar Nollatrüllar

Eine »Schnalle« – eine Türklinke – drücken, das ist eine Tätigkeit, die wohl jeden Tag soundso oftmal erledigt werden muss. Natürlich hatten die Fluher in ihren Häusern auch nicht mehr Türen als andere und doch nannte man gerade sie »Schnalladruckar«. So wurde gelegentlich auch jemand bezeichnet, der auffallend viel Kleingeld mit sich führte, und nach dem »Vorarlbergischen Wörterbuch« ist es ein Ausdruck, der früher gern für einen Bettler verwendet worden ist. Die Fluher als Bettler? Wohl kaum, es scheint also etwas anderes dahinterzustecken. Ob etwa »Bettler« ganz besonderer Art gemeint waren?

Am Neujahrsmorgen war es üblich, der Verwandt-, aber auch der Nachbarschaft mit guten Wünschen fürs neue Jahr aufzuwarten. Zu diesem Zweck taten sich mancherorts kleinere Gruppen zusammen, zogen von Haus zu Haus und gaben dabei meist ein mehr oder weniger gut gelungenes Neujahrslied zum Besten, schließlich wollten die entsprechenden Geschenke, die sie dafür meistens erhielten, ja verdient sein. So sei es auch auf der Fluh gewesen. Da habe es hier aber Zeitgenossen gegeben, denen das nicht mehr enden wollende Singen zu anstrengend geworden sei. Sie hätten sich dann oft damit begnügt, mit den anderen mitzugehen, kaum dass sie den Mund aufmachten, vom Singen keine Spur! Beim Einheimsen der entsprechenden Neujahrsgeschenke aber, da seien sie dann stets umso eifriger dabei gewesen, vielleicht noch fleißiger als die anderen; richtige »Schnalladruckar« eben, die meistens, während sie ihre knappen Glückwünsche loswurden, bereits zum nächsten Haus hinüberschielten.

Umgekehrt ließen sich aber auch dann und wann auf der Fluh oben solche »Schnalladruckar« sehen und dann waren es schon eher Bettler. So heißt es jedenfalls in einem alten Lied, das früher gern gesungen wurde. Da kamen zum Beispiel zwei mit Bettelsack und Korb durchs Tal herunter, und dann sagte die Annamei aus Altenstadt zu ihrem Begleiter, dem Sepp aus Ems:

»I gang ge Kennglbach und du uf d' Fluah,
i beattl a Türkomeahl und du a Schmalz.«

Ob als Bettler wie im Lied oder als Erholungssuchende, die von der Bregenzer Oberstadt über den Gebhardsberg hier heraufstiegen, auf jeden Fall galt – und gilt nach wie vor – der alte Spruch: *»Host an Schnupfo, dann gang uf d' Fluo: Denn host a Ruo!«* Auch Kreishauptmann Ebner erwähnt in seinem Tagebuch (1842): »Ich stand um 6 Uhr auf und ging auf die Fluh spazieren, um einmal wieder die Sonne zu sehen, die in Bregenz den dicken Nebel schon durch vier Tage nicht mehr zu durchdringen vermochte.«

Daneben gab es aber auch ganz andere und sehr persönliche Gründe nach St. Wendelin hinaufzusteigen. So hieß die Ortschaft einst, und das hatte mit dem gleichnamigen Kirchenpatron zu tun. An seinem Tag, dem 20. Oktober, da wallfahrteten nicht nur die Bauern hier herauf, um seine Hilfe bei »Hab und Vieh« zu erbitten, auch zahlreiche Jungfrauen, besonders solche »älteren Ursprungs« – wie es ein Verfasser einmal besonders charmant ausgedrückt hat – kamen vertrauensvoll mit ihren nicht weniger wichtigen Anliegen und beteten: *»Heiliger Sankt Wendele, gib mir a Mändele!«* Hoffentlich keinen »Nollatrüllar«! Oder doch?

Was damit gemeint war, kann man bei den »Fluhar Nollatrüllar« erfragen. Der Vorderwälder Mundartdichter Othmar Mennel weiß zumindest für den zweiten Bestandteil der Bezeichnung eine einleuchtende Erklärung: *»Trüller odr Trüllabubber hoißt sovil wie ›dumma Bub‹.«* Dahinter steckt wohl »trülla« (drehen), und so ein»Trüllar« war, mit einem Wort gesagt, unentschlossen und wusste nicht so richtig, was er eigentlich wollte. Daneben lässt sich aber auch eine ganz harmlose Erklärung finden. Gleich gegenüber der Fluher Kirche gibt es nämlich den Flurnamen »Trülle«.

Und der »Nolla«? Er dürfte vom althochdeutschen nol – Hügel – kommen, und mit dieser Bezeichnung kann Fluh gleich einige Male aufwarten, gibt es hier doch nicht nur einen Nollen, sondern auch ein Nollenloch und einen Nollenkopf.

Buch

Buscholabindar Pfundlööblar

Unter »Buschola« (Buschla) versteht man – das weiß ein gestandener Vorarlberger – Geäst von Tannen, aber auch von Laubbäumen, das auf eine gewisse Länge abgeschnitten wird, bevor man es auf dem »Buscholobock« mit einem Draht zusammenbindet. Auf diese Weise entstehen handliche Bündel, die gut transportiert und im Winter im Kachelofen verbrannt werden können.

Einst war Buch eine der ärmsten Gemeinden des Landgerichtes Bregenz; Kreishauptmann Ebner erwähnt im Jahr 1835, die Bewohner hier heroben seien lauter Bauern, und der reichste von ihnen besitze nicht mehr als vier Kühe. Nur mit Hilfe der Weberei, Stickerei und einiger Holzarbeit könnten sie sich kümmerlich durchbringen. Gut möglich, dass der hier geborene Isidor Hopfner bei seinem Text fürs *»Grüeß di Gott, mi subers Ländle«* in der dritten Strophe auch ein wenig an seine Heimatgemeinde gedacht hat, wenn es dort vom »Völkle« heißt: *»... Not und Arbat ischt as gwohnt.«* Ausdrücklich Buch meint der Jesuitenpater und bekannte Ortsnamenforscher, wenn er erklärt: »Wie man heute noch Tann für Tannenwald sagt, so sagte man früher für Buchenwald nur Buch, worin aber natürlich auch Tannen stehen durften.«

Im ersten Übernamen geht es also um die erwähnte Holzarbeit, und jetzt kommt eine Überraschung, ist es doch eine Tatsache, dass von den 615 Hektar der Gemeindefläche im Jahre 1880 etwa 280 Hektar mit Wald bedeckt waren. Das war mehr als das Doppelte der Wiesenfläche und es war zum Beispiel doppelt so viel, wie Bildstein besaß. Versorgten dessen Bewohner, die »Bildstar«, das nahe Bregenz mit Reisigbesen, so waren die »Buochar« auf Buscheln spezialisiert, die in der Stadt stets gute Abnahme fanden. Dass man dabei auch mit Konkurrenz zu rechnen hatte, zeigte sich in diesem Fall deutlich, denn da gab es beispielsweise die Alberschwender, die auf den gleichen Gedanken gekommen waren. Ihr Name »Toashackar«, also Tannenreisig-Hacker, deutet jedenfalls darauf hin. Beide Namen erinnern wohl an jene Zeit, als das Übergangsgebiet zum Bregenzerwald noch so richtig voller Wald war.

Mit der Bezeichnung »Pfundlööblar« sollte ganz offensichtlich die bescheidene Ernährungsweise der Bucher aufs Korn genommen werden. *»Richtond d' Lööble, d' Buochar kummond!«*, habe der Wirt vom »Schwanen« stets gerufen, wenn er die Bucher Bittprozession erblickt habe, die in Wolfurt durch die Berggasse herabkam. So ein »Lööble« und dazu ein Getränk, das war es gerade noch, was sich einfache Landsleute üblicherweise leisten konnten, wenn sie in einem Gasthaus einkehrten. Fast überflüssig zu erwähnen, dass Derartiges selten genug vorkam, alle heiligen Zeiten eben.

Gern sagte man zum »Lööble« auch »Herolööble«; es war somit also sicher eins für einen »Her«; als solcher wurde früher vor allem der Dorfpfarrer bezeichnet. Welcher Geistliche allerdings gemeint war, wenn man in Wolfurt gelegentlich bei einer eher missratenen Suppe den Ausspruch hörte *»Dio Suppo wär iotz gad reocht für-o Buochar Pfarar!«*, wird sich wohl nicht mehr feststellen lassen. Einer, an den man dabei denken könnte, wäre Pfarrer Xaver Lutz, der seine ihm anvertraute Herde von 1921 bis 1933 betreute. Von ihm erzählt man sich, er habe im Wolfurter »Schwanen« nach jedem Viertele ein Knöpflein seiner Soutane geöffnet, da habe die Kellnerin dann immer gleich gewusst, wie viel sie zu kassieren hatte.

Oder hat es etwa mit jener Geschichte zu tun, die vor rund hundert Jahren vom »Buocharwible« erzählt wurde. Das war einmal gerade beim Kochen, als ein Bekannter zu ihm in die Küche kam. Er werde doch auch mithalten, meinte es und hantierte emsig weiter. *»Dernoch as fallt«*, antwortete der Besucher mit besorgten Blicken auf die Nase des Weibleins, an der bedrohlich ein Tröpfchen hing.

Bereits bei Bildstein wurde auf dessen ehemaligen Namen »Steußberg« hingewiesen, der einst auch für Buch Gültigkeit hatte. Die Bucher haben offensichtlich kein Problem damit, diese Bezeichnung so zu erwähnen, wie sie gemeint war; in ihrem Internet-Auftritt heißt es jedenfalls, die kleine politisch und kirchlich selbständige Gemeinde liege am Nordhang des Steißberges.

Zum Schluss soll noch jene Bemerkung erwähnt werden, mit der sich einstmals ein Spaßvogel zum Namen der Gemeinde geäußert hat. In einer Nummer der »Vorarlberger Landeszeitung« schreibt er vor gut hundert Jahren, alle Philosophen zusammen besäßen hier im Land – einmal abgesehen von Andelsbuch und Buchboden – eigentlich nur ein richtiges »Buch«.

Bürs

Krotta

Was mit diesem Übernamen gemeint ist, ist klar: Es geht um Kröten. Auch wenn diese Tierchen das Wasser nur aufsuchen, um dort ihren Laich abzulegen, ohne Feuchtigkeit geht bei ihnen natürlich nichts. Mit großen Riedfeldern und Sumpfgebieten aber konnte Bürs einst aufwarten. Bei Nikolaus Neßler, einem Nachbarn aus Brand, findet sich sogar eine genaue Ortsangabe, wenn er in einem seiner Gedichte von den Branner Bauern berichtet, die »übere Berg« – also Bürserberg – dem Weiher zu kommen und dort auf Wasserbewohner stoßen, die ...

... im Riedgras lustig quagge
und fohen Flüge, Brems und Schnagge.

Die lieben Nachbarn meinten mit der Bezeichnung »Krotta« zwar sicher auch die Bewohner solcher Weiher und Sumpfgebiete, vor allem aber jene der Ortschaft. Welche Gründe dafür ausschlaggebend gewesen sind, ist heute nur noch schwer zu sagen. Eine gewisse Rolle dürften die oft stark verschmutzten Straßen und Wege gespielt haben, aber das war eben eine Folge der vielen Viehtriebe, die in dieser landwirtschaftlich geprägten Gemeinde nötig waren. Wahrscheinlich handelt es sich aber doch nur um einen der nicht so seltenen tierischen Spottnamen, und als Trost für einen Übernamen dieser Art bleibt immer, im Vergleich zu anderen noch gut davongekommen zu sein. Es hieß zwar landauf, landab: »*Klänne Krotta hond o Gift!*«, im Übrigen aber sprach man ja nicht nur von der giftigen, neidischen, lausigen und aufgeblasenen »Krott«, sondern auch vom *schneidiga, gschida, zäha und mögiga Kröttle.*

Weil wir gerade bei der Image-Aufbesserung dieser Sorte von Froschlurchen sind: Sicher, es sind jene vielleicht nicht auf Anhieb sympathischen Kerle von grau-brauner oder rötlich-grauer Farbe, am Rücken voller Warzen, die sich nicht nur in Weihern aufhalten, sondern auch träge in ihren Schlupfwinkeln in Kellern, Erdlöchern oder anderen feuchten Orten hocken. Wer jedoch einmal in die hell strahlenden Augen eines solchen Tierchens geblickt hat, wird es vielleicht anders sehen und wohl eher verstehen, dass es einst germanischen Gottheiten heilig war. Auch die Tatsache, dass Kröten in unseren Sagen oft als Schatzhüterinnen auftreten, deutet auf ihre einstige besondere Stellung im Volksglauben hin. Außerdem traute man ihnen in früheren Zeiten gar nicht so wenig an wirksamen Kräften gegen allerlei Geisterspuk zu. An Stalltüren genagelt, schützten sie das Vieh; zu Pulver zermahlen, wurden sie diesem als Medizin unters Futter gemischt. Damit soll jetzt aber nicht etwa gesagt werden, Derartiges sei für die Bürser der Grund gewesen, ausgerechnet ein *»Krotta, Krotta, quak, quak!«* als lautstarken Fasnatruf zu wählen.

Nicht unerwähnt bleiben darf in diesem Zusammenhang natürlich der wahrscheinlich weniger gern gehörte Zuruf »Krottner«. Damit war im allgemeinen Sprachgebrauch meistens ein wenig erfolgreicher Arbeiter gemeint, dem es am nötigen Tempo fehlte oder der überhaupt eher Pfusch produzierte, doch auch Kleinwüchsige wurden nicht ungern mit diesem Titel bedacht. Die Bürser können es sich aussuchen, welche dieser Erklärungen sie am ehesten verkraften können. Die Annahme, sie würden lieber bei den »schneidiga, gschida, zäha und mögiga Kröttle« bleiben wollen, dürfte wohl richtig sein.

Selbst bei aller Nahbeziehung zur Familie der Froschlurche sind aber auch die Fachleute von Bürs nicht vor Irrtümern gefeit. Wie sonst hätte es passieren können, dass im »Bürscher Krottablatt« vor etlichen Jahren von folgendem schwerwiegenden Irrtum einer Familie berichtet werden musste. Da war einer Mutter zu Ohren gekommen, *daß ma im Aubächle Fischle i-gsetzt hei.* Gleich hatte sie ihre Kinder losgeschickt, um solche mit »Nudlasiha« einzufangen. Die Kleinen waren erfolgreich und bald herrschte im heimatlichen Aquarium reges Treiben. Ernüchterung habe sich dann allerdings eingestellt, als den vermeintlichen Fischle *d' Haxa gwachsa* seien.

Bürserberg

Büschelebinder Büschelebärger

»*Büschele, Büschele, hoo!*« So rufen heutzutage die Fasnatnarren vom Bürserberg und erinnern damit an die früheren Zeiten, in denen so mancher aus ihrer Gemeinde als »Büschelebinder« seine Erzeugnisse unten »am Land« an den Mann und an die Frau gebracht hat. Nach der Gemeinde Buch oberhalb von Wolfurt haben wir es abermals mit einem Übernamen dieser Art zu tun, und einmal mehr muss bei der Erwähnung solcher Beschäftigungen auf den Erfindungsgeist unserer bäuerlichen Vorfahren hingewiesen werden.

Das Binden der Buscheln dürfte ähnlich vonstatten gegangen sein, wie es bereits dort geschildert worden ist: Reisig und kleinere Äste wurden auf die entsprechende Länge gebracht und auf einem so genannten Buschlabock mit Draht zu handlichen Bündeln – eben zu Buscheln – gebunden. Im Winter waren diese dann das Hauptheizmaterial für die Kachelöfen und normalerweise reichte so eine ordentliche Buschel für einen ganzen Tag. Aber es ging nicht nur um gemütliche Wärme, so wussten zum Beispiel auch die Bäcker in Bludenz dieses Brennmaterial zu schätzen. Das Abfallholz wurde in Bürserberg anschließend vielfach zu Holzkohle gebrannt. Das ist auch die Erklärung für die Feststellung, vor etlichen Jahrzehnten habe man dort aus den Wäldern noch entsprechend viele Rauchsäulen aufsteigen sehen können.

Insgesamt gesehen war das Ganze keineswegs etwas, worüber man sich lustig zu machen brauchte, aber Übernamen sind eben gelegentlich auch harmlos, und für die »Bärger« mag es noch heute ein Trost sein, dass ihre Altvordern nicht mehr Anlass für Spott geboten haben. Dabei braucht man gar nicht von der Weitsicht der einstigen Büschelebinder zu sprechen, ist es doch eine

Tatsache, dass Kachelöfen und andere Holzheizungssysteme, die heutzutage für die gemütliche Wärme im ganzen Haus eingesetzt werden, sich wieder zunehmender Beliebtheit erfreuen.

Die Bürserberger können sich also nach dem Gesagten beruhigt zurücklehnen, und auch wenn einige Reimfreudige den Übernamen noch näher an den Ortsnamen binden wollten und mit einem »*Bürserbärger – Büschelebärger*« aufwarteten, regte und regt sie das wohl kaum auf. Auch das nette Sprüchlein, das noch erwähnt werden soll, wird sie wohl kaum einmal aus der Ruhe gebracht haben. Zu oft hatten sie es schon gehört, wie ihre lieben Nachbarn die Mundart aufs Korn nehmen wollten: »*Hoscht g'saha, wia di alt Schtallgaß übr a Bühal a-igritta ischt und a Ba brocha hot?*«So sagten diese dann und zwinkerten sich vielsagend zu.

Damit war aber nicht etwa jenes beeindruckende silberfarbige Tier im Gemeindewappen gemeint, denn dabei handelt es sich ganz sicher um einen Steinbock, das Wappentier der Walser. Von denen haben sich hier nämlich um die Mitte des 14. Jahrhunderts die ersten zwölf Familien niedergelassen.

Dalaas

Füdlabloser Hopper

Zum ersten der beiden Übernamen lässt sich eigentlich nur das sagen, was für ähnliche Fälle ebenfalls gilt: Die mundartliche Bezeichnung »Dalooser« forderte die Reimschmiede der Umgebung offensichtlich einmal mehr zu einer Höchstleitung heraus. Das Ergebnis kommt dann allerdings auch jemandem, der den Namen zum ersten Mal hört, schon reichlich bekannt vor, handelt es sich doch nur um eine weitere Variante jener bekannten Aufforderung, die man als gemildertes »Götzzitat« bezeichnen könnte. Die einzige Frage, die sich hier stellt, ist jene, ob die »Dalooser« selbst besonders oft zur erwähnten Tätigkeit eingeladen haben, oder ob sie eher von ihren Nachbarn dazu aufgefordert worden sind. Wahrscheinlich wird sich beides die Waage gehalten haben. Fürs allgemeine Wohlbefinden dürfte es gelegentlich nicht schlecht gewesen sein, seinem Ärger auf diese Art Ausdruck zu verleihen, und eines kann mit ziemlicher Bestimmheit gesagt werden: Jene Dalooser, die hier gemeint waren, scheinen auf jeden Fall keine »Trüebsalbloser« gewesen zu sein.

Zu einem gewissen Bekanntheitsgrad hat es in diesem Zusammenhang übrigens eine unserer besonders gern verwendeten Jasskarten gebracht; wird doch der Eichel-Siebener gelegentlich als »Fläscha-« oder »Guttarafurzer«, aber eben auch als »Dalooser« bezeichnet; keine üble Karte übrigens, denn ein alter Jasserspruch weiß: *»Da Fläschafurzer bringt da Bur!«*

Auf den Zuruf »Hopper« scheint hier kaum mehr jemand zu reagieren. Das ist auch nicht weiter verwunderlich, meint man doch heutzutage mit dieser Bezeichnung nicht ungern einer jener Typen, die am liebsten im Jogginganzug herumhopsen und dabei ihre Hosen auf der Erde schleifen lassen. Als Ausdruck unserer jüngsten Zeit kann er als Erklärung für einen alten Übernamen natürlich außer Betracht bleiben.

Doch einstmals soll es noch einen »Hopper« ganz anderer Art gegeben haben!

Früher sei mit dem Namen gern einer bezeichnet worden, der hoppte, also jemand, der Sprünge machte, mit beiden Füßen gleichzeitig oder auch nur auf einem Bein. So etwas kommt natürlich vor allem beim Tanzen vor, besonders dann, wenn ein so genannter »Hopper« gespielt wird, ein rascher Tanz im 2/4-Takt. Was die Dalaaser so viel zu tanzen gehabt haben, bleibt dabei eine müßige Frage.

Auch wenn es im »Vorarlbergischen Wörterbuch« heißt, mit »Hopper« könne das ruckweise Aufstoßen von Magenwinden nach einem fettreichen Essen – also ein Rülpser – gemeint sein, scheint diese Erklärung für die Menschen hier schon wegen der Erwähnung eines derart üppigen Essens nicht die richtige gewesen zu sein. Am ehesten dürfte wohl die Deutung zugetroffen haben, mit dieser Bezeichnung sei einer gemeint gewesen, der es immer eilig hatte, ein »Hansdampf in allen Gassen« sozusagen, dem es vielleicht etwas an Bedächtigkeit mangelte.

Ob es davon ausgerechnet in Dalaas mehr gegeben hat als anderswo? Es spricht nichts dafür.

Dalaas-Wald

Studahocker
Katzahäler

Im Rheintal wird man über den ersten Namen vielleicht überrascht sein, ist ein »Studahocker« hier entlang des Stromes doch eine alte Bezeichnung für einen Grenzbeamten, einen Finanzer, der anderswo auch als »Boschahocker« oder »Boschaschißer« bezeichnet wurde. Von einer Grenze aber kann hier, mitten im Klostertal, ja wohl nicht die Rede sein.

Im üblichen Sprachgebrauch ist ein »Staudenhocker« einer, der eher hinter den Büschen hockt und schaut, was die anderen machen. Auch Kartenspieler, die trotz eines guten Blattes nichts wagen, werden gelegentlich so bezeichnet; alles Erklärungen, die uns hier nicht weiterbringen.

Dass es sich in dieser Gegend um ein spät besiedeltes und entsprechend spät gerodetes Gebiet handelt, ist eine Tatsache, und dass man da zwar nicht im wörtlichen Sinn »i da Studa«, also im Gebüsch hockte, ist ebenfalls sicher, aber man dürfte wohl einst viel Zeit für die Urbarmachung des Gebiets aufgewandt haben.

Artur Schwarz, der sich seinerzeit viel mit den Ortsübernamen beschäftigt hat, weiß noch von einer ganz anderen Tätigkeit zu berichten. Sie habe den Bewohnern einst den Namen »Katzahäler« eingebracht. Dabei braucht jetzt aber keineswegs an das gedacht zu werden, was Gabriel Ludwig Seeger einst in einem »Gsätzle« beschrieben hat:

»Wie-n-a Vögele musper,
wie-n-a Hündle so treu,
wie-n-a Kätzle so häl
ist mi Annamarei …«

Der »Seeger an der Lutz« hat damit ganz sicher sagen wollen, 's Annamarei sei anschmiegsam und nicht etwa, es sei falsch und verstelle sich. Derartiges konnte man sich nämlich unter »häl« auch vorstellen. Doch es gab – und gibt nach wie vor – eben noch etwas im Zusammenhang mit den Katzen und auf das hat der erwähnte Volkskundler angespielt: die »Katzenhälerei«, worunter das Beschneiden der Mäusejägerinnen gemeint ist, das Kastrieren. Er kann sich die Bemerkung nicht verkneifen, die Einwohner von Wald hätten bei ihrer Tätigkeit wohl nicht allzu gut verdient, so viele Katzen seien es nämlich sicher nicht gewesen, an denen sie ihre Kunstfertigkeit unter Beweis zu stellen gehabt hätten. Inzwischen ist einiges Wasser durch die Alfenz hinuntergeronnen, und wenn man sich neuere Zahlen solcher Aktionen vor Augen hält, schaut die Sache anders aus. Schließlich werden da pro Jahr an die 200 Wildkatzen gefangen – gelegentlich ist natürlich auch die eine oder andere Hauskatze dabei –, kastriert und im Ohr tätowiert (oder ein kleines Stückchen abgeschnippelt), bevor sie wieder ausgesetzt werden. Ja, und da über 90 Prozent aller Katzenbesitzer ihre Tierchen ohnehin kastrieren lassen, kann man sich schon vorstellen, dass da etwas zu verdienen wäre!

Noch ein alter Vers, der auf die Bewohner von Wald gemünzt war, hat sich erhalten:

»*Würf dr Geß an Ste ad 's Be,*
denn got se ganz alenig hem!«,

womit ganz offenkundig nur eine Eigenheit der Mundart aufs Korn genommen werden sollte, denn allzu viel Sinn ergab die Aufforderung an sich ja nicht. Auch die Geiß dürfte nach dieser Feststellung wieder beruhigt aufgeschnauft haben.

Damüls

Ziogromülsar Kogabegnager

Etwas missverständlich klingt der Übername der Damülser schon, beim ersten Hinhören wird man nämlich wohl unwillkürlich an Ziegen denken. Die liefern zwar auch das Naturprodukt Milch, doch bei der üblichen Käseherstellung ist nur jene der Kühe gefragt. Dabei fällt jeweils eine weißliche Masse an, die Zieger genannt wird. Ein Ziegermülser war dann eben ein Damülser, in dessen Ernährung dieser »Käse der armen Leute« eine wichtige Rolle spielte, und bei einem »Ziogro-Fressar« – einer Variante des Übernamens – war dasselbe gemeint. Er hatte dann wahrscheinlich mit den Jahren auch *so gnue as der Zeogrhond,* den man – wie man in Lustenau sagte – zu viel mit Derartigem gefüttert hatte, *und deina ischt fortgrännt, wänn ar an wißo Stouo g'säocha heät.* Neben diesem bemitleidenswerten Vierbeiner gab es noch einen weiteren »Ziegerhund«, damit bezeichnete man nämlich jene Vorrichtung, mit welcher Zieger durch ein Sieb gepresst wurde.

Noch bis in die neueste Zeit herauf schaute es hier heroben in puncto Ernährung nicht viel besser aus als in früheren Jahrhunderten. Ludwig Steub meinte jedenfalls bei seinem Besuch um die Mitte des 19. Jahrhunderts: »Die Damülser sind wahrhaftig sehr arm und leben kümmerlich von Mehlmus und Kartoffeln, trinken auch nur am Sonntag ein Gläschen Schnaps.« Damals spielte der Zieger als Ausgangsmaterial für allerlei Gerichte sicher eine wichtige Rolle und die »Mülser« ließen sich schon einiges einfallen. Da gab es »Ziegerknöpfle«, »Ziegernudeln« und »Ziegerschabete«, sicher alles gute und nahrhafte Dinge, wenn eben nur nicht immer dieser eine Bestandteil der Mahlzeiten der gleiche gewesen wäre. »Wir wohnen sieben Stunden hinter Gott erbarm und der Ort heißt Elend.« So habe einer der älteren Männer ihm geklagt, erzählt der oben erwähnte Reiseschriftsteller, und er berichtet, vor noch nicht langer Zeit habe man hoch über Damüls eine Dreschtenne abgebrochen, während jetzt nicht einmal auf den niederen Höfen irgendeine Getreideart gedeihen wolle. Um die gleiche Zeit schreibt auch Kreishauptmann Ebner, das ganze Getreide und Mehl müsse aus anderen Gegenden herbeigeschafft werden, und zwar auf dem Rücken der Bewohner selbst, denn in ganz Damüls befinde sich in der Regel kein einziges Saumpferd.

Übrigens, wenn eingangs die Rede von den Ziegen war: Ihrer Milch und dem Geißkäse schrieb man in früheren Zeiten gern eine gewisse heilsame Wirkung zu. Den Grund dafür sah man darin, dass so eine Geiß ja allerlei Berg-Heilkräuter verzehrte. Im Übrigen aber war sie die »Kuh der armen Leute«, deren Milch vor allem getrunken wurde, war Kuhmilch dazu doch zu wertvoll.

Während das »Ziogro-Mülsar« eher aus der Richtung des Bregenzerwaldes herauftönte, hatten sich die Nachbarn jenseits der Faschina für die Damülser etwas anderes Spöttisches ausgedacht: »Kogabe-Gnager« – richtig walserisch ausgesprochen natürlich »Chogabe-Gnager« – seien sie. Es geht also gleich noch einmal ums Essen, genauer gesagt, ums armselige Essen. Dabei braucht man nicht unbedingt an einen »Kog« zu denken, an ein verendetes Tier, dessen Fleisch noch bis zum letzten Fäserchen abgenagt wurde, denn ein altes, abgemagertes Stück Vieh wurde ebenfalls nicht ungern so bezeichnet. Auch ein Zweizeiler, der sonst eher auf die Vandanser gemünzt war, ist in einer alten Aufzeichnung in einer Damülser Version überliefert:

»Mülser, du Krutdülscher, was wit mit dim Schneatzer,
zum Schinda, zum Schaba und Kogabägnaga?«

Wahrscheinlich können die heutigen Damülser ohne weiteres mit solchen Namen und Vorwürfen leben, zeugen sie doch eindrucksvoll für den zähen Überlebenswillen ihrer Vorfahren hier im geographischen Mittelpunkt unseres Landes.

Doren

Klei-Wiener

Ganz offensichtlich sollte es beim Namen, den die Dorener da zugerufen bekommen haben, um »Klein-Wiener« gehen, aber was hatte Doren mit Wien zu tun? Ob eine kurze Schilderung von Johann Ritter von Ebner aus dem Jahre 1836 Klarheit bringt? In seinem Tagebuch klagt der Kreishauptmann bei den Besuchen der einzelnen Ortschaften nicht selten über baufällige Kirchen, elende Schulhäuser und desolate Pfarrhöfe. Hier in Doren aber, da klingt es überraschenderweise einmal ganz anders, kann er doch von einem neuen Schul- und Messnerhaus berichten und überdies feststellen, es sei sehr hübsch ausgefallen. Auch die vor zwölf Jahren neu erbaute Kirche sei schön geworden und in ihrer Inneneinrichtung vollendet. War dieses Dorf im äußeren Bregenzerwald in früherer Zeit besser gestellt als die Ortschaften der Umgebung? Konnte man sich hier etwa um einiges nobler geben? Allein beim Anblick der Weiß-, Rot- oder Bregenzerach werden die Namensgeber ja wohl keine Vergleiche mit der fernen Donau angestellt haben und »Wienerle« bestellte man in Gasthäusern auch anderswo.

Tatsächlich schaute die wirtschaftliche Lage hier am Fuß des Sulzbergstocks in früheren Zeiten nicht übel aus. Für eine gewisse Besserstellung der Gemeinde könnte ihre seinerzeitige Abtrennung von Sulzberg gesorgt haben, war doch der »abtrünnige« Bereich, also Doren, um einiges wohlhabender als das verbleibende Sulzberg, aber auch als die anderen Vorderwälder Nachbargemeinden. Besonders mit der 1901 gegründeten Landeskäsereischule konnte man sich sehen lassen. »Doren, rühmlichst bekannt durch seine Molkerei«, so schreibt um diese Zeit der Jesuitenpater Isidor Hopfner, der bekannte Ortsnamenforscher aus der Nachbargemeinde Buch.

Die gerade erwähnte Schule war natürlich nicht von ungefähr gekommen, es waren sicher die österreichweit hervorstechenden Leistungen in der Milchwirtschaft, die Anlass zu ihrer Gründung gegeben hatten. Dass deswegen bei der Erwähnung von Doren an die ferne Bundeshauptstadt oder – in damaliger Zeit – an die Kaiserstadt gedacht worden ist, klingt dennoch etwas überraschend, auch wenn man sich die zahlreichen Kontakte zu wichtigen Partnern, unter anderem zum k. k. Ackerbauministerium, vor Augen hält.

Über den offiziellen Namen der Gemeinde gibt es weniger Rätselraten. Er taucht bereits in einer Urkunde des 14. Jahrhunderts als »zer Darren« auf. Viel für sich hat eine Erklärung, mit der ältere »Doremer« aufwarten können. Demnach hätten die ersten Ansiedler einst in Brenden, Sulz, Hüttersberg, Huban und eben in Doren – damals ein unbedeutender Weiler – gewohnt. Das habe seinen Namen von den großen Dörrgestellen, den so genannten »Darren«, auf denen Flachs und Hanf getrocknet worden seien. In seinem Werk »Vorarlberg« erwähnt Franz Joseph Weizenegger, in der Gegend von Bregenz hätten sich früher Dörren befunden, auf denen Haberkörner getrocknet und genießbar gemacht worden seien. Er vermutet, man habe möglicherweise Malz daraus machen wollen, um aus diesem – wie anderswo – Bier zu brauen. Solche Dörren seien jetzt nur noch dem Namen nach bekannt.

Die Hanf-, Flachs- und später Baumwollspinnerei sowie die Hand- und wenn auch nur für kurze Zeit die Pantograph-Stickerei dagegen, die blieben erhalten. Besonders für der Flachsanbau konnte das Gebiet von Doren mit Lehmböden, entsprechenden Niederschlagsmengen, vor allem aber mit der so wichtigen sonnigen Hanglage aufwarten. Die Arbeit lohnte sich jedenfalls und gab bei aller Schufterei doch ein nettes Einkommen. Dass man sich damit gelegentlich auch andere Annehmlichkeiten des Lebens leistete – zum Beispiel mit übertriebenen Ausgaben für Kleidung »väähr« als andere auftrat –, würde sich gut als Erklärung für den Übernamen eignen. Ob dazu auch etwas längere Haare gehörten? Fast wäre man geneigt es anzunehmen, ein einstmals gängiger Zuruf habe nämlich *»Dorer – Langhoorer«* geheißen. So wird es jedenfalls in einer etwa achtzig Jahre alten Liste solcher Übernamen angeführt; doch der Verdacht, dass es sich dabei nur um einen der üblichen Reime gehandelt hat, hat einiges für sich.

Bei Erklärungen für den Zuruf »Klei-Wiener« tut man sich wesentlich leichter. Eine letzte liefert die Tatsache, dass es hier im Dorf altgediente Kaiserjäger gab, die es sich ab und zu leisten konnten, ihrem früheren Dienstort an der Donau einen Besuch abzustatten. Gut möglich, dass sie dann nach ihrer Heimkehr den staunenden Zuhörern mancherlei zu erzählen hatten und deshalb vielleicht bald selbst als »kleine Wiener« galten.

Übrigens: Die Dorener stehen mit ihrem etwas ausgefallenen Übernamen in unserem Land nicht allein da, auch Thüringen wurde früher nicht ungern als »Klein-Wien« bezeichnet.

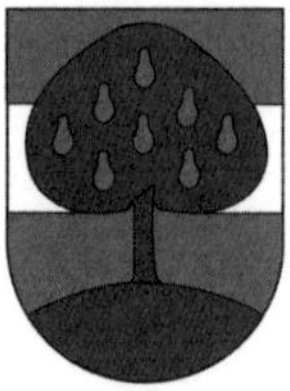

Dornbirn

Süoßlar
Süoßlarschnitz
Braschlar

Man könne dem Dornbirner die bäuerliche Herkunft nicht absprechen, er sei vierschrötig und wohl nicht so galant wie der Feldkircher »Steacklejuckar«. So hat der Volkskundler Artur Schwarz vor nunmehr einem knappen halben Jahrhundert geschrieben. Vor allem aber gelte er als sparsam, was auch der schöne Reim ausdrücke:

Dorabirer Süoßlarschnitz,
gond in Lado, koufat nix,
hond koan Krüzer Geald im Sack
zum a Päckle Schnupftabak.

Mit »Süoßlar« war im Allgemeinen zwar eher ein süßlich schmeckender Apfel gemeint, doch hier in Dornbirn verstand man darunter vor allem eine Birnensorte, die sich vorzüglich zum Dörren eignete. Wohl aus diesem Grund waren die Birnenschnitten – die Schnitz – besonders beliebt, und das natürlich nicht nur hier. »*Schnitz und Kichere*« (Stangenbohnen) als Einbrennsuppe, das sei eine Alt-Dornbirner »Nationalspeise« gewesen. Dann habe »oben in der Kammer der majestätische Schnitztrog tagtäglich seine lebenswichtigen Audienzen erteilt«, schreibt der Dornbirner Gebhard Winsauer vor etwa 80 Jahren. Man sagte zwar: »*Ma ießt, was ma heat, äs kut alls i oan Maga!*«, aber man freute sich natürlich schon entsprechend, wenn an besseren Tagen *Speack und Krut und Hafoloab und Schnitz* auf dem Mittagstisch dampften. Nicht umsonst hieß es in Alt-Dornbirn: »*Speack und Hafoloab verschoppen d' Löcher*«, machten also satt, und die »Schnitz« taten dann sicher noch das Ihrige dazu. Der vorhin erwähnte »Schnitztrog« kam übrigens hier vor gut achtzig Jahren als Titel einer Fasnatzeitung zu Ehren.

Sogar schon mehr als hundert Jahren ist es her, da war in einer damaligen Tageszeitung unter dem Titel »Schilda in Vorarlberg« eine Geschichte abgedruckt, in der es ebenfalls ums Essen hier in Dornbirn ging. Manches werde dessen ehrenfesten Bewohnern angedichtet, hieß es da; schon ihre Mundart, die sich von jener der Umgebung ziemlich scharf unterscheide, und nicht minder die Eigenschaft des schönen Geschlechts, bei seinen »Consilien« das Stimmorgan stark zur Geltung zu bringen, reize die Spottlust der angrenzenden Gemeinden. Einmal hätten sich zum Beispiel gegen Mittag zwei Nachbarinnen getroffen und da habe die eine gefragt: *»Heand'r schua z' Mittag kia?« – »Kua Schuah, ab'r Kartoffla!«*, habe die andere erwidert. Ein andermal hätten ein paar Dornbirnerinnen beraten, was sie zu Mittag kochen sollten. Da habe eine gemeint: *»Kochand Süoßlarschnitz, se schwelland uf, ihr gloubans nid; siebo gend an ganza Hafo voll!«* Seitdem sei bekanntlich »Süoßlar« der Kosename der Dornbirner, heißt es in der erwähnten Zeitung des Jahres 1896.

Ist es verwunderlich, dass sich sogar im Wappen von Dornbirn ein entsprechender Hinweis findet? Dort ist bekanntlich auf weißrotem Feld ein Birnbaum mit goldgelben Früchten zu sehen. Doch die Sache verhält sich anders: Auch wenn die Dornbirner im Jahr 1655 von Erzherzog Ferdinand Karl von Tirol in Anerkennung der Treue zum Haus Österreich als Wappen *»ainen grienen birnpaumb in ainem weiß und rothen ausgethailten velt«* bekommen haben, ihr Name hat nichts mit einem Birnbaum, sondern mit einem gewissen Torro zu tun, der hier seine »Büren« (Hütten), seinen Hof, hatte. Eine andere Deutung sieht im »Torrinpuirron« ein romanisches Wort, das in etwa mit Viehmarkt übersetzt werden könnte.

»Süoßlar« also! Kein übler Name, doch das, was da einem Dornbirner früher entgegenschallte, war wohl noch anders gemeint. Schließlich sollte es ja um Spott gehen, darüber war sich sicher auch ein derart Titulierter im Klaren. Vor allem aber, die »Dorabirar Süoßlarschnitz« forderten die Reimschmiede der Umgebung geradezu heraus, sich entsprechende Fortsetzungen auszudenken.

Da hieß es dann von ihnen zum Beispiel:
... gond i d' Schual und lernad nix,
hond im Zeugnis luttar Vierar,
des sind halt echte Dorabirar.

Und weil da ja doch eher die Schuljugend aufs Korn genommen worden war, brauchte es auch noch einen Reim für die erwachsenen »Süoßlarschnitz«, und von denen hieß es dann:
... si spiland uf, ir gloubands nit,
zwoa geand an ganzo Hufo,
si sealb tuond nix as sufo!

Noch eine Bedeutung konnte der Zuruf »Süoßlar« haben: So wurde nämlich nicht ungern jemand bezeichnet, der schmeichlerisch, eben süß redete. Und dass damit noch weit mehr als Süßholzraspeln gemeint gewesen sein konnte, hat mit der bereits erwähnten Eigenheit solcher Schnitz zu tun. Deren Aufschwellen deutet in gewisser Weise das an, was ein weiterer Übername ausdrückt. »Braschlar« wurden die Dornbirner nämlich auch noch genannt, und damit waren offensichtlich Vielreder, vor allem aber Großsprecher gemeint. In seiner Grundbedeutung hat das Wort sicher mit »prasseln« zu tun, also mit jenem Geräusch, das bei starkem Regen entsteht. Der Lustenauer Hannes Grabher liefert in einem seiner Gedichte dafür ein anschauliches Beispiel: ... *sie braschland: »Mir händ vor om Krieg scho Milliona khio!«*

Eine nette Geschichte von einem solchen »Braschlar« hat vor mehr als hundert Jahren Adolf Dörler erzählt. Da sei einmal ein Dornbirner kurze Zeit in Wien gewesen und dann wieder in seine Heimat zurückgekehrt. Dort wollte er nun recht gebildet erscheinen und tat, als ob er nicht mehr unter die Bauern passe. Als er eine Haue erblickte, stellte er sich ganz verwundert und fragte, wie man denn das Dinge heiße. Dabei trat er unversehens auf das Gerät. Prompt schlug ihm der Stiel ins Gesicht und erzürnt rief er aus: *»Du verfluechta Houaschtiel!«*

Etwas Ähnliches leistete sich ein anderer. Auch er hatte acht Tage in Wien verbracht, kam dann heim und verkündete im Wirtshaus: *»Ich bin in Wien gewesen und dur's Ried uffar ko!«*

Dass längst nicht jeder »Braschlar« Grund zum Angeben habe, erläutert Artur Schwarz einmal anhand des Satzes: *Dem Braschlar sött ma gio und dem Jömorar nio!* Der Spruch gehe in Dornbirn nach wie vor um und bedeute, wer zu prahlen pflege, wolle wohl eher seine Dürftigkeit verdecken, bei dem sei wirkliche Armut da. Wer hingegen immer jammere, wisse aus seiner Armut Kapital zu schlagen. Der erfahrene Volkskundler vermutet, der Name könne aber auch auf eine gewisse Mundfertigkeit der alten Dornbirner hinweisen, wenn es auf dem Viehmarkt darum gegangen sei, den Käufer zu betören und auf diesen einzureden, bis er in die Bezahlung der geforderten Summe eingewilligt habe.

Auch Armin Diem hat ein wenig zu dieser Nachbarschafts-Fopperei beigesteuert und in einem Zweizeiler heißt es bei ihm:

Und d' Ebnitar Glogga, dio kennt ma-n-am Klang,
und d' Riodgäßlar Moatla, dio kennt ma-n-am Gang.

Der Hausdichter der Stadt hat sich da sicher ausgekannt, ist er doch in Haselstauden zur Welt gekommen.

Dornbirn-Haselstauden

Schottar

Während die Haselstauder im »Vorarlbergischen Wörterbuch« mit der Bezeichnung »Schottler« bedacht werden, war und ist im Dornbirner Sprachgebrauch stets von »Schotter« oder »Schottar« – wie es beim gebürtigen Haselstauder Armin Diem heißt – die Rede. Eigentlich versteht man darunter landläufig ja wohl das, was sich vor allem im Geschiebe unserer Flüsse und Bäche findet: »*Entweder oder – Kies oder Schoder!*« Dass der Haselstauder Übername damit etwas zu tun hat, kann jedoch wohl eher ausgeschlossen werden.

Wenn man heute einen Bewohner des vierten Dornbirner Bezirkes frage, warum man denn die Haselstauder mit diesem Namen bezeichne, so habe selten jemand eine Erklärung dafür, hat vor Jahren der Dornbirner Franz Albrich geschrieben. Und dann fragt er sich und den Leser, ob die »Schotter« etwa Nachkommen armer Molke-Esser seien. »Schotta«, das ist bekanntlich die gelbgrüne Flüssigkeit, die nach der Entnahme des festen Käsestoffes zurückbleibt. Gar so weit hergeholt scheint die Erklärung nicht zu sein. Den lieben Nachbarn ein eher ärmliches Essen vorzuhalten, war stets eine beliebte Art, um ihnen einen Spottnamen zu verpassen; so werden zum Beispiel die Bewohner von St. Anton im Montafon gern als »Schottabüch« bezeichnet. Dass es eine Anspielung auf ganz besonders knauserige Vorfahren sein sollte, vergleichbar mit den geradezu sprichwörtlich übertrieben sparsamen Bewohnern Schottlands, kann dagegen wohl wieder ausgeschlossen werden, obwohl: Als Herausgeber der Fasnatzeitung »Das Schotter-Echo« (1933) zeichnet das »Faschingskomitee Schottland« und im Untertitel heißt es wörtlich: *»Unverbesserliches Ratsch-Blatt für die Bewohner der Gartenstadt Dornbirn mit ihren Schrebergärten Schottland, Kanton Fallenberg usw.«*

Der erwähnte ehemalige VS-Direktor hat eine andere Möglichkeit der Erklärung gefunden. Sie klingt überraschend, scheint der Übername doch seinerseits auf einen Namen zurückzugehen. Die Hauptperson der Geschichte ist ein gewisser Josef Benedikt Schott und ereignet hat sich das Folgende ums Jahr 1792. Zu dieser Zeit regierte Kaiser Joseph II., der Sohn Maria Theresias. Besonders seine kirchlichen Reformen hatten von Anfang Unmut unter der Bevölkerung hervorgerufen. In Dornbirn wurden zwar keine Klöster aufgehoben und kein Kirchengut enteignet, aber die Abschaffung von Feiertagen, die Verbote von Prozessionen und Andachten usw. trafen die Bevölkerung doch schwer. Schließlich kam es zu einer regelrechten Volkserhebung. Anschließend wurden die Rädelsführer des Aufstands festgenommen und Dornbirn bekam etliche Strafsanktionen (Militäreinquartierungen u. ä.) zu spüren. Natürlich gab es auch Anhänger der Neuerungen und so standen sich immer wieder »Josephiner« und so genannte »Andächtler« gegenüber. Um diese Zeit hatte der erwähnte Geistliche um die frei gewordene Stelle eines Kaplans in Haselstauden angesucht, Kaspar Schott, ein Bruder von ihm, war damals bereits seit gut zwanzig Jahren Oberdorfer Kaplan. Bei ihm wusste man, dass er ein Anhänger der kaiserlichen Reformen war, bei Josef Benedikt vermutete man es. Zwei »Schotter«, das war zu viel! Nach vielem Hin und Her bekamen die eher konservativen Haselstauder aber doch den »Josephiner«. Ja, und da zur damaligen Zeit mit Ausnahme der Kehlen kaum ein Haus zwischen Haselstauden und dem übrigen Dornbirn stand und die Kaplanei somit weit von ihrer Mutterpfarre entfernt war, dürften die Leute dieses Viertels eben zu ihrem Namen »Schottar« gekommen sein, der in Wirklichkeit ja jener ihres Kaplans war.

Der abschließende Hinweis hat mit dem Bisherigen absolut nichts zu tun, weil aber mit Haselstauden gleichzeitig vom heutigen vierten Stadtbezirk die Rede war, ergibt sich die günstige Gelegenheit, auch noch den fünften zu erwähnen. Er lag allerdings rund zwanzig Kilometer weiter südlich in Rankweil, und da hieß es dann eben in Dornbirn gelegentlich von einem, der *nit reacht am Worb* war: *»Der g'hört in füfto Bezirk!«* und er galt somit als »Narro-Hüslar«.

Dornbirn-Hatlerdorf

Hatlar

Offensichtlich sind die Hatlerdorfer mit keinem besonderen Übernamen bedacht worden und müssen deshalb mit der Kurzbezeichnung »d' Hatlar« vorlieb nehmen. Dafür können sie aber mit einer eindrucksvollen Geschichte aufwarten, wie sie zu ihrem Ortsnamen gekommen sein könnten. Sie hat mit dem »schwarzen Tod«, also mit der Pest, zu tun. Wann sich die Sache abgespielt haben soll, lässt sich nach so langer Zeit nicht mehr genau sagen. Der Dornbirner Sagensammler Walter Weinzierl erwähnt das Jahr 1628 – also während des Dreißigjährigen Krieges –, die Ortschaft habe damals gerade zwanzig Häuser gehabt, die zum größten Teil von Leibeigenen der Grafen von Hohenems bewohnt worden seien.

Wegen der Angst, sich bei einem Ortsbewohner anzustecken, sei es diesen zur Abwendung der drohenden Seuche nur noch erlaubt gewesen, eine Wallfahrt nach Ebnit zu machen. Ober dem Bürgle hätten sie damals Rast gehalten und auf ihr armes Dorf hinuntergeschaut.

Wie befürchtet, raffte die Pest dann aber doch viele Menschen hinweg. Da kam ein altes Weiblein auf einen rettenden Gedanken. Es räumte den Jauchekasten aus, nahm Milch, Brot und Heu mit und kroch hinunter. Das Heu hatte sie indes nicht nur etwa mitgenommen, um darauf zu schlafen, sondern da gab es noch einen anderen Grund dafür: Sie hatte nämlich noch jemanden in ihrem Refugium in Sicherheit gebracht: ihre Geiß, ein hörnerloses Tier, und so eins nannte man »Hattel«. An dieser Stelle wird sicher mit einem Schlag klar, wie es zur Namensgebung gekommen sein soll. Um die Sache zu ihrem – zumindest fürs alte Weiblein und die Ziege – guten Ende zu bringen, soll noch der weitere Verlauf der Geschichte erwähnt werden. Unten im Jauchekasten lebten die beiden viele Tage lang. Als die Pest vorüber war, kamen die geflohenen Einwohner in ihre Häuser zurück. Sie fanden das Weiblein mit seinem »Hattele« im Jauchekasten und nannten fortan ihr Dorf das »Hatlerdorf«. Walter Weinzierl berichtet vor etwa vierzig Jahren auch noch, das betreffende Haus, das vom alten Mütterchen bewohnt worden sei, werde noch gezeigt, es sei das der Kirche zunächst gelegene.

Einer, der die Deutung mit der hörnerlosen Ziege als Namensgeberin nicht gelten lassen wollte, war der Ortsnamenforscher P. Isidor Hopfner. Seiner Meinung nach ist der Name Hatlerdorf keltischen Ursprungs, komme von »atlara«, und das bedeute »Kleinmoosbach«, womit der Mühlebach gemeint sein könne. Während diese Deutung nicht die ungeteilte Zustimmung anderer Namenforscher gefunden hat, ist ein weiterer bei ihm angeführter Name durchaus historisch begründbar. Er dürfte allerdings wohl auch bei manchen »Hatlern« von heute Erstaunen auslösen: Hatlerdorf wolle – so schreibt der Jesuitenpater vor rund hundert Jahren – kein Dorf mehr sein und beliebe sich neuestens nach seinem Kirchenpatron »Leopoldsstadt« zu nennen. Der Ortsnamenforscher Josef Zehrer drückt es noch klarer aus, wenn er meint, hier lägen völlig unkirchliche Gründe vor. Dem zweiten Bezirk einer aufstrebenden Stadt sei der Name Hatlerdorf als ungeeignet erschienen, und auf der Suche nach einem trefflichen Ersatz habe die Anknüpfung an den Kirchenpatron die Möglichkeit gegeben, den Namen an den des Wiener Bezirkes Leopoldstadt anzulehnen. »Aber wie wir heute wissen«, schließt er, »verfing die Idee nicht.«

Mit rund 10.000 Einwohnern ist Hatlerdorf heute der zweitgrößte Bezirk Dornbirns und die Stadt ist nach wie vor die größte Vieh haltende Gemeinde des Landes. Der gerade erwähnte Ortsnamenforscher meint dazu: »Zur Zeit der Gründung war Hatlerdorf eine etwas abgelegene Ausbausiedlung. Die Bezeichnung Hatler (Ziegenbauern) dürfte nicht rein sachlich, sondern ironisch zu verstehen sein, wie denn oft die Bewohner abgelegener Außenorte dem Spott ausgesetzt sind.« Übrigens, auch ein Spruch aus alter Zeit lässt an so eine Geiß oder an andere Vertreterinnen der Wiederkäuer denken, wenn es heißt:

»Surkrut und Uttor
eassond d' Hatlar luttor.«

Dornbirn-Oberdorf

Stumplar Türggamealar

Die Bezeichnung »Braschlar« als einer der Übernamen für die Dornbirner ist bereits erwähnt worden, Vielreder und Großsprecher sollten damit gemeint sein. Derartige Qualitäten waren sicher von einigem Vorteil, wenn man als Bewohner des Oberdorfs seine Erzeugnisse an den Mann bringen wollte. Andererseits brauchte es vielleicht in den meisten Fällen gar nicht so viel an Überredungskünsten und somit eigentlich keineswegs die Fähigkeiten eines »Braschlars«, wenn man die Bregenzerwälder mit verschiedenen gefragten Lebensmitteln versorgte, mit Bohnenkaffee zum Beispiel und vor allem mit Maismehl. Letzteres war nicht etwa geschmuggelt, sondern selbst erzeugt. Dann wurde das gefragte Mehl in Stumpen, also in vollen oder fast vollen Säcken, über die Lose getragen. Aus diesem Grund wurden die Oberdorfer von ihren Nachbarn gelegentlich auch als »Stumplar« und »Türggamealar« bezeichnet. In einem kleinen Bühnenstück des Bizauers Gebhard Wölfle werden beide Übernamen sogar miteinander verbunden und ein Egger Bauer nennt auf einem Viehmarkt einen Dornbirner in seinem Zorn »Töorggomelarstump«. Wer weiß, vielleicht hatte der Beschimpfte zuvor das zum Wälder gesagt, was dieser auch schon von anderen im Unterland gehört hatte: *»Leit ma zwanzg Wälder ufanand, so ischt der oberst genau so verdruckt wi der underst.«*

Der Dornbirner hätte sich natürlich auch etwas positiver ausdrücken können, indem er das gesagt hätte, was man »am Land« von den Wäldern nicht selten hörte, sein Gegenüber sei *dünn dängalat* – dünn gedengelt – also pfiffig, klug und kritisch.

Dornbirn-Ebnit

Ämliger

Jahrhundertelang gehörte Ebnit zu den abgeschiedensten und am schwersten erreichbaren Ortschaften unseres Landes. Zur Zeit der ersten Erwähnung im Jahre 1351 bestand lediglich eine Verbindung über einen Saumpfad nach Hohenems, bevor später ein Weg von der Fraxner Seite dazu kam. Dass man es auf diese Art nicht leicht zu einem Übernamen bringen kann, liegt auf der Hand, und die oben erwähnte Bezeichnung »Ämliger« ist weit entfernt von einem Spottnamen, schließlich ist es ja jener Name, mit dem sich die Ebniter selbst bezeichnen; Ebnit ist für sie eben Ämlig. Der Name sei vom ahd. *ebanoti* abzuleiten, einer Bezeichnung für »ebenes Land, ebene Fläche«. Damit hätten die deutschsprachigen Siedler wohl den heutigen Kirchplatz benannt. Auch der bekannte Ortsnamenforscher P. Isidor Hopfner meint, der Name zeige deutlich, wie wenig es zur Bezeichnung als »Ebne« brauche. Für den Namen »Ämlig« gibt es keine gesicherte Herleitung, er dürfte vordeutschen Ursprungs sein, also aus der Zeit stammen, bevor sich die Walser hier niedergelassen haben.

Um die Mitte des 14. Jahrhunderts hatte der Emser Ritter Ulrich I. hier drei freie Walser mit Gütern belehnt. Trotzdem scheint der spätere Graf Kaspar den Namen seinerzeit – wenn man der entsprechenden Anekdote Glauben schenken darf – nicht gekannt zu haben; besser gesagt, er konnte sich unter einem »Ämliger« nichts Bestimmtes vorstellen, also sollte ihm sein Diener bei erstbester Gelegenheit einen solchen bringen. Ein paar Tage später sei dieser mitten in eine Besprechung des Grafen geplatzt und habe gemeldet, draußen stehe jetzt so ein Ämliger. »*I ha jetz koa Zit*«, habe der Graf geantwortet, »*geobond om dorwil an Tschüpl Höu!*«

Die »Ämliger« haben sich mit dieser Geschichte offensichtlich angefreundet – oder sagen wir abgefunden –, findet sie sich doch in jenem Sonderheft der »Dornbirner Schriften«, das sich ausschließlich mit Ebnit beschäftigt. Im betreffenden Beitrag werden auch noch weitere Deutungen des Namens »Ämlig« erwähnt. Sie reichen von Alpkäsle über Magenbitter, ein Kaff im Emmental bis zur – jedenfalls überlieferten – Feststellung eines ehemaligen »Dorabirar Bürgarmoaschtars«, der sich folgendermaßen geäußert habe: »*D' Ämligar, däs siond a paar Fuaßkranke, wo d' Walser uf ioror Wanderung zruckloh händ.*«

Düns

Kräzaträger Tobelbrünzler

Der Ortskern von Düns liegt zwar auf einer Höhe von 753 Meter, aber der Höhenunterschied zwischen der am tiefsten gelegenen Stelle mit 532 Meter und der am weitesten hinaufreichenden mit 1440 ist doch beträchtlich. Klar, dass man da in Zeiten, in denen es mit Verbindungswegen und gar mit Straßen wesentlich schlechter aussah als heute, vieles vom dem, was man zu befördern hatte, auf den eigenen Rücken nehmen musste.

Ein »Flachländer« wird an dieser Stelle wohl gleich an einen Rucksack denken. An den dachten die Dünser vor vielen Jahren natürlich auch, aber bei ihnen war es einer der ganz besonderer Art: Es war eine »Kräza«. Das klingt ein wenig nach »Kratta«, also einem Korb, und tatsächlich verstand man darunter einen geflochtenen, hohen, oben gewöhnlich weiteren Korb mit Holzboden, der an Riemen auf dem Rücken getragen wurde. So eine »Kräza« brauchte man vor allem dort, wo es steil wurde. Was hineinkam, das blieb natürlich der Trägerin oder dem Träger überlassen, vor allem aber war es ein Traggerät für – Erdtransporte. Das mag überraschend klingen, doch Düns hatte seinerzeit auf seinen sonnseitigen Hängen etliche Weinberge, deren Erde fast regelmäßig vom Regen talabwärts geschwemmt wurde. Dann musste das heruntergerutschte Erdreich jeweils wieder ans obere Ende des Weinbergs transportiert werden und dazu eignete sich ein solcher Korb besonders gut. Auf dem Rücken also wurde die Erde wieder hinaufgetragen, sicher keine leichte Last!

Nachdem im Jahre 1889 der Weinbau hier heroben aufgegeben und der Torggel verkauft worden war, war auch das Ende für die »Kräza« gekommen.

Im Jahre 1987, fast genau hundert Jahre später, wurde wieder mit Weinbau begonnen. Das heißt aber nicht, dass hier auf einer Höhe von 730 Metern – es ist Vorarlbergs höchstgelegener Weinberg – auch das Traggerät von einst wieder seine Auferstehung feierte. Die »Kräza« bleibt somit wohl nur noch in der Erinnerung an längst vergangene Zeiten, in denen sie ihre guten Dienste geleistet hat, und der Name »Kräzaträger« hat seine Berechtigung somit eigentlich schon längst verloren. Es ist dies ein Schicksal, dem viele andere derartige mit Tätigkeiten von früher verknüpfte Bezeichnungen ebenfalls nicht entrinnen konnten.

Einiges für sich hat auch die Vermutung, mit dem Übernamen seien mindestens ebenso die Dünserberger gemeint, schließlich gehörte deren Ortsgebiet bis 1827 zu Düns.

Und was ist mit dem Namen »Tobelbrünzler«?

Na ja, wenn so ein Tobel mitten durch die Ortschaft führt ... Außerdem gilt hier ja wohl: Womit die Bregenzer in dieser Beziehung im Zusammenhang mit dem Bodensee als »Seebrinzlar« fertig werden mussten, verkrafteten sicher auch die Dünser mit ihrem Tobel.

Dünserberg

Hampfsomabiiger Bommbicker

Dass die Dünserberger sicher mindestens so viel Anspruch auf den schon erwähnten Dünser Namen »Kräzaträger« gehabt hätten, ist bereits vermerkt worden. Dafür können sie aber mit der Bezeichnung »Hampfsomabiiger« mit einem Übernamen aufwarten, der ihnen allein gehört. Genauer gesagt warteten ja die Nachbarn mit ihm auf. Dass er etwas mit Hanf zu tun haben muss, ist gleich herauszuhören, und auch unter »Hampfsoma« kann man sich sicher etwas vorstellen, aber was ist mit dem »biiga« gemeint? Was soll es für einen Sinn haben, solchen Hanfsamen aufeinander zu schlichten?

Eine Möglichkeit, die Sache zu erklären, wäre folgende: Als Hanfsamen wurde in früheren Zeiten gelegentlich das Geld bezeichnet, und das »biiga«, das wäre dann eben das Aufeinanderstapeln des Reichtums zu regelrechten Geldtürmen gewesen. Die Dünserberger hätten also sozusagen *a Leaba ka wia der Vogel im Hampfsoma*. Die heutigen Ortsbewohner werden sich bei solchen Erklärungen wohl wundern, dass ihnen ihre Vorfahren von diesem einstigen Wohlstand nichts hinterlassen, ja nicht einmal davon erzählt haben.

In Wirklichkeit steckt hinter dem Namen jedoch etwas ganz anderes, und das lässt weniger an Reichtum denken. Erwähnt man heutzutage »Hanf«, geht einem ja so allerlei durch den Kopf, in früheren Zeiten aber dachte man dabei vor allem ans Hanfland, an eine eher minderwertige Wiese in der Nähe des Hofes, auf der diese Pflanze angebaut wurde. Man dachte an die Hanfbreche und die Hanfhechel, beides Geräte, um aus dem Gewächs mit dem heute so bekannten Namen Cannabis schließlich Hanfgarn zu bekommen, aus dem dann Textilien hergestellt werden konnten. War die

Ernte gut ausgefallen, sprach man von einem Hanfjahr, aber zum Aufstapeln von Reichtümern kam es sicher nicht, eher zu mehr oder weniger kratzender Wäsche. Als Flurbezeichnung kommt der Name Hanfland hier heroben übrigens noch vor. Schließlich erzählt man sich auch noch, der erforderliche Samen sei einstmals so wertvoll gewesen, dass man in einem schlechten Jahr die wenigen Körner besonders sorgsam aufbewahrt, eben geradezu »ufbiigat« habe.

Zum Thema »Hanf« konnte man früher übrigens gelegentlich ein altes Volksrätsel hören:

»Wenn sie kommen, kommen sie nicht,
wenn sie aber nicht kommen, kommen sie.«

So fragte man gern einen Ahnungslosen, der dann wohl lange hin und her überlegte, um schließlich doch keine Lösung des Rätsels zu finden. Gemeint waren die Vögel. Wenn diese nämlich kamen und sich über die Hanfsamen hermachten, wurde es nichts mit den Pflanzen, blieben die hungrigen Kerle aber aus, so durfte man mit einem guten Hanfjahr rechnen.

Das Stichwort »Vögel« bringt uns geradewegs zum zweiten Namen »Bommbicker«. Mit dieser Bezeichnung – sie gilt allerdings eher nur für die Parzelle Bassigg – ist gleichzeitig auch der Specht gemeint, und möglicherweise hat dessen gut bekannte Fähigkeit, sich bei seiner Arbeit fest am Baum zu halten, den Anlass gegeben, die Dünserberger mit ihm in Zusammenhang zu bringen. Diese würden nämlich beim Pflücken der Früchte auch geradezu an den Bäumen kleben.

Bei den erwähnten Vögeln gibt es bekanntlich verschiedene Arten, von denen der Buntspecht sicher am bekanntesten ist. Er hat ein prächtiges Federkleid, und es heißt, es sei nicht ausgeschlossen, dass der Übername gewählt worden sei, um den damit Bezeichneten eine gewisse Hoffart vorzuwerfen. Weil hier offensichtlich die Bassigger gemeint waren, muss allerdings noch darauf hingewiesen werden, dass dieses »Bommbicker« wohl auch zu einem guten Teil auf die Absicht zurückgehen dürfte, ihnen einen Reimnamen zu verpassen.

Egg

Muosmählknüllar

Ganz offensichtlich geht es hier wieder einmal ums Essen. So ein richtiges Mus, besonders aus Mehl und Milch, war eben doch etwas, das Leib und Seele zusammenhielt. Nicht umsonst gab es den verbreiteten Spruch: *»Muos git an starko Fuoß!«* Richtig zubereitet musste es natürlich sein und da nahmen es die Egger genau. Ihre Nachbarn übrigens ebenso und so setzte hier offensichtlich ihr Spott ein. Da scheint es unter der Egger Weiblichkeit nämlich solche gegeben zu haben, die der Sache nicht so ganz gewachsen waren. In ihrem Mus waren dann eben Mehlknollen oder »Stollo« zu sehen, vor allem aber auch zu spüren.

Einmal – so wurde jedenfalls erzählt – habe sich ein Stubato-Buob von seiner Schmelg ein »Muos« gewünscht. Sie meinte, das treffe sich gut, sie habe nämlich gerade eins fertig. Als sie es ihm vorsetzte, dachte er bei sich, jetzt wisse er gleich, ob sie kochen könne. Verdutzt sah sie, wie er ein Knöllele nach dem andern herausfischte. Auf ihre Frage, was denn das solle, antwortete er, diese »Bollo« habe er besonders gern. Daraufhin meinte sie:

»Winn's i blos g'weossot hett,
itz ischt as gli vum Übol!
Und i toor grad do gröschto nätt
dor Su i n eoro Kübol!«

Und er darauf:

»Neam dio Pfanno dau
und weof dio Bollo deosa nau;
winn s' d' Sua freasso mügod,
sa hind s' a goote Tugod!«

Ob es diese – vielleicht auch nur gut erfundene – Begebenheit war, die Ursache der Namensgebung geworden ist, wird sich wohl nie mehr klären lassen.

Beim Zuruf »*Eggarstollo, Muosmählknollo*« konnten sich auf jeden Fall die Eggerinnen besonders betroffen fühlen, oder sie versuchten eben, Spottlustige durch besonders gut gelungenes Mus von ihren Kochkünsten zu überzeugen.

Was das alles mit dem Namen »Muosmählknüllar« zu tun haben soll?

Leo Jutz bringt im »Vorarlbergischen Wörterbuch« dafür eine Erklärung, die durchaus einleuchtend klingt. Bekommen hat er sie offensichtlich in Schwarzenberg, und das würde gut zum Entstehen eines Spottnamens passen: Mit einem »Knüllar« sei ein Bursche mit einem ganz besonders dicken Kopf gemeint, einem »Knollo« anderer Art also.

Ebenfalls gut zu diesem Thema passt dann auch noch der Hinweis, als »knüllig« bezeichne man jene Ziegen- und Schafböcke, die ihren Kopf gern als Stoßinstrument einsetzen würden. Die örtliche Faschingsgilde scheint mit ihrem Ruf »*Eggar, Eggar, Muosmählknüllar – Eggar, Eggar, Fasnattrüllar*« jedenfalls eher »Knüllar« als »Knollo« zu meinen.

Einiges für sich hat schließlich auch noch die Vermutung, der Übername habe einfach mit der Tatsache zu tun, dass in Egg einst der einzige Mühlenbetrieb der ganzen Talschaft das große Mühlensterben überlebt hatte. Hier entstand das notwendige Muosmehl; für mehr oder weniger »Knollo« oder »Stollo« sorgten die Köchinnen wohl in allen umliegenden Ortschaften und nicht nur hier in Egg.

Gelegentlich wurden neben den Bezauern auch die Egger mit dem Spruch »*Kübeledreijar, Dreckverseijar*« bedacht, und das kam nicht von ungefähr. Besonders der Vorwurf des Ausspuckens der Kautabak-Reste, vermischt mit der bräunlichen »Schicker-Brüo«, war nicht unberechtigt. Im Jahre 1744 hatte man jedenfalls auf der Bezegg beschlossen, *daß man so viel wie möglich von Tabak abstehen solle,* und weil das doch ein wenig unverbindlich klang, ging es im entsprechenden Text gleich darauf unmissverständlich weiter: *... solle das Kiffen und Fressen in der Kirchen bei Straf ein Pfund Wax betragen.*

Beim Erwähnen des Übernamens »Gelbfüßler« war kein Echo festzustellen. Im »Vorarlbergischen Wörterbuch« wird er ausdrücklich für Egg erwähnt und ertönt sei er aus Richtung Vorderwald.

Der Name ist allerdings wie selten einer weit verbreitet. Er wurde und wird vor allem für die Badener und die Schwaben verwendet und erinnert an den gleichnamigen ersten der bekannten »Sieben Schwaben«. Wenn er tatsächlich einmal hier erklungen sein sollte, müsste es sich dabei aber eher nach »Gäälfüaßlar« angehört haben.

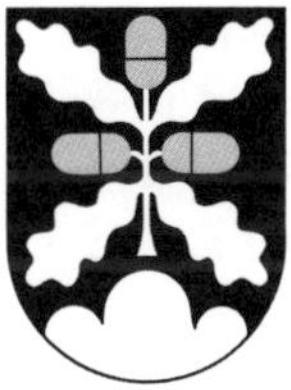

Eichenberg

Seeguggar

Keine Frage, der Bodensee ist von hier heroben aus gut zu sehen. Nicht umsonst wird im »Eichenberger Lied« des ehemaligen Pfarrers Gabriel Graß, der von 1906 bis 1912 hier gewirkt hat, die beeindruckende Aussicht entsprechend gewürdigt:

Wie herrlich ist zu schauen dort das stolze Schwabenmeer,
wo in der Flut, der blauen, schwimmen schmucke Schiffe her …

heißt es da, und dann ist die Rede vom Spiegeln der Städte im schönen See, von der Feuersglut des glänzenden Wassers, der untergehenden Abendsonne usw.

Klar, dass sich da das »Seeguggen« seit jeher gelohnt hat und nach wie vor lohnt! Das allein klingt als Hintergrund für einen Übernamen allerdings ein wenig zu harmlos, da darf man im Allgemeinen schon mit einer größeren Portion Spott rechnen. Gut denkbar wäre, dass die Eichenberger damit als allzu gemütliche Leute dargestellt werden sollten, die ab und zu mehr als einen Blick auf den schönen See hinunter warfen und dabei ihre Arbeit versäumten.

Andererseits war ihnen der Ausblick sicher zu gönnen. Wenn es stimmt, was Kreishauptmann Ebner im Jahr 1835 berichtet – und warum soll daran gezweifelt werden –, so haben sich die »Seeguggar« hier auf dem Pfänderrücken ihren Ausblick wohl verdient. Der oberste Landesbeamte erwähnt nämlich bei der Schilderung des Wegs von Lochau hier herauf, er sei sehr schlecht, und spricht von großer Beschwerde, die selbst ein geübter Bergsteiger habe, die Höhe am Eichenberg zu erklimmen. Für den ehemaligen »Landeshauptmann« gab es damals übrigens außer dem Rundblick hinunter auf den See auch im Dorf selbst gleich einiges an Neuem und Interessantem zu sehen. Da liefen nämlich gerade die Vorbereitungen für die Errichtung der neuen Kirche. Zwei Jahre später konnte er dann bereits vom fertigen Bau berichten, zu dem nun noch der Turm hinzugekommen sei. Da hatten jetzt ja wohl auch die »Guggar« vom See unten etwas zu sehen, schließlich ist die Eichenberger St.-Bernhards-Kirche im Bodenseeraum weithin sichtbar!

Einer, der den Übernamen besonders verdient hätte – passender wäre für ihn allerdings die Bezeichnung »Seespäher« gewesen –, war Hans von Rechberg, der einstige Besitzer der Ruggburg. Er war einstmals, ohne Übertreibung gesagt, der bekannteste, vor allem aber der gefürchtetste Raubritter des ganzen Bodenseegebietes. Sicher hatte er so manches Mal von seiner Burg aus die Blicke über die weite Wasserfläche schweifen lassen, hinunter auf Lindau zum Beispiel, denn auch von dort erwartete er seine Widersacher, vereint mit jenen aus mancher süddeutschen Stadt. Er sollte sich nicht getäuscht haben, 1452 war es so weit und sein Raubritternest wurde ausgeräuchert. Als Namensgeber für die Eichenberger kommt er aber ebenso wenig in Frage wie ein späterer Besitzer der Ruine, der vor nunmehr gut hundert Jahren davon berichtet hat, wie er von hier heroben aus in die Ferne sah und dabei eine seltsame, geradezu geisterhaft anmutende Lufterscheinung, ein so genanntes »Brockengespenst«, beobachten konnte.

Insgesamt lassen sich für das nördlichste Gebiet unseres Landes leider nur spärliche Angaben über Spottnamen finden. Um die Bewohner hier heroben aber doch nicht ganz ungeschoren davonkommen zu lassen, soll an dieser Stelle noch auf etwas Wichtiges hingewiesen werden: Es sind erst rund 80 Jahre vergangen, seit ihre Gemeinde von Möggers abgetrennt worden ist. Die »Seeguggar« dürfen – oder müssen – also wohl auch einen guten Teil jener Spötteleien auf sich beziehen, die bei der Nachbargemeinde im Norden erwähnt werden.

Feldkirch

Steacklijucker
Stifilebutzer
Spältabürger

»Die Feldkircher erfreuen sich unseres Wissens keines besonderen Schimpfnamens«, schreibt Hermann Sander einmal in einer Abhandlung, in der es um Volks- und Ortsneckereien geht, und dann fährt er fort: »Man nennt sie in der Umgebung, wenn man sie schmähen will, kurzweg ›Stadtner Beatler‹.« Das ist inzwischen schon weit über hundert Jahre her; irgendwann scheinen die Bewohner der einstmals bedeutendsten Stadt diesseits des Arlbergs dann aber doch zu ordentlichen Übernamen gekommen zu sein, sogar gleich zu mehreren, wie es bei der »heimlichen Hauptstadt des Landes« ja wohl mit einem gewissen Recht erwartet werden darf.

Dass in früheren Zeiten nicht wenige Feldkircher Fußgänger einen Spazierstock mit sich führten, gehörte zum gewohnten Bild, das sich der Landbevölkerung bei einem Besuch der Stadt bot. Das war zwar sicher auch in den anderen Städten des Landes so, aber hier in Feldkirch mochte es noch um einige mehr solche »Steacklijucker«, also Spazierstock-Springer, gegeben haben. Man zählte sich eben zu den Herren. Warum denn sonst hätte ein »Herrenweg« in den »Herrenwald« in der Samina geführt? Warum auch wäre man in den Wäldern um die Montfortstadt auf Marksteine gestoßen, auf denen das »Herrafüfi« deutlich zu sehen war. Es schaute zwar wie eine römische Fünf aus, war aber in Wirklichkeit der Buchstabe V und erinnerte an die alte Schreibweise für »Veldkirch«.

Zur standesgemäßen Ausstattung eines Stadtbewohners gehörte natürlich auch die entsprechende Bekleidung, vor allem *an Frack und gwichste Stiefel.* Das »Vorarlbergische Wörterbuch« erwähnt als Spottname für die Feldkircher sogar den Ausdruck »Stiefel«. Selbst bei noch so viel Katzenkopfpflaster in der Stadt wurde diese Fußbekleidung natürlich doch schmutzig, also hieß es putzen, putzen ... Erst recht aber war das gefragt, wenn man auswärts gewesen war und zum Beispiel auf einer Dorfstraße das Pech gehabt hatte, in einen »Kühtoasch« getappt zu sein. Und schon hörten die Feldkircher ihren nächsten Übernamen: »Stifilebutzer«, oder wie man früher auch noch gern sagte: »Stifilewichser«. Ob mancher Besucher des »Studierstädtles« gelegentlich dachte, derjenige, der ihnen gegenübersaß und auf sie einredete, würde denn doch *an Stiefel zämmareda?* Zum Glück konnten die Feldkircher alle diese Ausdrücke, die sich aufs gar zu gepflegte Äußere bezogen, aufs Konto der Studenten schieben, warum auch nannte man ihre Stadt »Studentakübl«!

Andererseits waren eben nicht nur die Herren Studiosi allein gemeint, der Vorwurf an die Stadtbewohner insgesamt, überheblich zu sein, ist unüberhörbar. Gelegentlich sind die Feldkircher nämlich auch als »Hoffarts-Böaner« bezeichnet worden! Sogar in gereimter Form bekamen sie es zu hören:

Feldkirch ist der Hochmutskübel,
Bludenz ist der Deckel drüber.

Um die »Städtner« wieder einigermaßen zu versöhnen, soll hier noch eine Zeile eines früher gern gesungenen Liedes angeführt werden. Da fragt eine Mutter ihre heiratsfähige Tochter, aus welcher Ortschaft denn der Richtige für sie kommen müsse, und zählt gleich alle Orte der Umgebung auf, aber jedesmal winkt die Gefragte ab. Erst als die Mutter schließlich wissen will, ob ihr etwa ein »Städtnerbua« recht sei, da kommt die Antwort: *»Jo, Muatter, jo, Scheselefahra toa-n-i gern!«* Waren die Voraussetzungen dazu, mit einem Kinderwagen zu fahren, bei all den anderen etwa nicht gegeben? So könnte an dieser Stelle gefragt werden, aber die Sache verhält sich anders: Unter einem »Schesele« – das Wort kommt vom französischen *chaise* – war eine leichte Kutsche, eben eine »Schesa« gemeint. Derartiges kannte natürlich auch das mit einem Mal heiratslustige Mädchen, war ihm doch der bekannte Spruch *»Adam und Eva fahren in-ara Schesa, d' Schesa leert um, und d' Eva goht krumm«* sicher seit Kindertagen geläufig.

Bleiben noch die »Spältabürger«. Eigentlich hätte dieser Übername ja für viele Bürger der Oberländer Gemeinden gelten können, dürfte es doch zwischen der Liechtensteiner Grenze und dem Kummenberg an die 4.000 solche »Spältabürger« gegeben haben. Damit waren die Gemeindewaldnutzungs-Berechtigten gemeint, und das waren jene Gemeindeangehörigen, die durch ihre Abkunft oder durch Einkauf das so genannte Bürgerrecht besaßen und damit Anspruch auf ein bestimmtes Quantum Holz aus dem Gemeindewald hatten. Meistens führten sie ihr Holzlos gleich nach dem Rüsten heim, damit es keine fremden Füße bekam. Durch die langen Brennholzscheiter, die so genannten »Spälta«, waren sie zu ihrem Namen gekommen. Als die Feldkircher Fasnatgilde im Jahr 1967 als eigener Verein auftrat, tat sie dies unter dem Namen »Spältabürger Feldkirch«, und seitdem ertönt in der fünften Jahreszeit ein lautstarkes *»Spälta, Spälta, hoch!«*

Feldkirch-Altenstadt

Hasaknager
Körnlebißer, Hosaschißer

Eigentlich hätte der angeführte Name »Hasaknager« für jede andere Ortschaft genauso gut Geltung haben können. Dass einfache Leute in früheren Zeiten die Knochen – ob vom Hasen oder von einem anderen Tier tut nichts zur Sache – sauber abgenagt haben, ist nur zu verständlich. Gar zu selten kam hier wie anderswo Fleisch auf den Mittagstisch, und wenn, dann wohl nur an Sonn- und Feiertagen. Anschließend gab es vielleicht auch noch einen Malzkaffee aus gerösteter Gerste oder einen »Göfnerkaffee«, das war eine Art Ersatzkaffee aus Eicheln oder den gerösteten Wurzeln der Zichorie (Wegwarte).

Auch der Zuruf »Körnlebißer« braucht nicht unbedingt als Vorwurf aufgefasst zu werden, denn dass einst fast jede Ähre und damit so ziemlich jedes Körnle vom abgesichelten Feld aufgelesen worden ist, spricht nur für den zähen Willen der Vorfahren, sich besonders in Hungerjahren mit dem Einfachsten zufrieden zu geben.

Dafür, dass die Altenstädtner in früheren Zeiten nicht allzu üppig gelebt haben, gibt es übrigens einen namhaften Zeugen. Es ist der ehemalige Kreishauptmann Johann Ritter von Ebner. Bei seiner Erwähnung muss allerdings gleich darauf hingewiesen werden, dass die Altenstädter in seinen Berichten – aus welchen Gründen auch immer – kaum einmal gut wegkommen. Ziemlich träge und bequeme Ackerbauern seien sie, die einen kleinen, mühelos erhaltenen Ertrag dem weit größeren vorzögen usw. Bei ihnen – so erwähnt er vor nunmehr etwa 170 Jahren – stehe nichts auf dem Tisch als »eine elende Suppe nebst Erdäpfeln«. Dazu wäre natürlich noch einmal zu sagen, dass die Altenstädtner damit sicher nicht die Einzigen waren, die sich in früheren Zeiten auf einfache Art durchschlagen mussten. Nicht umsonst kursierte das nette Geschichtlein von einem Ortsbewohner, der nach seinem Mittagessen auf dem Weg auffallend laut rülpste und darauf meinte: *»'s guat Lääberle kehrt si.«* Gleich darauf bekam er von einem, der zufällig alles mit angehört hatte, die Antwort: *»Schnid net so uf, d' Riblbölla kläaban dr jo noch am Kefl!«*

Bleibt noch der Übername »Hosaschißer«, womit bekanntlich landauf, landab vor allem ein Feigling bezeichnet wird.

»Härdeg noch amol!«, werden die »Altaschtädtner« an dieser Stelle vielleicht sagen. Doch sie können beruhigt sein, in diesem Fall dürfen wir mit ziemlicher Sicherheit davon ausgehen, dass der Spottname sein Entstehen vor allem besonders reimtüchtigen Nachbarn verdankt. Hatten diese die Altenstädtner schon mit dem Namen »Körnlebißer« aufs Korn genommen, so verlangte dieser Zuruf ja geradezu nach einer »dichterischen« Fortsetzung. Dass dabei – einmal mehr – in der offensichtlich nie klemmenden unteren Schublade gekramt worden war, brauchte nicht zu überraschen.

»Ob si d' Altaschtädtner mit äm foppa lo hond?«

Feldkirch-Bangs

Leattakneater

Die Geschichte der Dörfer am Rhein ist zugleich eine Geschichte dieses Stromes. Um kein Haar besser als es zum Beispiel den Altachern ergangen war, die gern »Leattabüch« genannt wurden, hatten es auch die Bangser erlebt. Warum sollte es rund zwölf Kilometer weiter stromaufwärts mit Überschwemmungen besser ausgesehen haben. Das viele Wasser brachte den Bewohnern jedesmal bittere Not und Schäden, die kaum mehr zu beheben waren. Gutes Ackerland wurde weggeschwemmt, weite Gebiete wurden verlettet, tiefer liegende Böden versumpften. Die Folge war, dass mehr und mehr Familien verarmten und es vorzogen, anderswo eine neue und sichere Heimat zu suchen.

Wozu die Bangser die sandig-lehmige Erde, die ihnen der Rhein »noch jung an Jahren« immer wieder bescherte, einst geknetet hatten? Ganz offensichtlich sollte der spöttische Name andeuten, die Bewohner würden sich daraus etwas Nahrhaftes zubereiten. Wovon auch sonst hätten die bereits erwähnten Altacher, die ja ebenfalls auf dieses Material angewiesen waren, ihre Bäuche bekommen? Natürlich dürfte bei allen diesen spöttischen Bezeichnungen die Absicht der Nachbarn mitgewirkt haben, mit einem wohlklingenden Namen aufzuwarten, und dass »Leatta kneata« sich nicht übel anhört, ist wohl kaum zu bestreiten. Ein gewisser Trost mag es für die Bangser dafür gewesen sein, wenn sie zu den »Tschüggern« – so nannte man hier im Ländle die liechtensteinischen Nachbarn – hinüberschauten, vor allem zu jenen von Ruggell. Denen war es nämlich ganz gleich ergangen, auch sie nannte man »Lettaknetter« und zudem wegen der vielen Frösche noch »Quaki«, ein Name, auf den die Bangser sicher gern verzichteten.

»Wer net folget, muaß gi Bangs!«, habe man früher gelegentlich in Altenstadt hören können, dahinter verbarg sich aber nichts Abträgliches über die Nachbarn am Rhein, es war nur eine gewisse Drohung, war doch der Weg *gi Bangs ahi* zu Fuß beträchtlich.

Was dagegen mit jenem guten Rat aufs Korn genommen werden sollte, den Artur Schwarz seinerzeit in seiner Sammlung »Vorarlberger Sprüch« erwähnt, müssen die Bangser selbst am besten wissen. Die Gisinger natürlich auch, denn die hätten ihn gelegentlich erteilt – wohlmeinend natürlich – und gesagt: »*Paß uf, daß-as dr net got wi am Bangser Färle: Äs ischt nämle am volla Trögle zuohi verreckt!*«

Natürlich wussten sich die Bangser zu wehren, sie veränderten den Ausspruch ein wenig, und schon bekamen »d' Gisiger« die entsprechende Antwort zu hören: »*Tuast dichta wi's Gisiger Färle? Em ist dr Rüassl in Trog ihe gfrora.*«

Feldkirch-Gisingen

Milchsüppler Bocksäckler

Milch und alles, was sich daraus machen ließ, war früher besonders oft auf dem Tisch zu finden. Der notwendige Grundstoff dazu stammte nicht nur von Kühen, sondern vor allem von Ziegen. Solche »Kühe des kleinen Mannes« sind hier in Gisingen einstmals ziemlich viele gehalten worden. Wenn man hört, man habe so eine gesalzene Milchsuppe auch als Hauptmahlzeit auf den Tisch gestellt bekommen, wird klar, dass wir es hier zum soundsovielten Mal mit dem Vorwurf des armseligen Essens zu tun haben. Aber selbst Ziegenmilch scheint nicht immer in genügender Menge vorhanden gewesen zu sein, jedenfalls bekommt man diesen Eindruck, wenn man von folgender Begebenheit hört: Da sei einmal einer im Dorf die Sache besonders schlau und klug angegangen, damit ihm die Milch zur Suppe nie ausgehe. Er habe seine Geiß neben die tiefe Grube seines Pumpbrunnens geführt und angefangen sie zu melken. Dabei sei er immer darauf bedacht gewesen, dass jeder Milchstrahl in den Brunnen hinunter gegangen sei. Er habe nämlich gemeint, er könne dann in Zukunft Wasser statt Milch pumpen, und zwar so oft es ihm beliebe. Leider sei der Milchbrunnen schon bald darauf wieder ausgetrocknet.

Dass die Geschichte in der »Heimatkunde von Gisingen« von Lehrer J. Ferdinand Frick zu finden ist, zeigt, dass die »Gisiger« zu ihrem milchbegeisterten Dorfgenossen von einst stehen, auch wenn die Sache schon ganz von Anfang an nicht Erfolg versprechend ausgeschaut hat. Auch die örtliche Fasnatgilde hat mit ihrem Namen »D' Gisig'r Milchsüppl'r« die sicher oft erzählte Begebenheit gewissermaßen in ihrem Namen aufgegriffen.

Während die erwähnte Melk-Geschichte wohl als reine Spöttelei gedacht war, dürfte das, was Artur Schwarz von einem anderen Ziegenbock berichtet hat, durchaus der Wahrheit entsprochen haben. Immer wenn die »Gisiger Mosig« Richtung Feldkirch marschiert sei, habe der Tambour einen Geißbock mit sich geführt, der die große Trommel gezogen habe, und dann hätten die Feldkircher Buben beim Anmarsch der Musikkapelle im Takt des gerade gespielten Marsches gerufen: *»Der Gisiger, der Gisiger Goaßbock kunnt!«*

Nicht genug des Spottes über die ärmliche Ernährungslage musste man sich von den Nachbarn auch noch folgenden Spruch anhören:

Gisiger hond a oagne Mex, si schlahen da Koga mit der Äx.

Es war ganz offensichtlich einmal mehr der nicht so seltene Vorwurf, sich am Fleisch bereits verendeter Tiere gütlich getan zu haben. Genau in die gleiche Kerbe schlägt schließlich noch ein ziemlich derber Vierzeiler. Er handelt von einem Feldkircher Abdecker des 19. Jahrhunderts und berichtet, der erwähnte Tierkadaver-Verwerter würde sich beschweren ...

... er künn dur Gisiga numma fahra,
sie fressend-em 's Floasch mitsamt am Karra.

Das war natürlich alles in jenen Zeiten, in denen die »Gisiger« noch keine Fabrik besaßen und es deshalb an Arbeit und Verdienst mangelte. Kreishauptmann Ebner berichtete sogar, wie er auf der Straße nach Gisingen morgens um $^1/_2$ 5 Uhr den armen Kindern auf ihrem Weg in die Feldkircher Fabriken begegnet sei, wo sie bis $^1/_2$ 8 abends wie Sklaven arbeiten mussten. Damals arbeiteten auch viele Gisinger in den Rebbergen der Feldkircher Bürger. Da hatten sie dann die schwere Ernte den Ardetzenberg hinunterzuführen, noch anstrengender aber war sicher das Hinaufschleppen von Mist, Rebstecken und der vom Regen herabgeschwemmten Erde. Nicht genug damit, durfte man sich dann noch dumme Sprüchlein wie das folgende anhören:

Gisiger Narra stoßend dr Karra,
Bergle uf, Bergle ab,
stoßen da Schneagga d' Hörnle ab.

Doch Narren waren die »Gisiger« sicher nicht. Was sie da leisteten, das war Schwerarbeit, und dabei vorsichtig zu sein eine Notwendigkeit. Zum Glück ließen sie sich nicht unterkriegen, schon gar nicht von solchen Sprüchen, und endlich kamen dann auch bessere Zeiten. Außerdem haben sie den oben erwähnten Bock sozusagen an den Hörnern gepackt, und seit dem Jahre 1987 wird in Erinnerung ans einstige Geschehen rund um die Milchsuppe jeweils am 11. 11. zum traditionellen Milchsuppen-Essen geladen, wobei dann auch die Nofler teilnehmen dürfen.

Gegen ihre Nachbarn rundherum hatten die »Gisiger« nämlich nie etwas, und umgekehrt galt dasselbe. Das habe auch einmal ein »Altaschtädtner« einem »Gisiger« gegenüber ausdrücklich festgestellt und betont, *er hei's sogär gern; und wenn oan bi dr Noflr Bruck i d' Ill ihitrola tät, tät er sofort i d' Felsanau ihischpringa gi na ussazüha.*

Feldkirch-Nofels

Kirchafüchs Turbamä Schefafresser

»Kirchafüchs«? Was man sich darunter vorstellen soll? Ja, bei Kirchenmäusen, da wäre zumindest die Anspielung herauszuhören gewesen, dass die Nofler nicht allzu sehr mit Reichtümern gesegnet waren, übertrieben gesagt also arm wie Kirchenmäuse gewesen sein sollen, aber »Kirchafüchs«?

Nachforschungen hinsichtlich des Begriffs ergaben schließlich eine eher überraschende Antwort: Es handle sich dabei um eine Bezeichnung für jugendliche Gottesdienstbesucher, wie sie gelegentlich vor allem in – evangelischen Kirchengemeinden verwendet werde. Damit war hier in Nofels natürlich nichts zu machen; anders gesagt: Wir wollen die Kirche doch im Dorf lassen und uns an das Gegebene halten.

Als einzige Erklärung heißt es, die Bewohner der Gemeinde am Fuße des Schellenberg-Ausläufers seien angeblich zu dem etwas seltsamen Namen gekommen, weil sie schon in aller Herrgottsfrühe wie Füchse in die Kirche geschlichen seien. Und das sollte ein Spottname sein? Gar nicht davon zu reden, dass die Nofler hier immerhin mit einem der schlauesten Tiere in Zusammenhang gebracht worden waren.

So ganz einsichtig klingt die Erklärung wirklich nicht, und wenn man dann noch bedenkt, dass ihr Name neben derart handfesten Bezeichnungen wie »Milchsüppler« (Gisingen), »Leattakneater« (Bangs), »Hasaknager« und »Hosaschißer« (Altenstadt) steht, mögen einem erst recht Zweifel an der richtigen Deutung kommen.

Zum Glück kann die Gemeinde auch noch mit etwas Handfesterem aufwarten: mit ihren »Turbamä«. Das waren Torfstecher, von denen es im Rheintal einstmals ja bekanntlich nicht wenige gab. Wenn die Nofler Musikkapelle in den Stadtbereich von Feldkirch gekommen sei, hätten die Buben sie dort jedenfalls stets mit einem nicht zu überhörenden *»Tü und Tü und Turbamä ...«* – natürlich im Takt der Marschmusik – empfangen.

Bleiben noch die »Schefafresser«.

Sie werden in einer inzwischen rund achtzig Jahre alten Liste erwähnt. Dass da wieder einmal etwas in größerer Menge gegessen worden sein soll, scheint klar zu sein, und bei »Schefa« handelt es sich um die grünen, noch nicht ganz reifen Stangenbohnen, die gerne samt der noch weichen Schote als Gemüse gegessen wurden. Da man damit »Schefa-Salat« und »Schefa-Suppe« machen konnte, und dies früher in ärmeren Zeiten wohl auch getan hat, ließe sich das Ganze wieder einmal in jene bekannte Kategorie einordnen, die mit dem Spott aufwartete: »Ihr habt ja nichts anderes zu essen als ...«

Feldkirch-Tisis

Hatteler Seelenverkäufer Riblddrucker

Üblicherweise wurde mit »Hattele« eine kleine weibliche Ziege bezeichnet, doch hier in Tisis scheint der Volkskundler Artur Schwarz seinerzeit in Erfahrung gebracht zu haben, sei damit ein kleines Schwein gemeint gewesen. Eigentlich wäre dann ja eher die Bezeichnung »Hutschele« oder auch »Hatschele« in Frage gekommen, ob damit unser »Hattele« richtig erklärt und die Tisner damit zufrieden oder unzufrieden sind, muss offen bleiben bzw. wird sich vielleicht erweisen.

Ein Nachblättern im »Vorarlbergischen Wörterbuch« bringt noch den Vermerk, als »Hattele« sei auch ein »hilfloses, bemitleidenswertes Kind« bezeichnet worden. Immerhin stammt die Erklärung aus dem benachbarten Gisingen! Außerdem scheint aus Viktorsberg der Hinweis gekommen zu sein, bei ihnen sei damit ein Mädchen mit zerzausten Harren oder auch ein Hund mit langem, wirrem Fell gemeint gewesen. Solche Deutungen können hier aber wohl ebenso außer Betracht bleiben wie jene aus Götzis, wo man früher bei diesem Ausdruck vor allem an einen Volksschüler der zweiten Klasse gedacht hat.

Zurück also nach Tisis! Hier gibt es nämlich eine völlig andere und wohl eher unerwartete Erklärung des Übernamens: Dieser habe damit zu tun, dass die Tisner das Hilfszeitwort »hat«, z. B.

bei »er hat gearbeitet«, nicht wie im üblichen Oberländerisch »er häat« aussprechen, sondern »er hat«. Ja, und weil sie sich eben mit dieser doch oft vorkommenden Auffälligkeit von der Mundart ihrer Umgebung unterscheiden würden, habe man sie eben »Hatteler« genannt.

Relativ jung und offensichtlich auch nicht allzu sehr verbreitet ist der zweite Name »Seelenverkäufer«. Natürlich können Seelen nicht verkauft werden, wäre jedoch der Tisner Pfarrer gegen Ende des vorletzten Jahrhunderts gefragt worden, wie viele Seelen seine Pfarre im Gebiet Heiligkreuz habe, so hätte er wahrscheinlich keine Sekunde gezögert und von etwa 250 gesprochen. Um diese 250 »Seelen« geht es beim Übernamen, es sind damit die Tisner des Ortsteils Heiligkreuz gemeint. Dieser wurde am 1. März des Jahres 1898 an die Stadt Feldkirch abgetreten, und zwar gegen eine jährliche Rente von 1.400 Gulden; seine Bewohner – seine »Seelen« – wurden also gewissermaßen »verkauft«.

»Ribldrucker« braucht im Land vor dem Arlberg wohl nicht erklärt zu werden, dennoch ist es nicht uninteressant, welches Rezept Franz Joseph Weizenegger – er wird gern als »Vater der Vorarlberger Geschichtsschreibung« bezeichnet – aus dem Jahr 1820 erwähnt: »Die ergiebigste Fruchtgattung für kleine Grundstücke ist der Mais – Türkenkorn – und wird am häufigsten gepflanzt. Zu Grütze gemahlen, mit Fett und Milch eingekocht, genießt ihn der Bauersmann, und hat eine Schüssel mit Milch daneben, mit welcher der Türkenrübel, besonders wenn das Schmalz gespart ist, hinabgespült wird.« Ohne Milch hinterher scheint sich hier der folgende alte Spruch wohl besonders bewahrheitet zu haben: *Der Ribel ischt so trucka, ma ka-n-a fascht nit schlucka!* Oder anders gesagt: *Ma kan-a bloß ahischlucka wia-n-an wollana Strumpf.*

Dann galt wohl auch hier, was man im Unterland oft hörte: *»Mach's Feanstr zua, sus nimmt as dr da Stopfer furt!«*

Feldkirch-Tosters

Bitzbeattler Fuchslochpasser

Dass die Bregenzerwälder früher einen neu Zugezogenen nicht ungern als *»an främba Beatlar«* bezeichnet haben, ist ziemlich bekannt. Auch hier im Dorf zwischen Blasenberg und Schellenberg soll es früher geradezu Brauch gewesen sein, bei jedem Unbekannten, der vorübergegangen sei, zu fragen: *»Was ist das für an frömbda Beattler?«* Aber so war es eben in einem rein bäuerlichen Dorf, ein Fremder wurde im Allgemeinen stets mit einem gewissen Misstrauen betrachtet. Sogar die Kinder eines Neuansiedlers konnten diese abfällige Bemerkung unter Umständen noch lange hören müssen, und das war beileibe nicht etwa nur im »Wauld« und hier in Tosters so.

Wer sich als neu Zugezogener in einem Dorf niederließ, hatte es in den meisten Fällen nicht leicht, sich der Gemeinschaft anzuschließen, und zwar auch dann, wenn er gute Eigenschaften mitgebracht hatte. Versteht man nun das Ganze als Spottnamen, so wären mit ihm eigentlich nur die zugezogenen Dorfbewohner gemeint gewesen. Das aber widerspricht der üblichen Entstehung eines Übernamens völlig, ist so einer ja wohl kaum jemals im eigenen Dorf geboren worden.

Doch da ist ja noch das »bitz« am Anfang der Bezeichnung.

Was es genau bedeuten soll, lässt sich offensichtlich nicht mehr klären. Wenn die Vermutung zutrifft, es habe mit »ein bisschen« zu tun, wäre gut denkbar, dass den »lieben Nachbarn« der Name »Bitzbeattler« – aus welchen Gründen auch immer – eben so passend für die Tostner erschienen war. Diese brauchten über den Zuruf überhaupt nicht ungehalten sein, besonders wenn sie einmal davon gehört hatten, was gerne als letzter Ausspruch Martin Luthers überliefert wird: »Wir sind alle Bettler.« So soll der große Reformator gesagt haben; da konnte man ja ganz zufrieden sein, nur »Ein-bisschen-Bettler« genannt zu werden!

Ob ein Tostner mit dem Übernamen »Fuchslochpasser« überhaupt jemals »gefuchst« werden konnte, darf fast bezweifelt werden. Schließlich sprach man von einem »Fuchspasser«, wenn einer ein Fuchsloch nicht aus den Augen ließ, und das war ja durchaus sinnvoll.

Bei allen Benennungen mit »Fuchs« klingt außerdem auch sehr viel Positives mit, nicht ohne gute Gründe glänzt Meister Reineke in zahllosen Fabeln durch seine Schlauheit; »gerissen wie ein Fuchs«, das ist kein leeres Gerede. Die Jäger der Umgebung mussten sich also sicher einiges einfallen lassen, um solche Kerle zu erwischen. Besonders der Schellenberg war ein bekanntes Fuchsrevier und er ist es heute noch. So gesehen, dürften die Tostner – zumindest die Jäger – damit rechnen, dass ihr Übername auch weiterhin seine Berechtigung haben wird. Um sie aber nicht zu viel zu loben, muss doch noch erwähnt werden, dass man fast hinter jedem Übernamen, mag er noch so harmlos klingen, irgend etwas Spöttisches vermuten muss. Vor einem Fuchsbau auf dessen Bewohner zu warten, kann nämlich auch mehr oder weniger Sinnloses andeuten. Schließlich ist dieser ja sprichwörtlich schlau und legt gleich von vornherein mehrere Fluchtröhren an, die ihm ein schnelles Entkommen ermöglichen, falls vor dem Haupteingang solche Fuchslochpasser – sprich Tostner – auf ihn warten. Gar nicht von jenen Fällen zu reden, bei denen die Betreffenden umsonst »passen«, weil der Gesuchte gar nicht zu Hause ist. Dass sich so ein Meister Reineke in der Nofler Kirche in Sicherheit brachte und den »Kirchafuchs« spielte, kann dagegen wohl ausgeschlossen werden!

Fontanella

Süaßlar
Obergrechter

Fontanella – der einzige Name einer Vorarlberger Gemeinde, der auf -a endet – besitzt eine besonders klingende, offenkundig romanische Bezeichnung. Sie bedeutet »Brünnlein« und die Walsersiedlung darf sich mit ihren 1145 m (Standort Kirche) die am höchsten gelegene Gemeinde des Großen Walsertals nennen.

Was das mit den »Süaßler« zu tun haben soll? Einiges! Hier trifft nämlich nicht jene Deutung zu, die uns bereits bei einem der Dornbirner Übernamen beschäftigt hat, es sind nicht »Süßholzraspler« gemeint, sondern etwas ganz anderes.

Obwohl das Klima hier heroben um einiges milder ist, als es die hohe Lage erwarten lässt, wächst auch am Sonnenhang, an dem die Ortschaft liegt, kein Obst mehr. Weiter unten im Tal aber, bei den »Sonnatagern«, da gab es noch Obstbäume. Also gingen die Fontaneller, wenn sie daheim »Schnitz« – gedörrte Apfel- oder Birnenschnitten – machen wollten, wohl oder übel nach Sonntag oder gleich noch weiter ins Tal hinaus, um sich dort mit den nötigen Früchten einzudecken. Man wird dann wohl wie andernorts auch hier die fertigen Schnitz in einer eigenen Truhe aufbewahrt haben, ließen sich Früchte in gedörrtem Zustand doch ohne weiteres über längere Zeit hin lagern. In früheren Zeiten waren solche Schnitz geradezu eine Hauptspeise, die Brot ersetzte. Gut möglich, dass es auch hier Bauern gab, die bei jeder weiteren Reise, die sie außerhalb des Tales führte, einen Hosensack voll solcher Birnenschnitz mitnahmen.

Den zweiten Namen – »Obergrechter« – werden die Bewohner von Außer-Damüls, wie man die Ortschaft einst nannte, wahrscheinlich nicht nur lieber, sondern sogar sehr gern gehört haben. Er hat eigentlich überhaupt nichts mit einem Übernamen zu tun;

ganz im Gegenteil, er ist sozusagen ein Ehrenname! Nicht dass hier aber etwa »Ober-Gerechte« gemeint waren, die in ihrem Leben nie mit einem Gericht zu tun bekamen – als Übername hätte er erfahrungsgemäß ohnehin nur das Gegenteil ausdrücken sollen –, nein, das Ganze hatte damit zu tun, dass Fontanella früher zum bereits erwähnten Damüls gehört hatte, wo einstmals der Sitz des Gerichts für die Walser war. Nach der Errichtung eines eigenen Gerichts für Sonntag-Raggal haftete der Begriff »Obergericht« dann fast immer an Fontanella, da die Gerichtsmänner beinahe ausschließlich von dort stammten. Als Hinweis auf diese Vergangenheit führt die Gemeinde seit Jahrzehnten in ihrem Wappen neben zwei Wallisersternen, die auf die Herkunft der ersten Siedler hinweisen, eine Waage. Sie ist das Symbol fürs ehemalige Walsergericht und dessen hoffentlich in den meisten Fällen auch ausgeübte Gerechtigkeit.

Wenn es hier heute eine Triathlongruppe »Obergrechter Isamännli«, einen Jodelchor »Obergrechter Senna«, einen »Obergrechter Bäck« und vor allem ein »Obergrechter Dörflifescht« gibt, sind das nur weitere Bestätigungen, wie sehr sich die Fontaneller mit dem alten Übernamen identifizieren.

Frastanz

Schneacka

Vielfach sei es Bosheit, wenn man aus einer Mücke einen Elefanten mache, meinte einst ein Volkskundler zu solchen Titulierungen, wie sie unsere Übernamen verwenden, aber ein Körnchen Wahrheit stecke eben meist schon in den alten Erzählungen. Er hatte es sicher ganz allgemein gemeint und nicht etwa speziell auf die »Fraschtner« gemünzt, doch als »Schnecke« zur Schnecke gemacht zu werden, ist nun einmal nicht besonders erfreulich. Der Name gehe auf einen denkwürdigen Bittgang von anno dazumal nach Beschling zurück. Das scheint nicht gerade viel miteinander zu tun zu haben, aber warten wir's ab!

Als die Beter vor uralten Zeiten bei einer Flurprozession wieder einmal über der Galinabrücke waren, blieb der Fahnenträger plötzlich stehen. Damit kam auch der ganze Zug ins Stocken. Einige Bauern gingen nach vorne und erkundigten sich beim Fahnenträger, warum er denn nicht weitergehe. Er wies mit seinem Finger auf ein kleines Tier und sagte, er könne nicht, denn da krieche ein Tier mit Haus und Hörnchen. Da rief ein etwas rauher Frastanzer: *»Schlach zue mit dem Gottsfahna; ischt's der Bös, so würd er scho goh!«* Doch der Mann an der Spitze scheint etwas zartbesaitet gewesen zu sein, denn mit der geheiligten Kirchenfahne zuzuschlagen, das wagte er nicht. Also machten alle Beter kehrt und das ganze Volk ging wieder heimzu in die Kirche.

Warum hinter dem Tierchen gleich der Teufel vermutet worden war, hat natürlich damit zu tun, dass doch nur dieser ein Interesse haben konnte, den Zug der Frommen aufzuhalten. Oder waren es etwa die erwähnten Hörnchen, die an den Bösen denken ließen? Der Fahnenträger scheint nicht gleich von Anfang an derartige Überlegungen angestellt zu haben, bei ihm war es schlichtweg Angst vor dem offensichtlich unbekannten Tier.

Die Geschichte hinkt allerdings ordentlich, und zwar gleich auf mehreren Füßen; besser gesagt, sie steht mehr oder weniger auf wackeligem bzw. auf schleimigem Fuß. Es fängt schon damit an, dass eine Schnecke in Frastanz ja wohl keine Seltenheit sein konnte. Wenn hier tatsächlich der Böse im Spiel gewesen war, scheint es doch mehr als eigenartig, dass er kein mehr Erfolg versprechendes Mittel eingesetzt hatte. Oder war seine Einschätzung der »Fraschtner« von Anfang an richtig? Hatte er gewusst, dass schon so ein harmloses Tierchen ihnen einen Schrecken einjagen würde? Außerdem wurde eine solche Begegnung von Prozessionsteilnehmern mit einer Schnecke auch anderswo gern erzählt, zum Beispiel in einem Bericht vom Tannberg aus dem Jahre 1888. Die Mittelberger von damals hielten die ihnen bis dahin offensichtlich ebenfalls unbekannte Schnecke allerdings nicht für den Teufel, sondern für den – Sommer. Überhaupt handelt es sich bei der ganzen Geschichte um eine ziemlich bekannte Walser-Sage, und in dieser wird der Hinweis, dass bei der Begegnung mit dem harmlosen Tierchen gleich an den Bösen gedacht wird, tatsächlich mit den Hörnchen der Schnecke begründet.

Noch ein Einwand gegen die Glaubwürdigkeit der Geschichte könnte angeführt werden. Da war ja von einem Tier samt seinem Haus die Rede. Das aber – davon waren jedenfalls die lieben Nachbarn überzeugt – passe in diesem Fall doch ganz und gar nicht, denn … *»D' Fraschtner Schneacka hond kä Hüsr, wäll dia ghörand alle am Ganahl!«* So habe es jedenfalls stets geheißen, seit Carl Ganahl im Jahre 1836 hier seine Fabrik gegründet hatte. Auch der Volkskundler Artur Schwarz scheint Ähnliches in Erfahrung gebracht zu haben, er spricht nämlich ausdrücklich vom Namen »Tauschnägga«.

Da war der Heimatdichter Bruno Wiederin allerdings anderer Ansicht, wenn er in seinem Gedicht »D' Schnäggle« meinte:

»Wenn mr's i-fallt, schlüß i d's Hus zua,
wäß ka Mensch net, wo-n i bin;
alle sin mr's grusig nidig,
i mim Hüsle wohn i din.«

Dass er als »Wahlfrastanzer« berechtigt war, für die »Fraschtner Schneacka« zu sprechen, belegt er mit der Bemerkung:

»Mine Ahna ist an Schnägg gsi und an Schnägg min Götte o ...«

Auch jener Frastafedner, der seinerzeit bei den Feldkircher Kapuzinern zum Essen eingeladen worden war, scheint sich als »Schnägg« gefühlt zu haben. Als ihm in deren Kloster nämlich eine Schüssel voller Schnecken aufgetischt wurde – die Tierchen galten früher als ausgesprochene Fastenspeise – konnte er der ungewohnten Köstlichkeit nichts abgewinnen und meinte trocken: *»I bi säll an Schnägg und iss drum a so eppas uf kän Fall!«*

Sei es beim denkwürdigen Bittgang nach Beschling gewesen, wie es gewesen sein mag, am Übernamen ändert sich deswegen nichts. Die Frastner selbst nehmen die Erinnerung an die überlieferte »Heldentat« ihrer Vorfahren offensichtlich mit der nötigen Portion Humor und ihr Faschingskomitee hält mit einem lautstarken *»Schneck, Schneck, ruck, ruck!«* die Erinnerung an die überlieferte Episode von einst wach. Da wollte dann natürlich auch die »1. Vorarlberger Guggamusig« nicht zurückstehen und stimmte mit einem ebenso kräftigen *»Schnegg, Schnegg, gugg, gugg!«* ein.

Beim gerade Erwähnten mögen einem natürlich noch andere Gedanken durch den Kopf gehen. Zumindest das »ruck, ruck« konnte durchaus als Aufforderung an das Tierchen verstanden werden, sich zu beeilen. Lag hier etwa die eigentliche Ursache des Vergleichs der Ortsbewohner mit den bekannt langsamen Kriechern? Anders gefragt: War es etwa ein eher gemächliches, also sozusagen ein Schneckentempo der Ortsbewohner bei der Arbeit, das aufs Korn genommen werden sollte? Widmete man sich hier – natürlich immer nach Ansicht der lieben Nachbarn – etwa mehr jenen Dingen, auf die in einer Erklärung für den offiziellen Ortsnamen hingewiesen wird? »Fraß und Tanz«, hieß es da nämlich, das seien die zwei Bestandteile, aus denen schließlich die Ortsbezeichnung entstanden sei. Die Frastner selbst werden dazu wohl nur noch den Kopf schütteln; da wird bereits vor weit über tausend Jahren ein Königshof in »Frastinas« erwähnt und dann muss man sich Derartiges anhören!

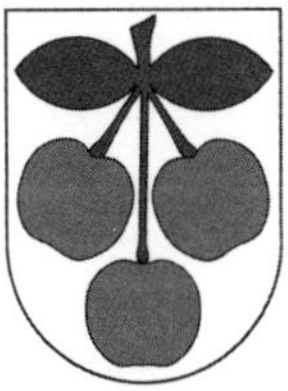

Fraxern

Muasschloapfer

Ausgerechnet das »Land der süßen Kirschen«, wie P. Isidor Hopfner das »Kriasidorf« einmal bezeichnet, hat keinen Übernamen, der auf seine Kirschen hindeutet! Dabei hätten sich Bezeichnungen wie »Kriasibicker«, »Kriasihögga« und vor allem »Kriasistinker« ja geradezu angeboten, doch mit den drei erwähnten Spötteleien sind die Bewohner anderer Ortschaften gemeint. Nein, »Muasschloapfer«, so mussten sich die Fraxner nennen lassen. Der Übername komme von den Ebnitern; als Nachbarn der Kugel- und der Schneewaldalpe hätten sie ihn sich ausgedacht; nicht ohne Grund, wie wir gleich sehen werden.

Den Vorarlbergern wird allgemein große Sparsamkeit nachgesagt und die Fraxner hätten es darin geradezu zur Meisterschaft gebracht, hieß es oft. Wenn sie zum Beispiel im Herbst von den Alpen gezogen seien und beim letzten Frühstück etwas vom Mus übrig geblieben sei, hätten sie dieses stets mit heimgenommen. Ein derartiger Alpabzug war natürlich immer ein großes Ereignis, und auch im eigenen Heimatdorf entging wohl kaum jemandem, was alles im so genannten »Plunder«, dem Hausrat der Alphütten, mitgeführt wurde. Vom gelegentlich mitgenommenen »Abschieds-Muas« bekam man im Normalfall aber wohl kaum etwas zu sehen. Einmal aber seien die heimziehenden Älpler gerade in der Nähe des Dorfes angelangt, da sei ihnen dummerweise ausgerechnet der Wagen mit dem Hausrat umgekippt. Sorgsam hätten sie alles wieder aufgeladen, auch das »Muas« sei nicht vergessen worden. Sauber hätten sie alles wieder zusammengekratzt, und die Stelle, an der es passiert sei, heiße deswegen heute noch der »Leack«. Unwillkürlich wird man dabei vielleicht an Aufschlecken denken, aber so weit werden die Älpler sicher nicht gegangen sein!

Ob auch »Ämliger«, also Ebniter, unter den Zuschauern gewesen waren, oder ob sie auf andere Weise davon gehört hatten, ist nicht bekannt und spielte im Nachhinein natürlich keine Rolle. Irgendwie müssten sie davon erfahren haben, wird vermutet, und so sei eben der Übername entstanden.

Ganz ohne Kirschen – einmal abgesehen von denen auf ihren zahlreichen Bäumen – wollten die Fraxner natürlich nicht sein, und so sorgten sie wenigstens bei der Verleihung des Gemeindewappens im Jahre 1969 dafür, dass darin ein Kirschzweig mit drei Kriasi zu sehen war – und natürlich nach wie vor ist. Und um die »Muasschloapfer« ein wenig darüber hinwegzutrösten, dass ihre Nachbarn sie nicht mit einer entsprechenden Bezeichnung bedacht haben, soll auch noch an einem Beispiel verdeutlicht werden, wie weitum ihre Kriasi einen Begriff darstellen: Der Dornbirner Armin Diem lässt in einem Gedicht einen »Stubat-Buob« vom »Kättorle« – seinem Kathrinchen – schwärmen, und neben anderen Vorzügen erwähnt dieser, sie habe *Öugle as wi Fraxnar-Kriose.* Hoffentlich hielt die Sache dann auch, was sie versprach, und es wurde nicht das daraus, was in einem geflügelten Wort so umschrieben wurde: *Wenn zwoa anand da Buggel kehren, denn hoaßt as »d' Fraxner Liebi«.*

Der Volksmund weiß sogar zu berichten, in Fraxern würden die schönen Mädchen auf den Bäumen wachsen. In Wirklichkeit sind sie dort neben vielen anderen Pflückerinnen und Pflückern eifrig beim »Kriasigwinna« dabei; besonders die »Große Schwarze«, eine veredelte Wildkirsche, gilt als typische Fraxner Spezialität. Vermutlich gibt es auch keine andere Gemeinde in unserem Land, in der alle Einwohner schwindelfrei sind, genauer gesagt, schwindelfrei sein müssen. Es ist dies wohl eine Grundvoraussetzung, wenn man hört, beim Pflücken würden bis zu vierzehn Meter lange Holzleitern verwendet. Und um noch eine weitere beeindruckende Zahl anzuführen: Eine durchschnittliche Ernte bringt von den rund 2.000 Bäumen hier heroben rund 45 Tonnen, das sind mehr als fünf Millionen (!) Kriasi.

Fußach

Krottalochar
Luamlochar
Groppar
Müslar

Die Vermutung, bei einer Ortschaft in unmittelbarer Bodenseenähe könne auch mit einem Übernamen gerechnet werden, der mit diesem Gewässer zu tun hat, wird bestätigt. Dass es dann allerdings gleich mehrere solche Namen sind, mag zwar überraschen, zeigt aber eben, wie sehr man bei den Nachbarn die Fußacher im Zusammenhang mit dem See gesehen hat.

Eine Wassermaus und eine Kröte
stiegen eines Abends spöte
einen steilen Berg hinan …

Immer wieder wurde das Gedicht irrtümlich Johann Wolfgang von Goethe zugeschrieben, doch wer jetzt vermutet, die »Krotta« im Übernamen hätten etwa mit der gerade erwähnten Kröte beziehungsweise mit der Tatsache zu tun, dass der Herr Geheimrat aus Weimar im Sommer des Jahres 1788 hier in Fußach im Gasthaus »Krone« genächtigt hat, irrt. »Krotta« gibt es hier natürlich schon, wenn sie auch nicht gerade steile Berge hinansteigen. Solche Tiere waren in diesem Gebiet des einst größten Hafens am Obersee sicher immer besonders gern zuhause, und dass sie sich im heute wahrscheinlich größten Süßwasserdelta Europas nach wie vor recht wohl fühlen, ist anzunehmen.

Die Nachbarn hätten es natürlich beim Namen »Krotta« belassen können, aber sie entschieden sich dann doch für »Krottalochar«, wahrscheinlich um mit einem besonders klingenden Übernamen aufwarten zu können. Vielleicht wollten sie damit den Übernamen gleich an die nächste Bezeichnung »Luamlochar« anpassen, denn die sollten die Fußacher ja auch noch zu hören bekommen. Lehm hatte der Rhein im Lauf der Zeit sicher genug angeschwemmt. Klar, dass daraus Ziegel hergestellt werden konnten, und alte Flurnamen im Süden der Gemeinde wie »Luamlöcher« und »Ziegelhütta« künden heute noch davon.

Auch der Übername »Groppar« hat etwas mit dem nahen See zu tun. »Groppa« gab es nämlich dort, wo die Fußacher ihre Netze auszuwerfen pflegten, mit Sicherheit. Damit sind etwa 12–14 cm lange Fischlein gemeint, ziemlich schlechte Schwimmer zwar, die sich tagsüber gern unter Steinen verstecken, aber als Köderfische waren sie natürlich bestens geeignet. Sich mit ihrem Fang zu brüsten, erübrigte sich, ihren Namen jemandem an den Kopf zu werfen dagegen, das machte schon Sinn! Heutzutage vielleicht nicht mehr so sehr, denn seit der kleine Schwimmer unlängst im Jahre 2006 in Österreich und in Deutschland zum »Fisch des Jahres« erklärt worden ist, schaut die Sache denn doch etwas anders aus.

Neben dem vielen Wasser gab es hier in Fußach aber durchaus auch landwirtschaftliche Flächen mit Getreideanbau. Eine Getreidesorte, die ausgerechnet lehmigen Boden liebt, ist das Spelzkorn (Dinkel). Auf dieser Art Erde wächst es sogar schwerer und feinhülsiger. Mit solchen Böden konnte man in dieser Gegend besonders aufwarten, und so ist es nicht verwunderlich, dass vor rund 170 Jahren der damalige Kreishauptmann Ebner diesen Spelzweizen als höchst geschätzte Halmfrucht erwähnt, die außer in Lustenau und Höchst hier ebenfalls besonders gut gedeihe.

Sicher waren die Fußacher daran interessiert, möglichst viel zu ernten, und deshalb strengten sie sich auch entsprechend an, jene Feinde zu bekämpfen, die ihnen ihre Erträge schmälern wollten. Das waren unter anderem die Feldmäuse. Die machten sich nämlich, wie anderswo auch, gern über die Wurzeln der Obstbäume her. Klar, dass schließlich geschickte Fußacher den Kampf gegen die allzeit hungrigen Nager aufnahmen. Der eigentliche Hintergrund für den »Müslar«-Übernamen ist jedoch ein anderer und er dürfte sogar für manche Ortsbewohner eine kleine Überraschung bedeuten:

Es war nach dem Ersten Weltkrieg, als einige Fußacher Jagd auf ganz andere kleine Pelzträger machten. Es ging ihnen ums Fangen von Maulwürfen (!) beziehungsweise ums Erbeuten der Felle. Diese wurden nämlich bei der Kleiderherstellung gern verwendet. Zum Glück für die nächsten Generationen der fleißigen Gräber stellte sich dann bald heraus, dass die seidenweichen Pelzchen wenig strapazierfähig waren und die Haare schnell ausfielen. Inzwischen sind solche »Schärapelz« längst wieder aus der Mode gekommen und die schwarzen Burschen stehen sogar unter Artenschutz. Damals aber, in der ersten Hälfte des 20. Jahrhunderts, waren sie bis nach Hohenems hinauf stets in Gefahr, von so einem »Müslar« erwischt zu werden.

Zum Abschluss mag auch noch eine Bezeichnung erwähnt werden, die bei den heutigen Fußachern wohl eher unbekannt sein dürfte: »Streueschelma«.

In einer schon etwas älteren Beschreibung des Bodenseeufers zwischen der alten und neuen Rheinmündung heißt es, die landwirtschaftliche Nutzung erfolge in den weit überwiegenden Teilen auf Gewinnung der Streue. Gut möglich, dass das den entsprechenden Hintergrund für den Vorwurf der »Schelmerei« geliefert hat. Wo diese dann stattgefunden haben soll, wird sich wohl kaum mehr klären lassen, Möglichkeiten dazu hätte es sicher genug gegeben; schließlich wurde hier auch mit Streue gehandelt und manche Fuhren gingen dabei bis in die Schweiz hinüber.

Gaißau

Woran es liegen mag, dass für die Ortschaft an der Schlinge des Alten Rheins kaum ein Spottname in Erfahrung zu bringen war? Sind etwa die ehemaligen Besitzverhältnisse schuld, die hier – jedenfalls für einen Ortsfremden – etwas undurchsichtig waren? *Gaissawer gehörent zue Höchst in die Pfarrkirchen, zue Bregentz in Krieg, zue Rorschach ins Gricht, zue Gaissaw in Kirchhoff, zue Veldtkirch an Galgen*, schrieb einst ein sankt-gallischer Archivar.

Bei einem Grenzort hätte man vielleicht einen Übernamen erwartet, der sich aufs Schmuggeln bezogen hätte, doch weit gefehlt! Gerade auf diesem Gebiet hat der ehemalige Kreishauptmann Ebner den Bewohnern der Gemeinde seinerzeit das beste Zeugnis ausgestellt. Zuerst berichtet er in seinen Aufzeichnungen von den am Rhein gelegenen Gemeinden, in denen es von Schwärzerbanden nur so wimmle, von Raufhändeln, Nachtschwärmereien, Saufgelagen, Unsittlichkeiten, Verbrechen usw., was alles nach allseitiger Überzeugung auf das Schmugglerwesen zurückzuführen sei. Dann aber heißt es bei ihm, die Gaißauer »zeichnen sich vor den anderen Rheingemeinden des Landgerichts Dornbirn vorteilhaft aus, indem sie sehr arbeitsam, viel mäßiger im Genusse geistiger Getränke und endlich dem Schandgewerbe des Schmuggelhandels wenig ergeben sind«.

Fast also wäre der Grenzort am Alten Rhein in puncto Spott leer ausgegangen, da überraschte eine rund 80 Jahre alte Sammlung solcher Namen mit gleich zwei Bezeichnungen. Doch die »Freude« währte nur kurz, denn das, was hier gerufen worden sein soll, ist austauschbar und könnte ebenso gut den Bewohnern einer anderen Gemeinde gegolten haben. »Kälblestecher« seien sie genannt worden, so will es der Gewährsmann gehört haben, und »Heufresser«; es sind zwei Namen, die auch bei älteren Gaißauern nur erstaunte Mienen hervorrufen. Während die erste Bezeichnung eher auf die »Heldentat« eines Einzelnen hinzudeuten scheint, dürfte die zweite wieder einmal aus jener Schublade stammen, aus der die so beliebten Spötteleien über allzu mangelhafte Ernährung hervorgekramt werden. Wenn anderswo Schollen und Farn »gefressen« worden sein sollen, warum hier in einem Ort mit so vielen Kleinbauernbetrieben nicht auch Heu!

Da es also offensichtlich keine richtigen Spottnamen zu geben scheint, mögen wenigstens ein paar Betrachtungen über den Ortsnamen folgen.

Der Name der Gemeinde am Alten Rhein sei eine Kurzform und bedeute so viel wie »schmerzhafter Zusammenstoß mit einer Ziege«, behauptete einst ein Witzbold. Damit hat sich das Thema »Ziege« aber noch nicht erledigt, denn dass Gaißau etwas mit einer Geiß zu tun hat, bekommt jeder Betrachter des Gemeindewappens deutlich vor Augen geführt, ist da über einem Fisch doch unverkennbar ein Geißbock zu sehen. In Wirklichkeit waren es natürlich viele dieser Tiere, die einst in der »Gaissowe«, der Au zwischen Rheineck und St. Margrethen, weideten. Nach alter Überlieferung seien es Appenzeller Hirten gewesen, die hier auf der österreichischen Seite Futter für ihre Tiere gesucht hätten.

Was wurde nicht schon alles Abträgliche im Zusammenhang mit dem »Tier des kleinen Mannes« gesagt! »Du blöde Ziege!«, so hieß es zum Beispiel besonders gern, nur weil die Tiere ein wenig eigensinnig waren, und so sagte man dann vielleicht auch zu seinem Gegenüber; daneben aber noch manches andere: Mager wie ein Geißbock, ausschauen wie ein (ab)gestochner Geißbock, stinken wie ein Geißbock ... Das und noch manches andere Beleidigende mussten sich die »Kühe des kleinen Mannes« an ihre Hörner, vor allem aber die mit ihnen Verglichenen an ihre Schädel werfen lassen.

Die alten Gaißauer nahmen es gelassen. Vielleicht hatten sie einmal von der Redewendung »Der hat's inwendig wie die Geiß das Fett« gehört. Sie findet sich schon bei Grillparzer und meint einen, dem man seine Stärke nicht ansieht. Den Menschen hier am Alten

Rhein waren die Ziegen mit und ohne Hörner recht, spielten diese doch in der Ernährung stets eine wichtige Rolle. Auf sie war Verlass, nicht umsonst hieß es gelegentlich, eine Geiß könne einem *nünt z'leid tun als verrecka.* Auch die örtliche Fasnatzunft bekennt sich mit einem lauten »*Zigg, Zigg, Ziegenau!*« zur alten Namensdeutung ihres Heimatortes. Ja, und dass schließlich der bereits erwähnte Geißbock im Gemeindewappen ein goldener ist, dürfte wohl kein Zufall sein!

Gaschurn

Für die flächenmäßig größte Gemeinde der ganzen Talschaft, ja überhaupt des ganzen Landes, lässt sich leider kein allgemein gültiger Übername feststellen. So bleibt nichts anderes übrig, als sich mit jenen Ortsneckereien und vor allem mit »Rima« (Reimen) zu begnügen, die im Montafon offensichtlich besonders beliebt waren. In einem von ihnen geht es um die Weiblichkeit des Ortes und er findet sich bei Hans Barbisch in dessen »Vandanser Heimatkunde«:

Im Gaschora mahan d' Meiggana a Morra.

Hoffentlich nicht nur eine! So könnte an dieser Stelle vielleicht mancher Einheimische denken, weil er meint, es handle sich beim Erwähnten um eins der länglich geformten Brötchen aus gesüßtem Milchbrotteig mit dem charakteristischen Längseinschnitt, eben um eine »Murra«. Dass diese Bezeichnung dann aus reimtechnischen Gründen an »Gaschora« angeglichen worden sein könnte, wäre ja nicht weiter verwunderlich.

Doch die Sache verhält sich anders und Barbisch lässt auch keine Zweifel aufkommen, wenn er in Klammer beifügt, bei der »Morra« handle es sich um ein »mürrisches Gesicht«. Dass der Ausspruch überhaupt entstanden ist, hat aber wohl mehr mit der Absicht zu tun, einen Reim auf Gaschora zu finden als mit der Wirklichkeit.

Doch trotz dem nachgesagten verdrießlichen Gesicht kamen »d' Meiggana« hier in der größten Gemeinde unseres Landes natürlich auch »unters Dach«. Oder hatte das etwa mit jenem Spruch zu tun, den man gelegentlich in St. Gallenkirch zu hören bekam. Ein Gaschurner Weiblein habe einmal gemeint: *»Dr Hergott ka o net alls maha. Er hot noch nia a so an läda Ma erschaffa könna, as er ka Wieb me öberko het.«*

Stellte die heiratslustige Weiblichkeit etwa keine allzu hohen Ansprüche? Da gab es die nette Geschichte von einer Gaschurnerin und einer aus Partenen, die nach Einsiedeln wallfahrteten, damit ihnen die Gottesmutter zu Ehemännern verhelfe, wobei die eine von ihnen betete:

»O liabi Muater Gottes Gora,
dia ischt us am Patena ond ich us Gaschora,
hör is a ond gib is doch an Ma;
sei er riech oder arm, klie oder groß,
mager oder fäßt, wenns nu Mendli häßt.«

Einmal in Partenen, soll auch noch der bekannte Vers erwähnt werden, den sich die dortige Weiblichkeit sicher oft anhören musste:

Si ischt a Nähere vo Partenna,
was si hüt machat, muaß si mara vertrenna.

Endgültig in die »dichterische« Kerbe haut schließlich noch der letzte Reim über die Mädchen dieser Region, der ziemlich nüchtern feststellt, was sonst wohl kaum jemandem aufgefallen wäre: *Im Partenna fuataran d' Meiggana d' Henna.*

Auch Johann Jakob Keßler aus Gantschier, der »Spottvogel«, wie ihn der Schrunser Volkskundler Richard Beitl bezeichnet, weiß im Fall von Gaschurn etwas zu reimen:

»Jätz kom mer ids Gaschora,
därt nimm di wohl in acht,
as sen dr boda Gschwindi,
du bischt na efach z gmach.«

Nun ist ja gegen ein gewisses Tempo sicher nichts einzuwenden, doch es klingt eher so, als würde der Vierzeiler Nachteiliges andeuten wollen.

Um noch einmal auf die erwähnten mürrischen Gesichter zurückzukommen: Erst recht nichts konnte natürlich die ortsansässige Funkazunft mit Derartigem anfangen, beim Reimen wollte sie aber ebenso bleiben, und so ertönt jetzt eben ein *»Giri-Gari-Gora – Funkazunft Gaschora!«*

Göfis

Göfnerschnitz Biraschnitz

Wie so oft bei den Übernamen geht es wieder einmal ums Essen. Dass für die Göfner der früheren Zeiten solche »Schnitz«, also gedörrte Birnen, eine wichtige Sache waren, ist durchaus glaubhaft. Ob sie sich allerdings gar so sehr über die reifenden Früchte freuten, wie es ein Spötter im 17. Jahrhundert notiert hat?

... wan die hewbieren anfangen reifen,
so ziechen sy auf mit thrumen und pfeifen
und springen wie die wilde hassen ...

Mit Trommeln und Pfeifen werden sie wohl kaum ausgerückt sein, doch ein paar prüfende Blicke dürften sie schon hin und wieder zu ihren »Heubirnen« hinaufgeworfen haben. Auch als bei uns der Türggen und die Kartoffeln längst bekannt waren und angebaut wurden, blieb das Obst ein wichtiges Nahrungsmittel. Allerdings kannte man noch keine Sorten, die lange gelagert werden konnten, und so wurden Äpfel, aber auch Zwetschken und Kirschen, besonders aber Birnen »deert« – also gedörrt. Damit hatte man jetzt nicht nur das ganze Jahr etwas zu essen, sondern konnte sogar noch jene Zeiten überbrücken, in denen der Erntesegen nicht so reich ausgefallen war. Auch zum Brotbacken eigneten sich solche »Schnitz« und das bis heute besonders in der Weihnachtszeit beliebte »Birabrot« – auch »Birazealta« genannt – ist somit ein Kind dieser längst vergangenen Zeit. Aufbewahrt wurde das Dörrobst meist in einem eigenen »Schnitztrog«. So wie ein voller Wäscheschrank wurde dieser und vor allem sein Inhalt einem Besucher nicht ungern gezeigt. Dass die Göfner trotzdem nicht allzu üppig gelebt haben, scheint ein alter Spruch zu bestätigen. »*Schmal wi dr Gäfnr Gattr*«, habe man in Feldkirch gesagt und damit andeuten wollen, dass hier – wie anderswo natürlich ebenso –

oft Schmalhans Küchenmeister gewesen sei. Gelegentlich sei der Spruch auch gesagt worden, wenn jemand nach einer schweren Krankheit sehr abgemagert war.

Von »Biraschnitz« allein konnten die Göfner allerdings kaum derartige Leistungen vollbringen, wie sie vor nunmehr rund 170 Jahren der damalige Kreishauptmann Ebner erwähnt hat. Er schildert die damaligen Ortsbewohner als ein wahres Muster des Fleißes und der Ordnung. Sie würden nicht nur ihren eigenen großen Flurbezirk ausgezeichnet bewirtschaften, sondern auch den Feldkircher Ardetzenberg, das Hauptrebengelände der Gegend. Noch zur Nachtzeit brächen sie auf, um dort bei Tagesanbruch mit der Arbeit beginnen zu können. Wenn sie dann abends wieder heimkämen, gingen sie erst noch auf die eigenen Felder und Weingärten.

Bei ihren Arbeitseinsätzen hätten die Göfner sogar ihre Kinder mitgenommen, um diese in Gisingen bei der Kartoffelernte mitarbeiten zu lassen. So wäre man fast versucht anzunehmen, wenn man hört: *»Göfner Goba gond ge Gisiga ge gröane Grumpera graba«*, doch es handelt sich dabei wohl nur um einen Zungenbrecher.

Der so genannte »Göfnerkaffee« – offensichtlich eine Spezialität – ist bereits bei Altenstadt erwähnt worden. An dieser Stelle soll nur noch ein Spaßvogel zu Wort kommen, der vor vielen Jahren meinte, wenn dieser Kaffee dem amerikanischen und indischen noch nicht den Rang abgelaufen habe, so wohl deshalb, weil Göfis ein menschenarmer Ort sei, worauf schon der Name »leerer Hof«– gemeint war damit das Gasthaus »Lehrerhof« – hindeute. Inzwischen ist aus dem seinerzeitigen Wortwitz in einer Nummer der »Vorarlberger Landeszeitung« des Jahres 1893 leider Wirklichkeit geworden, denn seit dem Sommer des Jahres 2002 hat das landesweit bekannte Haus zum allgemeinen Bedauern seinen Betrieb eingestellt.

Gern wurden die Göfner in alten Zeiten auch als »Schnapfa« bezeichnet, jedenfalls von den Montafonern, schließlich wohnten sie ja im so genannten »Schnapfaland«. Erklärungen für die Bezeichnung gibt es gleich einige. Während im Allgemeinen ja eher von den Montafonern gesagt wurde, vor ihnen sei nichts sicher, drehten diese im Fall von Göfis den Spieß um und behaupteten, sie müssten ihre Haus- und Stalltüren nur zweimal im Jahr verriegeln, dann nämlich, wenn *d' Schnapfa z' Alp fahren und abfahren*, wenn die Göfner auf ihre Alpe im Jamtal fahren und wieder heimkehren würden. Während der ganzen übrigen Zeit könnten sie Tür und Tor sperrangelweit offen lassen. »*D' Schnapfa kond offer!*«, hieß es dann, und mit Schlagstöcken wohl ausgerüstet säumten die »Muntafuner« die schmale Gasse, durch die das *elendige Schnapfavech* getrieben wurde. Diese Sorgen brauchen sich die Montafoner schon seit langem nicht mehr zu machen, aber nicht etwa, weil die Göfner nicht mehr auf die »Schnapfenalpe« fahren, das tun sie nämlich auch heute noch, doch ab 1949 wurde das Vieh mit Viehtransportern von Göfis bis Partenen gebracht, wo dann erst der altgewohnte Alpauftrieb begann, und seit 1985 wird es sogar bis auf die Jamalpe (Galtür) zur »Schnapfentaija«, der Alphütte, gefahren.

Götzis

Lumpasämmler Kluppadorfer

Gleich vorweg: Der letzte Eisenbahn-Zug, der zu mitternächtlicher Stunde durchs Land fährt, ist hier nicht gemeint. Unter »Lumpa« wurden und werden nämlich Stoffresten, Hadern und dgl. verstanden. Not macht erfinderisch, das galt wohl auch bei diesem Übernamen, zu dem die Götzner da gekommen sind.

Schon vor weit mehr als hundert Jahren erwähnt der Historiker Hermann Sander die »Lumpasämmler«. Da wurden Altwaren aller Art gesammelt, vor allem eben Lumpen, aber auch Alteisen und Knochen. »Recycling« sagte man natürlich noch nicht dazu, aber es kam aufs Gleiche heraus. Während sich Lustenauer Firmen um den Norden des Landes kümmerten, zogen die »Lumpasämmler« des Götzner Unternehmens mit ihren Karren durch den südlichen Landesteil. Dabei waren sie keineswegs Bettler, sondern erbaten sich das Material gegen eine kleine Entschädigung in klingender Münze. Nach Farbe und Material sortiert und zu Ballen gepresst, wurden die Lumpen dann mit Ross und Wagen zum Bahnhof gebracht, in Waggons verladen und in die Schweiz und nach Deutschland verschickt.

Wahrscheinlich landete viel des Gesammelten in einer Papierfabrik. Die Knochen dagegen wurden nach Hörbranz gebracht, wo sie zu Knochenmehl, einem Düngemittel für die Landwirtschaft, gemahlen wurden. Später ging die Papierfabrikation andere Wege und das Sammeln der Hadern ernährte seinen Mann nicht mehr. Die Zunft der Lumpensammler ging ein.

Dafür entstand jedoch in jüngerer Zeit eine Zunft ganz anderer Art, jene nämlich, die mit ihrem Fasnatruf »*Lumpa, Lumpa!*« die Erinnerung an die große Zeit dieser Götzner Spezialität wachhält, und in der »Lumpasämmler-Hymne« heißt es:

»Isa, Knocha, Lumpa und Papier,
alli alta Sacha sammland mir ...«

Fast schaut es aus, als hätte der Götzner Mundartdichter August Berchtold mit den »Lumpa« noch etwas anderes gemeint, wenn bei ihm zu lesen ist:

Da Handel mit am alta Tand ischt numma koga bock,
z' vil Lumpa häat as eaz im Land, äs git am Züg da Klock!

Übrigens: Bei den ersten Umzügen in der Fasnat sei beim Ertönen des »Lumpa«-Rufs oftmals ein gewisses Erstaunen festzustellen gewesen, hat das Wort hierzulande ja noch eine ganz andere Bedeutung. Nicht bewiesen sind allerdings jene Berichte, wonach vor allem Politiker beim ersten Hören des Narrenrufs zurückgeschreckt seien. Ob manche von ihnen sich etwa an den alten Jasserspruch *»Lump ist Trumpf: Bürgermeister, würf du us!«* erinnerten?

Beim Namen »Kluppadorfer« wird einem gestandenen Vorarlberger wohl sofort die Bezeichnung »kluppig« für geizig, knauserig einfallen. Was so ein richtiger »Kluppsäckel« ist, der klemmt vor allem seine Geldtasche zu. Solche Zeitgenossen dürfte es hier natürlich wie überall gegeben haben, doch schließlich entpuppt sich der Übername ebenfalls als einer, auf den die Bewohner der Marktgemeinde mit einem gewissen Stolz zurückblicken können. Mit dem »klemmen« von vorhin sind wir nämlich auf der richtigen Spur. Es geht um – so seltsam es klingen mag – Wäscheklemmen oder -klammern! Auf so eine Idee musste man zuerst kommen, eine derart wichtige Kleinigkeit, wie es so eine »Kluppa« nun einmal war und ist, in derartiger Ausgefeiltheit – im buchstäblichen Sinn des Wortes – auf den Markt zu bringen! Die Götzner Kluppen müssen schon von besonderer Güte gewesen sein, sonst wäre die Ortschaft nicht zu diesem Namen gekommen.

Und noch etwas gab es hier, das es einstmals zu einer gewissen Bekanntheit gebracht hatte. Wenn nämlich beispielsweise in Lustenau von einer Frauensperson gesagt wurde: *»Luo, deini heät an Gätznar!«*, dann war das keineswegs ein Hinweis auf die Herkunft ihres männlichen Begleiters, sondern die Feststellung, sie trage einen jener falschen Zöpfe, wie es sie seinerzeit in Götzis zu kaufen gab, wo sie wohl hergestellt worden waren. Dass die Emser auch eine bestimmte Kartoffelsorte als »Gätzner« bezeichneten, soll nur noch der Vollständigkeit halber erwähnt werden.

Schließlich findet sich bei Hermann Sander in einer Veröffentlichung von 1888 noch eine Bezeichnung und der Historiker betont, diese stamme eher aus jüngerer Zeit: »Neubethlehemiten«. Damit seien die Bewohner des ärmeren Teils von Götzis gemeint, der sich gegen Mäder hin erstrecke. Es braucht wohl keine großen Bibelkenntnisse, um dahinter den Spott jener zu erkennen, die den Neuansiedlern am nordwestlichen Rand der Gemeinde vorwerfen wollten, gewissermaßen auf Herbergsuche zu sein.

Gut drei Kilometer östlich, in der Parzelle Götznerberg, stoßen wir ein weiteres Mal auf das »Lieblingstier«, wenn es um Übernamen gehen soll: den Stier. Dass auch die Bewohner da heroben sich mit dieser Titulierung anfreunden mussten – genau gesagt geht es um »Bergerstier« –, ist keine große Überraschung. Wahrscheinlich war es jedoch hier ebenfalls so wie andernorts: Man fand sich damit ab, schließlich war von einem Tier die Rede, das durchaus Respekt abnötigte.

So empfand und beschrieb es seinerzeit Altlandesrat Johann Josef Mittelberger: »Im Dorfe wurden wir Bergler von den Buben und auch hie und da von den Alten »Bergerstier« genannt, was wir je nach Lage als Schimpf oder als Anerkennung unserer Kraft empfanden.« Ein bisschen überrascht war er dann aber doch von dem, was er eines Tages als Bub zu hören bekam. Gerade war er mit seiner Familie vom Götznerberg ins Dorf hinunter übersiedelt, als ihn ein Nachbar dort seiner Frau mit den Worten vorstellte: *»Do kunt a Bergerstierle.«*

Wie gut es die Götzner unten im Dorf im Übrigen mit den Bergbewohnern meinten, zeigte sich daran, wenn sie »beteten«:

»Healf üs Gott alla,
hilf deana uf-am Spalla ...«

Womit wir auch noch die Bewohner der hoch gelegenen Streusiedlung Meschach besuchen wollen, die »Tannzapfa-Natscher«.

»Meschach, dessen Bewohner, man möchte sagen, wie Turteltauben in einer Felsspalte hausen, nur wenigen Augen sichtbar ...«. So beginnt der bekannte Ortsnamenforscher P. Isidor Hopfner aus Buch seine Beschreibung der Götzner Bergparzelle. Die Nachbarn brachten bei ihrem Spott einen anderen Vogel ins Spiel: den »Tannzapfa-Natscher«, also den Fichtenkreuzschnabel.

Man muss es einmal gesehen haben, mit welchem Eifer dieser gefiederte Bursche einen solchen Tannzapfen bearbeitet. Immer wieder pickt er auf dessen Schuppen los, um an die darunter liegenden Samen zu kommen. Der Übername soll aber nicht etwa heißen, die Meschacher hätten Ähnliches versucht, um ihren Nahrungsbedarf zu decken, doch dass sich auch bei ihnen früher alles ums tägliche Brot gedreht hat, ist eine Tatsache. Dennoch ist es gut möglich, dass dieser Übername längst vergessen ist und für manche hier heroben überraschend klingt.

Trotz vieler Tannen dürfte Meschach seinen Namen der Esche verdanken und in alten Urkunden kommt dies in der Bezeichnung »Im Äschach« noch deutlich zum Ausdruck. Tatsächlich wurde von hier in früherer Zeit bevorzugt Eschenholz bezogen. Der vorhin erwähnte Jesuitenpater wollte diese Namenserklärung nicht unbedingt bestätigen. Seiner Meinung nach hatte das Ganze eher mit dem keltischen isca (Wasser, Bach), also wohl mit dem vorbeifließenden Emmebach zu tun. Wie dem auch sein mag, mit Sicherheit kann ausgeschlossen werden, dass der Name aus dem Alten Testament stammt, auch wenn dort ausdrücklich von einem »Meschach« berichtet wird. Es handelt sich dabei allerdings nicht um eine Ortsbezeichnung, sondern um einen jener drei Jünglinge im Feuerofen, von denen im Buch Daniel im dritten Kapitel berichtet wird.

Das vorhin erwähnte »Gebet« hat übrigens noch eine Fortsetzung. Die Götzner unten im Tal vergaßen nämlich auch die Bergbewohner der näheren Umgebung und schließlich sich selbst nicht, und deshalb hieß es in einer weiteren Bitte:

»... und deana uf-am Gsohl
und z'letscht allna z'mol!«

Ob es jene vom Gsohl – bekanntlich ein emsisches Gebiet – waren, die an der Aufrichtigkeit der »Betenden« zweifelten und im Gegenzug für die »Gätzner« folgendes Sprüchlein parat hatten?

Gätzner, Gätzner, hinderem Hag,
rißen am Tüfel 's Schwänzle ab.

Es könnten natürlich auch »Kobler« gewesen sein, die sagten und sagen nämlich ebenfalls nach wie vor beharrlich »Gätzner«, ein Wort, das den heutigen Götznern nicht mehr so oft über die Lippen kommt. Wobei natürlich schon noch zu bemerken ist, dass die lieben Nachbarn eigentlich richtig liegen, heißt es doch auch beim bereits erwähnten Götzner Mundartdichter August Berchtold: *»Miar Gätzner sind os goatam Holz und stellen üsera Ma ...*, gar nicht zu reden von den uralten Ortsbezeichnungen »Chezins« und »Gezins«.

Ob »Götzner« oder »Gätzner«, auf jeden Fall keine »Götziser«!

Hard

Mufängar Groppa Kapealloschaltar

Da kamen einst ein paar Spätheimkehrer beim Schein der »Lumpenlaterne« – eine der vielen spaßhaften Bezeichnungen des Erdtrabanten – an einem mit Wasser gefüllten »Stindele« vorbei und entdeckten darin den Widerschein des Vollmonds. Gleich darauf war der Entschluss gefasst, mit dem Spiegelbild auch den Mond selbst zu fangen. Einer langte nach dem Deckel des Wasserzubers, stülpte ihn blitzschnell darüber und schon rief er triumphierend: *»Mir hind do Mu!«* Der Fang war geglückt und gleichzeitig waren die Harder zu ihrem Übernamen »Mufängar« gekommen. Es mag für sie ein kleiner Trost sein – oder ist es etwa eher eine Enttäuschung? – dass sie mit diesem Spitznamen nicht allein dastehen, wurden doch die Bewohner etlicher Dörfer im deutschen Sprachraum, aber auch in Italien und Frankreich damit belegt, um so ihre vermutete Schildbürgergesinnung anzuprangern. Besonders bekannt ist wohl die Narrenzunft »Mondfänger« vom Untersee. Gut möglich, dass die Sache sogar mit dem berühmten Hodscha Nasreddin, dem »türkischen Eulenspiegel«, zu tun hat. Der habe nämlich auch einmal in einem Brunnen das Spiegelbild des Mondes erblickt. Weil er der Meinung gewesen sei, dieser sei ins Wasser gefallen, habe er ihn mit einem Haken herauszuholen versucht.

Bei unserer Bodenseegemeinde hat die ganze Geschichte vielleicht gar nicht so wenig mit einer Eigenart ihrer Mundart zu tun. Da heißt der Mond eben »Mu«, Ähnliches galt und gilt für »gu« – gehen, »stu« – stehen, »lu« – lassen usw. Nicht von ungefähr hieß es ja auch in einem früher gern verwendeten Auszählreim: *»Ene, bene du – und du kast gu!«*

Den Hardern selbst war der Schildbürgerstreich ihrer Vorfahren offensichtlich nicht unsympathisch; Eugen Stadelmann hat in seinem Gedicht »D' Mufängar« das Geschehen humorvoll geschildert; und in einem eigenen »Mufängarfasnatlied« heißt es nach jeder Strophe:

»Hi-ha-ho und ho-ha-hi und hi-ha-ho und ho-ha-hi,
mir Hardar sind halt Mufängar, des sind mir all scho gsi!«

Wer trotz all der Beteuerungen noch Zweifel am tatsächlichen Mond-Fang hat, lässt sich vielleicht durch eine weitere Aktion der Harder überzeugen. Dass sie nämlich imstande waren, sogar Unmögliches fertig zu bringen, zeigt sich in folgendem alten Spruch:

Fürjo, der See brinnt, d' Schwizer hind-o azündt,
Harder hind-o glöscht mit siebatoused Frösch.

Als Marktgemeinde hat man ja wohl Anrecht auf weitere Namen. Sie scheinen indes nicht mehr allzu bekannt zu sein. Immerhin findet sich jedoch im »Vorarlbergischen Wörterbuch« mit »Groppa« ein weiterer glaubhafter Übername. Da schwammen im nahen See »Kretzar«, »Blaufelcho«, »Zandr«, »Rotfeadrle«, »Schleia«, »Spieglkarpfa«, »Hecht« usw., und dann musste man sich »Groppa« nennen lassen, nach einem nicht viel mehr als fingerlangen Fischlein, hinter dem höchstens die Buben in einem Bächlein her waren, wenn sie *undr-o Stöana groppat hind.* Auch hier gilt, was bereits bei den Fußacher »Groppar« erwähnt worden ist, der kleine Kerl ist zum »Fisch des Jahres 2006« gekürt worden; somit schaut die Sache denn doch etwas anders aus!

Schließlich findet sich bei Eugen Stadelmann noch ein Gedicht, in dem es um die einstigen *»Hardar Kapealloschaltar«*, also um Kapellenschieber, geht. Das Ganze hat aber wohl weniger mit der Vorgängerin der heutigen Pfarrkirche St. Sebastian, als viel mehr mit einem weiteren Schildbürgerstreich zu tun, wie er vor allem auch oft in Walsergebieten berichtet wurde.

Einst – so erzählt die Geschichte – stand die Kapelle von Hard nahe am Seeufer. Deshalb wollten die stärksten Männer sie ein Stück weit verschieben. Um den zukünftigen Standplatz zu markieren, legte einer von ihnen seinen *Schopo und drzuo sin Huot* an jener Stelle auf den Boden, wo die Kapelle nachher ihren Platz haben sollte. Dann schoben alle mit vereinten Kräften. Als sie bald darauf verschnaufen mussten, stellten sie fest, dass sie die Kapelle offensichtlich schon über den »Schopo« geschoben hatten, da dieser nicht mehr zu sehen war. Stolz gingen sie nach Hause und erzählten von ihrem Kraftakt. Am nächsten Sonntag war die Enttäuschung der ersten Frühmessbesucher allerdings groß, stand die Kapelle doch nach wie vor an ihrem alten Platz. Bald darauf erfuhren die »Kapealloschaltar« auch, *ma hei in Böscho gfundo an Schopo und an Huot.*

Wie sie dort hingekommen waren? *A ganz schlaus Hardar Büoble* hatte sie während der Schieberei gesehen, weggenommen und versteckt.

Hittisau

Das Gebiet der fünf Gemeinden, die um den Rotenberg liegen, also im Gebiet zwischen der Subersach und der Weißach, überrascht durch fehlende Orts-Übernamen. Lag es etwa an den Menschen hier im Vorderwald? Wohl kaum, der gebürtige Hittisauer Joseph Ritter von Bergmann jedenfalls bezeichnete diese in einem Vergleich mit den Innerwäldern als »offener, lauter, redseliger und barscher« als jene. Eigentlich wären das ja wohl die besten Voraussetzungen für etliche ordentliche Übernamen gewesen!

Eine Erklärung fürs Fehlen derartiger Namen ist wahrscheinlich die Tatsache, dass wir es hier, bedingt durch die Vereinödung der Höfe in den letzten Jahrzehnten des 18. Jahrhunderts, größtenteils mit Ortschaften zu tun haben, die als Streusiedlungen bezeichnet werden können. Nicht nur die Dorfmittelpunkte liegen meist weit voneinander entfernt, sondern auch die einzelnen Bauernhöfe. Nur in der Ortsmitte bei der Kirche stehen die Häuser in der Regel dichter beisammen. Ein Zusammenkommen an den Abenden war früher also fast nur im kleinen Kreis möglich. Solche Treffen aber, natürlich auch mit den auswärtigen Nachbarn, waren eben geradezu eine Grundvoraussetzung für gegenseitiges Necken und fürs Entstehen spöttischer Namen. Der Volkskundler Artur Schwarz, der zu seiner Zeit wohl beste Kenner derartiger Bezeichnungen, weiß von dieser Gegend nur wenig an Ortsübernamen zu berichten, doch der Verdacht, der erfahrene Sammler – er ist selbst Vorderwälder – habe möglicherweise seine eigene Umgebung eher schonen wollen, ist unbegründet.

Den Hittisauern wird es wohl schon des Öfteren passiert sein, dass sie jemand augenzwinkernd gefragt hat, ob ihre Ortschaft vielleicht etwas mit einer Sau zu tun habe. Dabei haben sie es Fremden wahrscheinlich schon oft und oft erklärt, der Name rühre von einem gewissen »Hittin« her, der hier eben seine Au hatte; schließlich heiße der Ort ja schon in einer alten Urkunde aus dem 13. Jahrhundert »Hittinsowe«.

Nichts ist es also mit dem Borstenvieh, das so gut in einen Übernamen umzumünzen gewesen wäre. Obwohl: Kreishauptmann Ebner scheinen bei seiner Reise durch das Landgericht Bregenzerwald im Jahre 1834 in dieser Hinsicht allerlei Gedanken durch den Kopf gegangen zu sein. Nach einem vernichtenden Urteil über die damalige Verbindung von Sibratsgfäll nach Hittisau macht er seinem Ärger Luft und spricht von einer Strecke dieser Straße, die den ominösen Namen »Sausteig« führe. Den verdiene sie auch im buchstäblichen Sinne des Wortes, sollten seiner Meinung nach doch nur »gern im Kot und Schlamm watende Tiere einen solch miserablen Weg betreten«.

Zu guter Letzt statt eines Spottes noch ein Lob, und zwar aus bekanntem, vor allem aber berufenem Mund: Man wolle gelegentlich den Leuten des inneren Waldes mehrere gute Eigenschaften zuschreiben, die jene des äußeren Waldes nicht besäßen, schreibt der Reiseschriftsteller Ludwig Steub einmal. Doch dann erwähnt er seinen Freund, den bereits eingangs zitierten Joseph Ritter von Bergmann, der für die Sachen seiner Heimat eine tüchtige Autorität sei und das moralische Übergewicht auf die Schale der Außerwälder lege.

Höchst

Bosser
Dächler
Wißasterer
Mostbüch
Pfluttafreasser
Rungglasüder

Da meint man anfangs, es mit einer Gemeinde zu tun zu haben, bei der man sich schwer tun wird, einen Übernamen ausfindig zu machen, und dann gibt es schließlich gleich deren sechs. Bereits der Volkskundler Artur Schwarz kann mit zwei Bezeichnungen aufwarten, doch inzwischen ist schon ein halbes Jahrhundert vergangen und auf den Gesichtern der heutigen Höchster zeigen sich beim Hören dieser beiden Spottnamen kaum Unmutsfalten. Es hat ganz den Anschein, als würden sie die beiden Begriffe zum ersten Mal hören.

»Bosser« nenne man sie? So heißt es dann meistens erstaunt. Was denn damit gemeint sei? Die Frage lässt sich zwar beantworten, doch viel klüger ist man anschließend nicht. Unter Bosser verstand man derbe Lederschuhe, also eine Fußbekleidung, die in früheren Zeiten allerdings sicher nicht nur in dieser Ortschaft am Alten Rhein oft getragen worden war. Oder kamen die Höchster etwa immer »z' Boß«, kamen also stets zurecht, auch wenn es einmal schwieriger wurde?

Ebenfalls eher rätselhaft bleibt der Hinweis, sie seien auch als »Dächler« bezeichnet worden. Waren sie einst in besonders großer Zahl als Regenschirmflicker tätig?

Der nächste Name »Wißasterer« lässt sich nicht so leicht erklären. Der erste Verdacht, es gehe dabei um die Vorliebe der Höchster, auf ihre Apfelbäume einzelne Äste der Sorte »Weißer

Klarapfel« aufzupfropfen, hat einiges für sich, schließlich ist die gerade erwähnte Sorte ein guter Pollenspender, und das wussten die Höchster ganz offensichtlich. Eine andere Möglichkeit ist, dass mit diesem Namen eine andere Sorte gemeint ist: der »Weiße Astrachan«, ebenfalls ein weißer, etwas gestreifter, saftiger Frühapfel, der bei uns aber offensichtlich schon längst nicht mehr anzutreffen ist. Umso sicherer jedoch ist es, dass hier das Obst ungemein gut gedeiht. Das stellte in den Dreißigerjahren des 19. Jahrhunderts auch der damalige Kreishauptmann Ebner fest, besonders an jenen Plätzen, die der Rhein vor Zeiten überschwemmt habe, dessen Schlamm sei den Obstbäumen nämlich sehr bekömmlich. Sehr bekömmlich war den Höchstern dann schließlich auch der Most, was den Nachbarn offensichtlich nicht verborgen blieb; diese ließen dann jedenfalls ein lautes »Mostbüch« ertönen. Ob sie damit etwa vor allem jene Fischer meinten, von denen meistens jeder eine so genannte »Bulge« bei sich hatte und diese Flasche aus Steingut – samt Inhalt natürlich – tief ins Wasser des Sees hinunterließ, um den Most gut zu kühlen?

Ähnliche Verwechslungen wie bei den »Wißasterern« hätte es auch gut bei der Bezeichnung »Pfluttafreasser« geben können. Der gelernte Vorarlberger wird beim Ausdruck »Pflutta« vielleicht an das denken, was das »Vorarlbergische Wörterbuch« als »dickes, faules Weib« bezeichnet, doch diese Deutung muss hier wohl außer Betracht bleiben, schließlich soll es beim ganzen Übernamen ja ums »Fressen« gehen! Da passt wohl eher ein Käsefladen oder das, was hier in Höchst und Umgebung auch noch damit gemeint war: ein breiartiger, nicht ganz ausgebratener Türggen-Schmarren.

Offensichtlich gediehen hier im Rheindelta auch die Runkelrüben, also die »Runggla«, wie man sie meist nannte, nicht schlecht. Womit wir schließlich noch beim letzten Übernamen der Höchster angekommen sind, bei den »Rungglasüdern«.

Eine große Ernte bedeutete immer auch viel Arbeit, erst recht anstrengend aber war die Verarbeitung der großen Futterrüben. Das wird es also wohl gewesen sein, vor dem das »Mädle« in einem bekannten alten Lied verschont bleiben möchte.

Als ihm die Mutter nämlich gerade einen »Höchster-Buob« als Zukünftigen vorschlagen will, winkt es energisch ab und meint:

»Na, Muetter, na! Höchster Buobe man-i nit
und Runggla süde kan-i nit, na, Muetter, na!«

Besonders gern wurde das Lied in Lustenau gesungen. Deren Nachbarn im Norden, die Fußacher, sangen das Lied vielleicht auch, außerdem konnten sie noch mit einem Spruch aufwarten:

»Gond no dure, ihr Höchster, übara Gröschter, od'r ma tuet ene dure!«

Was mit dem »Gröschter« gemeint war? Die Fußacher und vor allem die Höchster wissen es, und das genügt ja wohl! Letztere antworteten dann vielleicht: *»Kumm, blos mr grad da Hobel us!«*

Stuaböck
Högga
Streui-Steahler

Wenn früher ein paar Emsern ein »Stuaböck« entgegenschallte, konnten sie wohl schon aus dem entsprechenden Tonfall entnehmen, wie die Sache zu verstehen war. Möglicherweise hörten sie solche Zurufe aber nicht einmal so ungern, ja vielleicht geradezu mit einem gewissen Stolz, erinnerte das Tier doch deutlich an die große Vergangenheit unter den Edlen von Ems. Schließlich zeigte ja bereits deren älteres Wappen einen Steinbock, wenn auch nur seinen Kopf und nur in silberner Farbe. Ein halbes Tier im Wappen soll auf uneheliche Abstammung hindeuten, aber wer wusste schon um derartige heraldische Feinheiten. Außerdem war ja dann bald darauf das ganze Tier und noch dazu in Gold zu sehen. In der Beschreibung des heutigen Wappens ist sogar von einem »aufgerichteten, goldenen, schwarz gewaffneten und rot bezungten Steinbock« die Rede. Dass dabei ausdrücklich ein »rot bezungtes« Exemplar dieser Art erwähnt wird, hat natürlich nichts mit dem Folgenden zu tun, fügt sich aber gut ins Thema ein.

Eigentlich hätten die Emser mit ihrem Übernamen ganz zufrieden sein können, was hatten da die anderen rundherum schon dagegenzuhalten: die Götzner »Lumpasämmler«, die Mäderer »Hutzla«, die Altacher »Läattabüch«, die Dornbirner »Süoßlar« usw. Natürlich waren sie schlau genug zu wissen, dass die lieben Nachbarn nicht die Absicht hatten, ihre glorreiche Vergangenheit zu bewundern oder gar zu loben. Wann jemals war Derartiges der Zweck der meist lautstark geäußerten Übernamen! Eher ging es den Rufenden wohl darum, damit den Charakterzug der Hartnäckigkeit, den man den Böcken – und damit den Emsern – nachsagte, zu verdeutlichen. Ob zwischen solchen Zurufen gelegentlich auch eine Zunge herausgestreckt wurde? Bei jener Altersklasse, von der Josef Gasser im Jahre 1930 schreibt, wahrscheinlich schon. Der gebürtige Emser und langjährige Professor an der Bundesrealschule in Dornbirn hat seine Jugend in Altach verbracht und schreibt einmal über seine Bubenzeit und die Erfahrungen mit den Nachbarn der Umgebung. Mit den Emsern seien sie eigentlich am besten ausgekommen, erinnert er sich, gelegentlich habe ihm das ungeschlachte, derbe Wesen mancher von ihnen aber schon missfallen. Es habe sich gern in polternden Straßenszenen Luft gemacht, und sie, die Altacher, hätten sie dann dafür eben als »Emser Högga« gebrandmarkt. Damit sei die Mehrzahl von Haken gemeint und der Name habe das »Widerhaarige, Borstige, Ungeschliffene und Unkultivierte« ausdrücken sollen. »Ein allgemein üblicher Spitzname war damit aber nicht gegeben; er war nicht so ernst gemeint, und die Hohenemser waren uns in ihrer Mehrheit liebe Freunde«, beschließt er das Thema.

In einem früher gern und oft gesungenen Lied, in dem eine Mutter ihre heiratsfähige Tochter nach deren Interesse an den Burschen der umliegenden Ortschaften befragt, kommt die Rede gleich in der ersten Strophe auf die Emser. Prompt meint das Mädchen darauf: *»Na, Muetter, na! Emser Buoba man-i nit und Streui steahla kan-i nit, na, Muetter, na!«* Womit wir bei einem Übernamen sind, der vielleicht auch für manche Emser überraschend klingen mag: »Streui-Steahler«. Es geht offensichtlich ums grobe Riedgras, das da den Nachbarn weggeschnappt worden sein sollte.

Und welche Nachbarn behaupteten Derartiges?

Natürlich jene, die das Lied besonders gern sangen: die Lustenauer! Dabei hatte Hermann Sander, ein großer Kenner der Landesgeschichte, einmal ausgerechnet von den »Nuschlauern« erwähnt, man schreibe ihnen »diebisches Wesen« zu und nenne sie »Rieddiebe«. Zum Glück hatte man für solche Beschuldigungen stets die passende Antwort, hieß es doch seit jeher: *»Embs ischt üsa und Luschtnou da Müsa!«*

Hohenweiler

Kellhöfler

»Damit sollen wir gemeint sein?« So mögen sich jetzt manche »Hohwilar« fragen. Leider schaut es im Leiblachtal mit Übernamen eher mager aus und beinahe hätte Hohenweiler leer ausgehen müssen. Schließlich ist es doch noch gelungen, einen Übernamen ausfindig zu machen, die Erwartungen aber, die man bei einem solchen naturgemäß hat, erfüllt er kaum. Vor allem bleibt die Frage nach dem Spott offen. Darunter versteht man bekanntlich einen mehr oder weniger empfindlich treffenden Scherz. Dass die Bewohner von Hohenweiler sich einst durch den Namen »Kellhöfler« geärgert gefühlt haben, darf nämlich bezweifelt werden.

Natürlich denkt man dabei an einen Kellhof und ein großer Hof befand sich hier tatsächlich bereits im 13. Jahrhundert. Er gehörte dem bekannten Kloster St. Gallen, dem der ganze Ort untertan war. Das Benediktinerkloster hatte in diesem Gebiet schon im Jahre 802 von einem gewissen Dingmund und seinem Bruder Ratmund Grundbesitz geschenkt bekommen. Die Urkunde darüber befindet sich noch heute im Klosterarchiv und gilt als die älteste von ganz Österreich (!).

Der Verwalter des Hofes war der so genannte Maier, der seine Arbeit später dem »Keller« überließ. Der hatte sich nicht nur um die wirtschaftlichen Fragen zu kümmern, sondern besaß auch die niedere Gerichtsbarkeit. Als später in der Umgebung durch Teilungen weitere Höfe, meist Pachtgüter, dazukamen und allmählich ein ganzer Weiler entstand, war dieser »Keller« stets das Oberhaupt der Gemeinde. Und was für eins! Als solches wäre er nämlich gleichzeitig auch Müller und Bader gewesen, doch diese Tätigkeiten gab er meistens an andere ab. Ursprünglich war er auch Wirt in der einzigen Taverne des Ortes. Vor allem aber hatte er bestimmte Gerätschaften auf seinem Hof bereitzuhalten und sie den anderen Dorfgenossen zur Verfügung zu stellen, dazu gehörten ein Pflug und ein Wagen. Auch einen Eber und ein Mutterschwein, einen Hengst und einen Stier hatte er zu halten. Die letzten beiden durften dafür in der ganzen Gemeinde frei herumlaufen und natürlich auch weiden. Sah dann einer der Bauern, dass sie sich ausgerechnet sein Getreidefeld oder seine Wiese ausgesucht hatten, um ihren Hunger zu stillen, hatte er allerdings das Recht, sie von seinem Grundstück zu weisen; vorsichtig, nur mit einer Rute! Dass sie dabei aufs Grundstück des Nachbarn gerieten, war fast unvermeidlich. Sollte der eben besser aufpassen!

Natürlich wollte das Kloster St. Gallen etwas von seinem Besitz haben. So ist in den entsprechenden Aufzeichnungen aus dem 15. Jahrhundert unter anderem von fünfzehn Malter Haber die Rede.

Fast schon musste die Hoffnung, für die nördlichste Gemeinde unseres Landes doch noch eine entsprechende Bezeichnung in Erfahrung zu bringen, aufgegeben werden, da fand sich in einer inzwischen bereits 80 Jahre alten Liste ein entsprechender Name. »Nuikrizar« hieß es da, leider ohne jeden weiteren Vermerk. Aus der Gemeinde selbst kam dazu indes kein Echo und auch die Nachfrage in der unmittelbaren Umgebung – auch jenseits der Leiblach – brachte keine Erklärung dafür. Das »nui« als »nein« könnte nämlich ohne weiteres auf die Nachbarschaft im Allgäu hindeuten, und wenn das »krizar« an jene Zeiten erinnert, in welcher der Gulden zuerst sechzig und später hundert Kreuzer hatte, wären »d' Hohwilar« somit eben als nicht gerade mit viel Bargeld Gesegnete bezeichnet worden.

Oder sollte das Wörtchen »nui« etwa »neu« bedeuten? War mit dem »Krizar« nicht Geld, sondern ein Kreuz gemeint? Von einem »neuen Kreuz« und von jenen, die sich unter ihm zusammengeschart hatten, konnte man hier tatsächlich einstmals sprechen. Erst im Jahre 1481 war »Hohenwilari« eine eigene Pfarrei geworden, vorher war es stets eine Filiale der Pfarre Sigmarszell gewesen.

Hörbranz

Hörbranzer – Dreckpflanzer Roßbader

Über den zweiten Teil des Spottrufs brauchen nicht viele Worte verloren zu werden, zu gut reimt sich -pflanzer auf -branzer. Dabei hapert es allerdings ein wenig, denn »pflanzen« war eigentlich ein Ausdruck, den man früher kaum zu hören bekam, sprach man doch meistens von säen, stecken oder setzen. Erst recht nicht konnte das Wort in der eher neueren Bedeutung »jemanden ärgern« gemeint sein. Die Hörbranzer brauchten sich also eigentlich kaum »gepflanzt« zu fühlen, wenn ihnen das bescheidene Reimchen zu Ohren kam.

Doch da war ja noch die Sache mit dem »Dreck«. Aber auch hier konnten sie wohl zu Recht einwenden, das Ganze sei ja gar kein Spott, denn worin hätte man denn anpflanzen sollen wenn nicht im Dreck! Andererseits wussten sie aber sicher gut genug, dass es sich bei diesem Wort um einen Begriff mit mancherlei Bedeutungen handelt und dass mit dem Spottnamen wohl kaum harmlose gärtnerische Tätigkeiten aufs Korn genommen werden sollten. Was genau damit gemeint war, lässt sich nicht so ohne weiteres sagen, schließlich drückten sich die Nachbarn als Urheber der Spöttelei hier nicht deutlich genug aus. Dass es sich aber um etwas Unsauberes handeln musste, war dagegen von Anfang an klar. Die Hörbranzer taten das einzig Richtige: Sie achteten nicht weiter auf den Spottruf und kümmerten sich sozusagen einen Dreck um ihn.

Bei einem weiteren Übernamen war das Echo bei den Befragten nicht allzu groß. »Roßbader« sollten sie sein? Vorweg muss allerdings gesagt werden, dass damit nur die Bewohner rund um Bad Diezlings, also jene im Norden der Gemeinde unweit der Grenze, gemeint waren. Bei diesem Namen handelt es sich offensichtlich um eine Übertragung, bei alten Badeorten kommt er nämlich in unserem Land gleich einige Male vor. Ob auch hier einst ein Pferd als erster, eher zufälliger »Badbenützer« Auslöser des späteren Besucherstromes war? So habe es sich nämlich einst in Krumbach abgespielt. Dort soll einmal ein Reiter, der sich auf der Jagd verletzt hatte, auf Anraten der Einheimischen eine heilkräftige Quelle aufgesucht haben, die man »Roßbad« nannte. Er war zwar kein Hörbranzer, immerhin aber ein Mann aus nächster Nähe, handelte es sich bei ihm doch um Walter von Raitnau. Die Geschichte des Diezlinger Bades mit seinem Eisenwasser reicht bis ins Jahr 1631 zurück, die Sache mit dem Raitnauer Freiherrn soll sich um 1640 ereignet haben. Wieder daheim, wird er sicher von der überraschend schnellen Heilung seiner Wunde im Vorderwälder Rossbad erzählt haben. Ende des erwähnten Jahrhunderts war das Mineralbad vorübergehend sogar einmal für kurze Zeit im Besitz eines Rosshändlers.

Einmal bei den Pferden, müssen natürlich auch noch die heutigen »Hörbranzer Raubritter« erwähnt werden, die sich jährlich – wenigstens für ein paar Wochen – mit einem überzeugten »*Ruggi, Ruggi, Hoooh!*« in die Dienste des »Rechbergers«, des seinerzeitigen Raubritters auf der nahen Ruggburg, begeben.

Ob noch viele Bewohner der Parzelle Leiblach mit ihrem einstigen Übernamen »Götzentempler« etwas anzufangen wissen? Es ging dabei von Anfang an um ein Missverständnis, denn das alte Haus in der Nähe der Maria-Hilf-Kapelle verdiente die Bezeichnung »Götzentempel« keineswegs. Offensichtlich hatten ihm sein respektables Alter, seine dicken Grundmauern und die schießschartenähnlichen Fensteröffnungen den Namen eingebracht.

Innerbraz

Horne
Stiara

Vorausgeschickt werden muss, dass es zwar eine politische Gemeinde Innerbraz gibt, mit den beiden Übernamen aber sicher auch die Bewohner von Außerbraz, das ja zum Gemeindebezirk Bludenz gehört, gemeint waren. Am besten wird es also sein, wir halten uns im Folgenden an den gemeinsamen Begriff Braz, wie er durch die kirchliche Einteilung üblich ist.

»Horne« sei eine Bezeichnung für einen rauen, draufgängerischen Mann, heißt es im »Vorarlbergischen Wörterbuch«; ein Großteil der männlichen Ortsbewohner wird es wohl geradezu mit einem gewissen Stolz zur Kenntnis genommen haben, wenn ihnen dieser Übername an den starken Kopf geworfen worden ist.

Hörner gehören natürlich zum Stier, sie sind im wahrsten Sinn des Wortes das hervorstechende Merkmal eines solchen Tieres, die Brazer werden sich also wahrscheinlich auch mit dem Namen »Stiara« durchaus angefreundet haben.

Selbst dann, wenn man in diesem Zusammenhang gelegentlich von bockbeinigen Zeitgenossen sprach, mit denen nicht gut Kirschen essen sei, war doch immer eine gewisse Anerkennung herauszuhören. Auch der Verdacht, sie seien deshalb zu ihrem Übernamen gekommen, weil sie gar so laut brüllten, klingt nicht besonders abwertend, schließlich gab und gibt es da ja in der Nähe Geräusche, die man gelegentlich übertönen musste, das Tosen des Mason-Wasserfalls zum Beispiel. Geradezu erfreut aber mögen die Ortsbewohner davon gehört haben, was im oben erwähnten Wörterbuch auch noch zu lesen ist, nämlich, dass mit dem Begriff »Stiara« möglicherweise stark erotisch veranlagte Männer gemeint seien.

Nach so vielen Komplimenten werden die Brazer wohl einen Hinweis auf ein Gedicht des Lustenauers Hannes Grabher vertragen, der einmal gemeint hat:

As git a g'wießi Sorto Lüt,
si sind a Ploog fürs Läobo ...
Und diesen solle jetzt der Herrgott, wie man höre ...
... zwo krummi Hörnli wagso lo,
zur Stroof för ewig Zitta.

Dass es von Stieren dieser Art noch mehr gab und gibt – auch die Bewohner von Bartholomäberg, Nenzing, Raggal und Warth u. a. schmücken sich mit dieser Bezeichnung –, mag nach dem Gedicht wieder einen gewissen Trost bedeuten. Der Volkskundler Hermann Sander erwähnt in den Achtzigerjahren des vorletzten Jahrhunderts sogar einmal: »Diß leztere Prädicat (Stiere) wird ser vilen Gemeinden angehängt, villeicht dem dritten Teile aller vorarlbergischen Ortschaften.« Es scheint also einst von dieser Sorte wesentlich mehr als heute gegeben zu haben, und man konnte es wahrscheinlich schon aus diesem Grund leicht verkraften, wenn einer der Nachbarn mit einem *»I schlach dr grad a Horn ab!«* drohte.

Und was sagen heutige Brazer zu ihrem Übernamen?

Sie bekennen sich dazu, jedenfalls in der Fasnat, das beweist der kraftvolle Ruf *»Stierle, Stierle, hoch!«* ihrer Funkenzunft. Nicht unerwähnt bleiben soll natürlich auch die Tatsache, dass sie neben der nördlich gelegenen Gamsfreiheit auch mit dem Kalkfelsen des Stierkopfs aufwarten können. Mit den Dafinser »Stiermelkern« verwechselt zu werden, befürchtete man zwar nicht, doch den anderen Trägern des Namens wollte man nicht zu nahe kommen. Um die Brazer Sorte von jener in Nenzing auf Abstand zu halten, sei deshalb dazwischen – sozusagen als Sperre – Bludenz gebaut worden.

Einmal bei solchen Vergleichen mit anderen Hörner-Trägern dieser Art soll auch noch erwähnt werden, was diesbezüglich in einer alten »Sprüche-Sammlung« zu finden war:

Wenn man einen Raggaler (Stier) auf einen Nenzinger zweit (veredelt), so gibt's einen Brazer (Stier).

Kennelbach

Käsknöpflar

Und das soll ein Spottname sein! Wo es doch um jenes Essen geht, das bei den fleischlosen Gerichten unseres Landes an erster Stelle steht!

Nach altem Rezept ließ man dabei einen Teig aus Weißmehl, mit Ei und Milch angerührt, in kochendes Wasser tropfen, wobei ein eigenes Gerät, der so genannte Knöpfler, verwendet wurde. Das war ein runder Blechtopf, dessen Boden etwa sechs Millimeter große Löcher aufwies. Er stand auf etwa zehn Zentimeter hohen Füßen im kochenden Wasser eines größeren Topfes. Man füllte ihn mit dem Teig und drückte diesen mit einer Holzkelle durch die Löchlein ins heiße Wasser. Der heute meist verwendete Knöpflehobel tauchte erst um die Mitte des letzten Jahrhunderts auf. Die Teigklümpchen gingen dann im Wasser auf, wurden mit einer Knöpflekella herausgefischt, kamen auf einen Teller und wurden – schließlich sollten es ja Käsknöpfle werden – mit geriebenem Käse bestreut.

An dieser Stelle ist eine wichtige Bemerkung angebracht. Zwischen dem Unter- und dem Oberland gab es etwa auf der Höhe des Kummenbergs eine wichtige Grenze, den so genannten »Sauerkäs-Äquator«; Götzis, Altach und Mäder gehörten diesbezüglich noch zum Oberland. »Während man die Käsknöpfle in den südlichen Breiten mit Sauerkäse zubereitet, plagt man sich nördlich davon mit den langen Fäden des Fettkäses ab.« Das ist die Aussage eines Oberländers, und fast bekommt man den Eindruck, es schwinge dabei ein wenig Spott auf die fadenreiche Variante der Unterländer mit.

Ob fetter oder saurer Käse, »mit heißem Fett und gerösteten Zwiebeln überschüttet, können solche Knöpfle einem Vorarlberger genau so gefährlich werden wie dem biblischen Esau weiland das

Linsengericht«, bringt es der Volkskundler Karl Ilg auf den Punkt. Dieser gerade erwähnte Esau hatte seinerzeit – hungrig wie er war – immerhin etwas sehr Entscheidendes um ein Linsengericht an seinen jüngeren Zwillingsbruder Jakob abgegeben: sein Erstgeburtsrecht, was in damaligen Zeiten etwas enorm Wichtiges war.

Zurück zu den Knöpfle! Dass bei deren Zubereitung vor allem mit dem Fett nicht gespart werden soll, belegt die verbreitete Redewendung *»Knöpfle müossond fröndolo!«*, sie dürfen nicht zusammenkleben. Nur dann spielt sich zu guter Letzt das ab, was in einem Gedicht folgendermaßen geschildert wird:

... und alle hauan wacker dri,
kean Fäschtbrota künnt besser si.

Ja, und wenn an dieser Stelle jemand bemerkt, von Kartoffelsalat und Apfelmus als Beilagen sei noch nichts gesagt worden, hat er natürlich ebenso Recht wie mit dem Hinweis, ein Glas guten Mostes und ein »Verrupferli« (Obstler) würden ebenfalls dazu gehören.

Warum gerade die »Kengolbachar« mit diesem Übernamen bedacht worden sind? Offensichtlich hatten sie eine ganz besondere Vorliebe für diese Speise, zumindest wurde sie ihnen gerne zugeschrieben.

Oder ist an Folgendem etwas dran?

Die Kennelbacher sahen bei den vielen Zuwanderern, die in den letzten dreißig Jahren des 19. Jahrhunderts aus dem Trentino zu ihnen gekommen waren, wie diese ihre Polenta gern mit Käse zubereiteten. Lag es da nicht nahe, diese Kombination auch einmal mit Knöpfle zu probieren? Fast wäre man versucht, von den Kennelbachern als den »Erfindern« der Käsknöpfle zu sprechen.

Klaus

Stecklschißer
Stier
Klushünd
Roßfleischfreasser

Gleich vorweg: Es gab den Namen auch in einer harmlosen Variante. In einem einstmals gut bekannten Lied, in dem sich eine Mutter bei ihrer heiratslustigen Tochter nach der erwünschten Ortszugehörigkeit des Zukünftigen erkundigt, bekommt sie jedenfalls auf ihre Frage »*Mädle, magscht an Kluser Buab?*« zur Antwort: »*Na, Muatter, na, Kluserbuaba mag i net, Stecklspetza ka i net …*«

Irgendwie klingt der Übername in dieser Version auch logischer, denn »Steckl schißa« …? Aber wann jemals hatte ein Spottname logisch zu sein! Zur Bezeichnung »Stecklschißer« wäre natürlich zu bemerken, dass deren zweiter Teil wieder einmal aus jener Schublade stammte, die bei der Auswahl an derartigen Zurufen nie zu klemmen schien.

Die erwähnten »Steckl« – damit waren Stickel, also Rebenstangen aus Holz, gemeint – waren bis ins 20. Jahrhundert herauf im Weinbau bei der so genannten Stockkultur nötig. Im Frühling, wenn die Arbeit dort begann, wurden sie aus der Erde gezogen, am unteren Ende mit dem Messer »zuagspetzt« – zugespitzt – und wieder ordentlich in den Boden getrieben. An ihnen wurden dann die jungen Rebensprossen angebunden. Anfangs hatten diese Stangen eine Länge von gut zwei Metern, durch das Zuspitzen wurden sie natürlich immer kürzer, und so musste jedes Jahr ein Teil von ihnen durch neue ersetzt werden. Solche »Steckl« dürften hier einst in großer Menge hergestellt worden sein; besonders gut eignete sich dazu das leicht spaltbare Tannenholz und hergerichtet wurden sie jeweils im Winter.

Übrigens, auch einem derart erfahrenen Volkskundler wie Leo Jutz ist es seinerzeit nicht gelungen, den Spottnamen eindeutig den Klausern zuzuweisen. Im »Vorarlbergischen Wörterbuch« heißt es jedenfalls, er sei nach anderer Angabe jener von Sulz, wobei wohl gelten dürfte, dass eigentlich die Bewohner von jedem Weinbaugebiet Anspruch auf ihn gehabt hätten.

Ab nun geht es um Tiere beziehungsweise um tierische Bezeichnungen.

Dass der eine oder andere »Kluser« gelegentlich auch ein »Stier« an den – offensichtlich harten – Schädel geworfen bekam, brauchte diesen nicht besonders zu ärgern, waren doch laut Hermann Sander ein Drittel aller Vorarlberger Gemeinden beziehungsweise deren Angehörige einst mit diesem Titel bedacht worden. Dafür haben die Dorfbewohner mit dem Zuruf »Klushünd« etwas, das ihnen allein zusteht. Genau genommen, verdankt dieses wohl bekannteste Sagentier unseres Landes seinen Namen ja der Klause nördlich der Landeshauptstadt, und davon liegt das Vorderländer Dorf denn doch viele Kilometer entfernt. Andererseits, wenn man bedenkt, dass der unselige Verräter, der im Dreißigjährigen Krieg den Schweden den Weg ins Land gezeigt haben soll, eben zur Strafe als Hund landauf, landab rennen musste … Da war durchaus anzunehmen, dass er sich gerade hier im Klauserwald allein schon wegen des ähnlich klingenden Namens ein wenig heimisch gefühlt und eben auch entsprechend oft bemerkbar gemacht hatte. Philipp Dünser, der seinerzeitige Direktor der ehemaligen Lehrerbildungsanstalt, hat jedenfalls in einer Arbeit zu diesem Thema von einem runden Dutzend Begegnungen mit dem unheimlichen Hund berichtet. Die Klauser dürfen somit doch nicht zu Unrecht einiges vom zweifelhaften Ruhm des Vierbeiners für sich beanspruchen.

Der letzte Name »Roßfleischfreasser« dürfte vielen heutigen Bewohnern der Vorderlandgemeinde überhaupt unbekannt sein. Seinen Ursprung hat er im früher gängigen Vorwurf, am Sattelberg unten hätten in alten Zeiten noch besonders lang Heiden gelebt. Nachts seien sie zum Götzendienst zusammengekommen, dabei hätten sie Rosse geopfert und deren Fleisch gegessen. Noch in den Sechzigerjahren des 19. Jahrhunderts habe es einmal einen »großen Schlaghandel« gegeben, weil die Burschen von Weiler den Klausern zum Spott nahe der Dorfgrenze einen Pferdefuß an einem Baumast aufgehängt hätten. Sogar die Standorte von acht »Heidenhäusern« sind noch bekannt, aber die ganze Sache klingt schließlich eher harmlos, wenn man erfährt, dass in der einschlägigen Fachliteratur nicht selten von einem so genannten »Heidenhaus« gesprochen wird, womit ein besonders alter Typ eines Bauernhauses gemeint ist.

Man kann es den Dorfbewohnern nachfühlen, dass sie sich bei den erwähnten Namen selbst am liebsten als »Klushünd« bezeichnen – jedenfalls in der Fasnat –, dann nämlich rufen sie ihr bedrohlich klingendes »*Wau, wau!*« aus vollster Überzeugung, hängen allerdings stets noch ein entschärfendes »*Miau!*« dran.

Klösterle

Bonabigger Zöllner

»*Bonabigger, Bonabigger – hoo!*«, heißt es bei der örtlichen Fasnatzunft, man scheint sich hier mit dem Übernamen recht gut abgefunden zu haben. Ganz offensichtlich handelte es sich beim Zuruf wieder einmal um einen jener Sorte, die das eher wenig abwechslungsreiche Essen im Auge hatte. Ob Höcker-, Acker-, oder Stangenbohnen gemeint waren, tat dabei nicht viel zur Sache. Es dürfte hier jedenfalls nicht selten geheißen haben: »Hüt git's Bona!«

Einer, der den Klostnern da nicht selten in die Quere gekommen sein dürfte, war der Eichelhäher. Der war nämlich nicht nur hinter seiner Lieblingsnahrung her, durch die er zu seinem Namen gekommen war, ebenfalls nicht übel schmeckten ihm auch die Bohnen hier in Klösterle. In seinem Kehlsack kann er bis zu zehn Eicheln gleichzeitig transportieren, man kann sich also in etwa ausmalen, was der Bursche an solchen Hülsenfrüchten mitgehen ließ. Prompt kam er hier in der Gegend dann zu einem neuen Namen und wurde als »Bonagrätsch« bezeichnet.

Mit den Bohnen haben natürlich in gewissem Sinne auch die so genannten »Böneler« zu tun, also übertrieben exakte Menschen. Wenn die Klostner sich mit dieser Erklärung anfreunden könnten, waren sie es hoffentlich nicht ausgerechnet auf jenem Gebiet, um das es im Folgenden gehen soll!

In früheren Zeiten hätten sie sich nämlich auch als »Zöllner« titulieren – oder soll man sagen schimpfen – lassen müssen, so glaubten jedenfalls einige der befragten Auskunftspersonen zu wissen. Gründe dafür gäbe es ja, war hier doch tatsächlich einmal eine Zollstation. Die Zollschranken befanden sich damals bei zwei Häusern, die mit einem Torbogen verbunden waren. Bis in die Zeit der Bayernherrschaft, anfangs des 19. Jahrhunderts, wurde hier der Zoll für die Frachten, die vom Arlberg herunterkamen, eingehoben und dann jeweils zur Erhaltung der Brücken und Wege verwendet.

Ob der Name jemals gut bekannt gewesen ist, bleibt dennoch mehr als fraglich, erfüllt er doch jene Erwartungen, die man bei einem Übernamen hat, keinesfalls. Ja, wenn die Klostner einen derart klingenden Namen bekommen hätten, wie man ihn sich einst für die Finanzer – die »staatlich sanktionierten Wegelagerer« – anderswo ausgedacht hatte ... »Studahocker«, »Gräsrutscher« oder »Boschaschißer« zum Beispiel, aber einfach »Zöllner«, das klingt ja nicht nach Spott!

Stuben

Hätarer
Lurgger
lorgige Stubner

Der Hätarar goht Tag und Nacht,
wo d' Läda zua und offa schlacht ...

So heißt es in einem Gedicht von Otto Borger, und was der Schrunser Heimatdichter da feststellt, gilt besonders am Fuß des Arlbergs. Dass hier nicht selten ein kräftiger Ostwind bläst, hat seinerzeit auch der Reiseschriftsteller Ludwig von Hörmann bemerken können. Er berichtet in seinem Buch »Wanderungen in Vorarlberg« (1895) von einem eiskalten Wind, der eines Nachts an den Fenstern seines Zimmers gerüttelt habe und von seiner Wirtin als »Heiterer« bezeichnet worden sei. Heiterer? Dem Wanderlustigen will der Name vorerst gar nicht einleuchten, und als die Wirtin noch erwähnt: *»Der Heiterer bringt d' Wörme«*, scheint ihm das wenig glaubhaft, denn bald darauf kommt »graues Wolkengeschwader über das Arlbergjoch herangebrochen«, der Wind bläst immer heftiger, und es fallen sogar ein paar Tropfen. Dann aber erblickt er über der südlichen Bergkette bläuliche Streifen, der eiskalte Wind verwandelt sich mit einem Mal in eine südliche Luftströmung, die ihn warm anweht. Der alte Spruch hat sich wieder einmal bewahrheitet.

Und wo bleibt der Spott?

Er kommt, wenn auch erst bei einem weiteren Namen für die »Stubiger«. »Lurgger« oder »lorgige Stubner« habe man sie genannt, aber offensichtlich ist die Bezeichnung bei den heutigen Bewohnern des Gebirgsdörfchens kaum mehr bekannt. Hermann Sander, ein großer Kenner der Landesgeschichte, nennt sie in einem Aufsatz des Jahr 1888 »Lohrgger« und bietet auch gleich eine Begründung dafür an: Der Name solle ausdrücken, die Bewohner hier würden das »r« schlecht aussprechen. Das klingt durchaus glaubhaft, und die Erklärung braucht den Stubigern gar nicht so unsympathisch zu sein, ist es doch überhaupt nicht spöttisch gemeint. »Lurgger«, so weiß es ähnlich auch das »Vorarlbergische Wörterbuch«, habe mit »lurggen« zu tun, und damit sei undeutliches Sprechen gemeint. Ob dafür eine körperliche Unzulänglichkeit der Stimmwerkzeuge oder gelegentlich vielleicht ein etwas hoher Alkoholspiegel Ursache war, ließ sich wahrscheinlich nur von Fall zu Fall entscheiden.

Koblach

Schollafreasser

Immer wenn ein alter Übername in einen Fasnatruf übernommen worden ist, kann man davon ausgehen, dass die Ortsbewohner ihn gar nicht so ungern hören. Die Koblacher selbst sprechen sogar von einem »Schatz«, wenn sie von ihren einst reichen Torflagern erzählen, einem Schatz, der in härtester Notzeit früher für so manche die Überlebenschance bildete; allerdings auch einem, der mit viel Schweiß aus der Tiefe gehoben werden musste.

Das mag für einen Laien gerade so klingen, als hätte man auf einem entsprechenden Gelände einfach nur graben müssen, und schon seien die Schollen gewonnen gewesen. Doch so einfach ist es mit Schätzen eben nicht, sie liegen meist ziemlich tief und taten dies auch hier. Nur an besonders guten Stellen stieß man schon nach nur einer Schaufeltiefe auf das gefragte Brennmaterial, nicht selten aber lag dieses in rund zwei Metern unter dem Boden der Schollenmähder. Hatte man dann die darüber liegende Erde abgetragen, dann zeigte so ein »Schollama«, was Arbeit bedeutete. Mit bewundernswerter Gleichförmigkeit stach er die etwa 7 x 7 x 30 cm messenden »Scholla« und warf sie zielsicher einem Buben zu, der sie zu fangen hatte. Dieser, der »Foher«, schlichtete dann an die 50 bis 80 Stück auf die »Schollabära«, einen Schubkarren, den der »Schalter«, der Dritte der Arbeitspartie, aufs Schollamahd schob, um die einzelnen Torfbrocken dort kunstgerecht zu »Hüsle« aufzuschichten. Was jetzt noch folgte, musste man vor allem der Sonne und dem Wind überlassen. Waren die Schollen dann nach oftmaligem Umschichten und mancherlei speziellen Arbeiten »klipperdürr«, konnten sie schließlich heimgeführt, gelagert und schließlich in der kalten Jahreszeit verheizt werden.

Üseri Scholla sind di beschta im Land,
sind witt und broat als Qualität bekannt.

So klingt es beim Kobler Dorfdichter Ambros Nußbaum. In seinem Gedicht »D' Schollalöcher« geht es um diese Arbeit, und er beschreibt auch deren Schattenseiten – in diesem Zusammenhang ein nicht ganz passender Ausdruck –, wenn er ausführt:

Wem'ma im Summer Scholla schticht,
so schient oam d' Sunna grad is Gsicht.
»Herrgott«, set da Schteach'r, »ischt das hüt a Hitz!
As tropfat alls, vo lutr as i schwitz.
Und Durscht han-i o as wia an Hund,
das Schollaschteacha ischt sus an Schund!
Gang, Buab, renn i d' Hütta, hol da Moscht und da Beach'r!
Da Teifl söll's hola, dia Schollalöcher!«

Keine Frage, dass man hier in der Kummenberggemeinde einst froh war, diesen Nebenverdienst zu haben, »Kobler Scholla« waren nicht nur in der eigenen Gemeinde ein viel verwendetes Heizmaterial, sondern von Feldkirch bis Hohenems gut bekannt und gefragt. Eine Urkunde, die im Turmknopf der Pfarrkirche gefunden worden ist, berichtet von bis zu fünfzehn Millionen Stück gestochener Schollen pro Jahr, was etwa 5.000 Pferdefuhrwerken entsprach. Das war natürlich in der Blütezeit des Torfstichs vor nunmehr rund hundert Jahren. Nach Schätzungen dürften insgesamt in den 200 Jahren des Torfstechens sicher um einiges mehr als 500 Millionen Schollen gestochen worden sein, möglicherweise kommt ihre Zahl sogar an die Milliardengrenze heran. Mit dem entsprechenden Erlös ließ sich da sicher etwas anfangen, sodass die Bezeichnung »Schollafreasser« zwar nicht wörtlich zu verstehen war, aber doch unmissverständlich ausdrückte, woher ein guter Teil des Verdienstes vieler Koblacher stammte.

Inzwischen ist es auf den ehemaligen Schollenmähdern längst still geworden, nur die Landschaft mit ihren auffallenden Niveau-Unterschieden kündet noch von der alten Schollen-Zeit. Ja, und natürlich die Narren in der Fasnat, die brüllen nämlich lautstark »*Scholla, Scholla, Bära!*«, obwohl wahrscheinlich viele von ihnen sowohl »an Scholla« als auch »a Bära« nur im örtlichen Heimatmuseum gesehen und kaum einmal in den Händen gehabt haben.

Krumbach

»Die Krumbacher sind ein regsames Völklein.« Das hat nicht etwa ein Ortsangehöriger gesagt, sondern ein Nachbar, der gebürtige Langenegger Artur Schwarz, mit einem Übernamen konnte er allerdings nicht aufwarten. Was macht man also, wenn man für eine Gemeinde trotz größter Anstrengung nichts Derartiges findet? Dabei hätte es für die Nachbarn in der Vergangenheit sicher gleich einige Möglichkeiten gegeben, sich treffende Bezeichnungen auszudenken; »Roßbader« zum Beispiel! Dieser Name gehörte allerdings denen in Reuthe, aber es wäre nicht das erste Mal gewesen, dass man so eine Bezeichnung doppelt vergeben hätte. Was bei der Krumbacher Quelle passiert sein soll, hatte sich seinerzeit sicher bald herumgesprochen. Da war um die Mitte des 17. Jahrhunderts einem Raitnauer aus Lochau – er war gerade in dieser Gegend auf der Jagd – aufgefallen, an wie vielen Stellen hier Wasser hervorquoll, vor allem aber, dass es kein gewöhnliches Nass, sondern eins mit »mineralen geistigkeiten und qualitäten« war. Bald darauf wurde eine erste einfache Badehütte errichtet.

Und wo bleibt der Name »Roßbad«? Den bekam die Quelle nach einer Legende ums Jahr 1705. Da sei einmal ein Pferd beim Holzfällen verletzt worden und habe deshalb seine Freiheit bekommen. Gleich darauf sei es zu einem Wassertümpel in der Nähe des Waldes getrottet und habe dort gebadet. Danach sei es offensichtlich überraschend schnell wieder gesund geworden und bald darauf habe man es wieder zu neuen Diensten eingesetzt. Prompt sei der Ort dann »Roßbad« genannt worden und fortan galt:

Wer Füße hat sehr wund, – dem tu ich hiemit kund:
Das Roßbad macht dich heil, – drum schnelle dorthin eil'!

Zugegeben, das war jetzt ein Name, der sich zwar gut begründen lässt, aber eben nicht gebräuchlich war. Auch der nächste scheint es nicht gewesen zu sein, aber immerhin ist er bei den Nachforschungen ein paarmal genannt worden: »Wibermeuterer« hieß es da, beim ersten Hinhören offensichtlich eine Bezeichnung, die alle Anforderungen an einen Spottnamen erfüllt. Bei »meuternden Weibern« mag einem schließlich ja doch so allerlei durch den Kopf gehen! Forscht man dann ein wenig in der Landesgeschichte nach, so stößt man allerdings auf ein Ereignis, dessen sich die Krumbacher und vor allem ihre »Wiber« nicht zu schämen brauchen, ganz im Gegenteil. »Der Krumbacher Weiberaufstand anno 1807« findet sich zwar auch im Bregenzerwälder Sagenbuch, aber es ist eine historische Tatsache, dass sich die Frauen des Ortes energisch wehrten, als ihre Söhne zur Zeit der bayerischen Herrschaft für deren Heer ausgemustert werden sollten. Da wurde die Musterungskommission zuerst beschimpft und dann bedroht, sodass sie es schließlich für klüger hielt, sich davonzumachen. Natürlich hatte die Sache ein Nachspiel, doch wer damals der Meinung war, die Krumbacherinnen würden jetzt klein beigeben, hatte sich getäuscht: Die streitbaren Frauen und Mädchen – inzwischen hatten sich auch nicht wenige aus den umliegenden Gemeinden dem Zug der »Amazonen« angeschlossen – zogen gemeinsam zum Landgericht in Bezau, wo sie das Gerichtsgebäude allerdings verriegelt und leer vorfanden. Als sie außerdem bemerkten, dass ihr Unternehmen dort bei der Bevölkerung keine große Begeisterung auslöste, kehrten sie enttäuscht wieder heim. Trotz Vermittlungsversuchen durch den Vorsteher und den Pfarrer mussten etliche der wackeren Frauen ihren Aufstand mit Gefängnis- und Geldstrafen bitter büßen. Auch wenn es in der Krumbacher Pfarrchronik heißt, sie seien schon bald darauf, »inzwischen sicher zahmer geworden«, in ihre Heimat entlassen worden, schaut das Ganze im Abstand von nunmehr 200 Jahren für Krumbach doch ganz nach einem Ruhmesblatt aus.

So gibt es schlussendlich nur Lob für die Krumbacherinnen und dieses kann auch mit dem folgenden Zweizeiler kaum geschmälert werden, zumal er den männlichen Teil der Bevölkerung aufs Korn nimmt. Er dürfte von einem »Büschele-Binder« stammen und hat sich in einer rund 80 Jahre alten Sammlung solcher »dichterischer Ergüsse« erhalten:

»Dur's Krumba(ch) bin i g'fahra, mit Buschla und Riis,
d' Krumbacher Buaba hend all Rofa und Lüs.«

Bleibt noch von einem Ausspruch zu berichten, der sich in Hermann Sanders Zeitschriftenbeitrag »Volks- und Ortsneckereien in Vorarlberg« aus dem Jahre 1888 findet.

»*A g'stolna Krumbacher*«, so heißt es da, und dann erklärt der Volkskundler, mit dem »g'stolna« sei »diebisch« gemeint. Bevor nun die heutigen Bewohner der Vorderwaldgemeinde das vorliegende Buch empört weglegen, soll darauf hingewiesen werden, dass der erwähnte Autor mit seinem Hinweis die Hochkrumbacher gemeint hat.

Langen b. B.

Beasabeater Bötorlebohrer

Dass eine Ortschaft gleich mit zwei Übernamen aufwarten kann, ist nichts Ungewöhnliches, dass aber bei beiden Namen ein gewissermaßen frommer Hintergrund vermutet werden darf, mag doch etwas überraschen.

Im ersten Fall geht es um das bereits bei Bildstein erwähnte so genannte Besenopfer. Über dieses und die dazu gehörende einstige Kapelle im Wirtatobel berichtet der aus Buch gebürtige langjährige Nenzinger Pfarrer Monsignore Georg Schelling, er könne sich noch gut ans »Beasa-Kappele« erinnern und wie dort in den Zwanzigerjahren zu beiden Seiten des Altares zahlreiche Besen und Rutenbündel gelegen seien. Dass man in Kirchen Kerzen oder Geld opfert, ist bekannt, aber Besen …? Dahinter steckte vor allem der Wunsch, etwas Lästiges loszuwerden. So wie man Haus und Stall mit so einem Gerät sauber machte, sollten die geopferten Besen bei jenen Heilung bewirken, die am »Urot« (Ausschlag) litten oder einen »Oissa« (Abszess) hatten. Wehe dem, der – außer er war der Messner – das Hinterlegte aus dem Kappele entwendete, er hatte mit Sicherheit damit zu rechnen, schon bald auch ein Furunkel zu bekommen. Optimistisch fügt Pfarrer Schelling noch hinzu, die Kapelle – sie musste Mitte der Sechzigerjahre dem Straßenbau weichen – solle demnächst wieder aufgebaut werden; es blieb – jedenfalls bis heute – beim frommen Wunsch.

Natürlich musste bei so einem Besenopfer auch gebetet werden, und am besten eignete sich dazu ein Rosenkranz, womit wir auch schon beim zweiten Übernamen »Bötorlebohrer« sind: »Bötorle«, das waren nämlich die Rosenkranzperlen, also jene Kügelchen, die anzeigten, wie viele »Gegrüßt seist du …« man bereits gebetet hatte. Das Wort hat mit dem lat. pater (Vater) zu tun und damit war das

Vaterunser, das »Paternoster«, gemeint. Nicht umsonst heißt so eine Gebetsschnur ja im Allgemeinen »Noschter« oder »Nuschter«.

Auch wenn dabei eine Schmuckperle gemeint gewesen wäre, um so ein einzelnes »Bötorle« zu durchbohren, brauchte es natürlich das richtige Werkzeug, vor allem aber ruhige Hände. So gesehen konnte man das Ganze durchaus als Kompliment für einen geduldigen Menschen verstehen, schließlich handelte es sich dabei doch um eine langwierige Arbeit, die entsprechende Genauigkeit voraussetzte. Da dies aber nicht der Sinn eines Spottnamens sein kann, dürfte unter einem »Bötorlebohrer« auch hier eher das gemeint gewesen sein, was man anderswo darunter verstand: ein besonders langsamer Arbeiter, der mit nichts fertig wurde; gar nicht zu reden von einem »Bötorlezeller«, womit – ohne langes Drumherum gesagt – ein Faulenzer gemeint war.

Die »Langemer« mögen bei solchen Überlegungen an dieser Stelle wahrscheinlich eher eine andere alte Redensart angebracht finden und sagen: *»Ihr kond üs alle bötorla!«*, was in etwa dem stark gemilderten Götzzitat gleichkommt.

Ja, und weil wir jetzt schon in der Nähe dieses Themas sind, soll auch noch ein alter Spruch erwähnt werden, der hier in dieser Gegend besonders dann zu hören war, wenn einer seinen Durst allzu sehr bekämpft hatte:

»Wenn d' no o 's Schißa krägest, dass as bis i d' Niedere ie stritze tät!«

Ein folgenschwerer Wunsch, wenn er sich erfüllt hätte! Die Niedere, der Berg bei Andelsbuch, ist zwar von Langen aus gut sichtbar, aber doch rund fünfzehn Kilometer weit entfernt.

Langenegg

Tannanegger Stangastecker

Dass es im Vorderwald mit Ortsübernamen eher dünn ausschaut, hat seinerzeit schon der Volkskundler Artur Schwarz feststellen müssen. Für seine eigene Heimatgemeinde hat er aber schließlich doch wenigstens einen Reim mitteilen können, wenn auch einen eher bescheidenen: »*Langanegger, Tannanegger*«, heißt es bei ihm. Aber wie er es selbst einmal erläutert, so ist es auch hier: Wenn man Spottnamen erfahren will, muss man die Nachbarn fragen. Tatsächlich konnten diese zumindest noch mit weiteren gereimten Bemerkungen aufwarten. Die »Langanegger« wurden jetzt »Stanga-Stecker« und schließlich noch »Stanga-Lecker« genannt.

Alles mehr oder weniger dumme Reime und nichts dahinter, so könnte man jetzt vielleicht denken. Doch dann stößt man in einem Bericht des seinerzeitigen Kreishauptmannes Franz Anton von Daubrawa auf eine Stelle, die sich gut als Erklärung anbieten könnte. Er schreibt nämlich im Jahr 1819, von einigen Berggemeinden in der so genannten Wag zwischen Langenegg und Alberschwende liefere man auf dem Achflusse auch Rebstecken auf Flößen in den Bodensee heraus. Man lade dabei 2.000 Stück, und die begleite ein guter, gewandter Flößer, der von neun Uhr morgens bis ungefähr zwei Uhr nachmittags auf dieser gefährlichen Fahrt sei.

Rebstecken waren in den früheren Zeiten der so genannten Stockkultur in den Weingärten vor der Einführung der Drahtanlagen (Hochkulturen) sehr gefragt. Viele der notwendigen Stecken oder Stickel, die man im Bodenseegebiet benötigte, dürften von hier ihren Ausgang genommen haben.

Wenn sich die Langenegger vor Augen halten, dass andere Gemeinden mit ähnlichen Erwerbsmöglichkeiten mit den Namen »Stickelspitzer« oder «Stickelschißer« bedacht worden sind, dürfen sie sich eigentlich nicht beklagen. Und weil wir uns mit den beiden erwähnten Spottnamen gerade im Vorderland befinden, soll auch noch darauf hingewiesen werden, dass für die Vorderwälder Gemeinde natürlich ein kirschenbezogener Name ebenfalls nicht schlecht gepasst hätte, war Langenegg doch einst als Kriasedorf gut bekannt, einen solchen haben aber nicht sie, sondern die Andelsbucher bekommen.

Die Langenegger werden sich an dieser Stelle vielleicht zufrieden zurücklehnen, scheinen sie doch ganz gut weggekommen zu sein, aber sie haben sich zu früh gefreut, denn in einer Fortsetzung des Eingangsreims *»Langanegger, Tannanegger«* heißt es dann auch noch: *»kridawißar Hosaschißar«*. Dass hier allerdings die Ortsbewohner insgesamt gemeint waren, darf mit gutem Grund bezweifelt werden. Gar zu sehr klingt das Ganze nach einer alten Beschimpfung der Müller, denen ja stets gern nachgesagt wurde, sie seien große »Abstauber«. Das war nur zu verständlich, bekamen sie doch in früheren Zeiten im Allgemeinen kein Geld für ihre Arbeit, sondern mussten sich mit einem Teil des Mehls und der »Grüsche« (Kleie) schadlos halten. Solche *»Müller, Mehler, Roggastehler«* wie man anderswo auch sagte, gab es hier in der Umgebung sicher ebenso. Einer von ihnen, das so genannte »Mühlamändle« am Mühlgraben (unweit der Parzelle Weiher), ist sogar als Sagengestalt bekannt geworden. Dazu würde gut der letzte, heute ebenfalls eher unbekannte Übername »Lütle-Bschißer« passen. Es wäre nicht das erste Mal, dass eine ganze Ortschaft für die oft auch nur vermuteten Spitzbübereien Einzelner zu büßen gehabt hätte.

Das nette Sprüchlein von vorhin bekommt übrigens noch eine Bestätigung, denn der Vorderwälder Mundartdichter Othmar Mennel erwähnt einmal, er habe es von seinem »Dätta« gehört. Auch eine Fortsetzung kennt er noch: *»Schelfafreasser und so witer ...«*, doch dann bricht er ab, denn er möchte nicht, dass die Langenegger *zletscht vor Zorn scho tööd an Schnuf* ... Endgültig nimmt er dem eventuell ausgelösten Ärger den Wind aus den Segeln, wenn er abschließend verrät, sein Vater sei *ou an Langanegger gsing*.

Laterns

Stinker
Schnitz
Bee-Gnager
Schwöble
Kübeler

Es sei noch nicht festgestellt worden, wie das Parfum im Volksmund heiße, das die Laternser verwenden würden, hat Artur Schwarz, der sich viel mit Ortsübernamen beschäftigt hat, vor rund vierzig Jahren geschrieben. Als Ludwig von Hörmann vor nahezu einem Jahrhundert die alte Walsersiedlung besucht, bekommt er von einem Gastwirt die Bestätigung für den Übernamen und gleich darauf eine kleine Anekdote erzählt. Demnach habe einmal einer beim Kegeln zu einem Laternser gesagt: *»Schieb amol, verfluechter Schtiiher!«*, worauf ihm dieser zur Antwort gegeben habe, *an Schtiiher müessi siba Schmecker ha.*

Warum hätten die Bewohner des Tales besser davonkommen sollen als jene in unmittelbarer Nähe im Vorderland? Dort gab es schließlich auch Namen wie »Schmalzhafaschißer« und »Götterlisoacher«! Oder war der Spottname etwa eine Reaktion auf eine gewisse Überlegenheit der Talbewohner, wenn diese mit ihrer angeborenen Walserschläue gelegentlich für Überraschungen sorgten? *»D' Laternser rupfen dia vom Tal«*, hieß es in Röthis und da schien auch einiges an Respekt mitzuklingen. Ein Beispiel gefällig? Wenn ein Vorderländer sich mit einem Laternser aufs Jassen einließ, habe dieser (fast) immer gewonnen. Dafür machte man sich beim nächsten Mal wieder übers »Gschidle vo Laterns« lustig. Das sei nämlich einmal in einer Stadt durch eine lange Häuserzeile gegangen und da habe gerade bei einem Fenster ein Hund herausgeschaut. *»Ander Land, ander Lüt«*, habe der Laternser gemeint. Solche Geschichtchen braucht man indes nicht allzu ernst zu nehmen, zeugen sie doch nur von den Absichten jener, die sie hierher übertragen haben. Ähnliches wird nämlich auch von den Bewohnern anderer Talschaften behauptet, nur dass das, was da zum Fenster herausschaut, dann eben eine Ziege oder ein Schwein ist.

Noch eine Geschichte wurde früher gern erzählt. Sie bringt eine Begebenheit aus der Zeit, als *d' Laternser noch met am Krüz go hend müassa.* Da hätten sie nämlich öfters gesagt, *si täuend da Fahna grad scho am Vorobat bis of d' Stöck ussi schtella. Si hend halt gment, si heiend denn nöher.* »Of da Stöck«, also »auf den Stöcken«, steht noch heute das Ziel der damaligen Prozession, es ist das bereits im Jahre 1710 erwähnte Kappele, zu dem nach wie vor einmal im Jahr, in der Bittwoche, gewallfahrtet wird. Da kamen und kommen dann am Dienstag vor Christi Himmelfahrt die vom Laternsertal, aber auch jene von Batschuns. Ja, und weil in unmittelbarer Nähe damals noch ein Gasthaus zum Einkehren einlud, war die Sache mit der Fahne von vorhin wahrscheinlich gar nicht so dumm, wie es zuerst den Anschein hatte.

Die Laternser gehören zwar alle zu einer Gemeinde, aber so wie es zwischen Kindern einer Familie zu kleineren und größeren Sticheleien kommt, ist es auch bei den einzelnen Siedlungen hier im Tal der Frutz. Dass die Thaler von den anderen mit dem Übernamen »Schnitz« bedacht worden sind, hat wohl wieder einmal mit der Tatsache zu tun, dass das Leben hier herinnen – auch wenn man an den Mittagstisch dachte – kein einfaches war. Es gab sicher mehr als genug magere Jahre, in denen es beim Essen sparsam zuging und gedörrte Birnen wie anderswo eine große Rolle spielten. Dann hieß es sicher auch bei denen im Bonacker, »d' Beener«, also die Knochen, noch sauberer als sonst abnagen, und so waren sie eben zu ihrem Namen »Bee-Gnager« gekommen. Wobei an dieser Stelle schon bemerkt werden muss, dass der Zuruf aus dem nahen Rheintal natürlich »Boagnager« lautete, ein Name, der vielleicht gar nicht so viel mit den wirtschaftlichen Verhältnissen zu tun hat, ist sein Gleichklang mit »Bonacker« doch nicht zu überhören.

Und die Innerlaternser? Das waren »Schwöble«. Man wird sich beim ersten Hören des Namens vielleicht an die Tatsache erinnert fühlen, dass aus unserem Land einst ganze Scharen von Handwerkern im Schwabenland einer Saisonarbeit nachgingen, damit aber hatten die Laternser von einst nichts zu tun. Dass sie mit den Schwaben, die allgemein als zäh und ausdauernd galten, verglichen wurden, hätte den Innerlaternsern ja vielleicht gefallen, doch wann jemals war es die Absicht eines Spottnamens, jemanden zu loben? Auf eine heiße Spur dagegen könnte der folgende Hinweis führen: Als »Schwoba« wurden früher gern die so genannten Küchenschaben bezeichnet, und mit der Verkleinerungsform »Schwöble« die grauen stechfreudigen Bremsen, also »d' Breama«. Es bleibt in diesem Fall wohl nichts anderes übrig, als es den Innerlaternsern zu überlassen, ob sie sich durch eine dieser Deutungen angesprochen oder gar gemeint fühlen.

Auch wem im Tal der Übername »Kübeler« am ehesten zustand, mögen die Laternser selbst entscheiden. Dass man hier der Pflege des Waldes immer besondere Aufmerksamkeit geschenkt hat und dies nach wie vor tut, belegt der Ausspruch von Landesforstinspektor Josef Henrich: »Die Laternser haben ihren Wald zu einer Wallfahrtsstätte der Forstleute gemacht«. Die Küblerei hier im Tal kann bis ins 15. Jahrhundert zurückverfolgt werden und die Tanne im Gemeindewappen weist auf diese bedeutende Heimindustrie hin. Während früher jeder selbst sehen musste, wie er seine fertigen Erzeugnisse an den Mann brachte, gibt es seit 1902 die freie Vereinigung der Kübler, aus der einige Jahre später die Kübler-Genossenschaft Innerlaterns entstand. Holzkübel, Standen, Zuber, Butterfässer, Melkeimer, Brenten, Mostflaschen, jedes bäuerliche Gerät eben, das aus Holz zu machen war, wurde hier hergestellt. Heute gibt es noch drei Kübler, dazu kommen noch zwei junge Männer, die das Handwerk in den letzten Jahren erlernt haben. So besteht die berechtigte Hoffnung, dass solche kunstvollen Erzeugnisse aus dem schimmernd weißen Holz dieses Tales nicht etwa nur im Küblermuseum in Innerlaterns bewundert werden können, sondern nach wie vor neu entstehen.

Lauterach

Türbolar Schollesteachar

Das Wort »Tourbe« fand sich früher oft auf der Verpackung der Torfmullballen. Es kommt aus dem Französischen und heißt so viel wie Torf, und um Torf geht es bei den Namen »Türbolar« oder »Schollesteachar«, wie man heute oft zu hören bekommt.

Eigentlich ist es ja kein Übername, von einem Spott der Nachbarn kann man kaum reden; eher mögen Gefühle ganz anderer Art Auslöser für die Bezeichnungen gewesen sein, hatten sich die Lauteracher hier doch einen Zusatzverdienst geschaffen, um den sie von anderen sicher beneidet wurden. Begonnen hatte alles im Jahre 1751, zur maria-theresianischen Zeit also. Da wurde vom damaligen Landvogt ein schwäbischer Torf-Spezialist nach Lauterach geschickt, und bald darauf war klar, dass sich die Sache rentieren würde und man mit dem neuen Heizmaterial nicht nur teures Holz einsparen, sondern bei seinem Verkauf auch einen guten Preis erzielen konnte. Dem Abbau der großen Torflager im Ried stand nichts mehr im Weg. Das sagt sich einfach, in Wirklichkeit war es harte körperliche Arbeit. Um nämlich an den Torf heranzukommen, musste zuerst die Grasdecke und die darunter liegende Lehmschicht abgetragen werden. Dann wurden die Torfstücke mit entsprechenden Spaten herausgestochen und auf Holzgestellen mehrere Wochen lang zum Trocknen aufgelegt. Auch überdachte Schollenstände gab es, wo die bereits getrockneten Brocken über längere Zeit gelagert werden konnten.

Im Jahre 1819 bezeichnete der damalige Kreishauptmann Franz Anton von Daubrawa Lauterach als eine der wohlhabendsten Gemeinden und erwähnte unter anderem, hier werde sehr viel Torf gestochen und man heize fast nur mit diesem Material. Die reichlichen Torfvorkommen in den Mooren des Lauteracher und Wolfurter Riedes waren damals wichtige Einnahmequellen für viele Familien. Ähnlich wie in anderen Gemeinden, die mit diesem Material zu tun hatten, wurden die Lauteracher »Turben« auch zu einer Handelsware. Tausende von Fuhren gingen in die nähere Umgebung, besonders nach Bregenz. Bei solchen Transporten mag schon gelegentlich vorgekommen sein, was man sich ähnlich auch von den Koblacher Scholla-Lieferanten erzählte: Von außen sah so eine Fuhre sauber aufgeschichtet aus, mit schönen gleichmäßigen Stücken. In ihrem Inneren aber waren nicht wenige zerbrochen, lagen zudem noch kreuz und quer übereinander und täuschten so eine besonders große Ladung vor. Wenn der Käufer dann den beachtlichen Schollenberg auf dem Wagen sah, freute er sich wohl insgeheim, wie günstig er die beachtliche Menge an offensichtlich schön zugerichtetem Brennmaterial erstanden hatte; eine gewisse Ernüchterung stellte sich dann natürlich beim Abladen ein.

Neben Bregenz wurden vor allem Dornbirn und Lustenau beliefert, heizte man dort doch die großen Dampfkessel der Textilfabriken fast ausschließlich mit Torf. Aber auch über den Rhein in die Schweiz und über den Bodensee nach Lindau gingen die schweren Transporte mit dem gefragten Heizmaterial. Die Eisenbahn war ebenfalls eine interessierte Abnehmerin; erst als die Vorarlberger Bahn im Jahre 1870 ans deutsche Bahnnetz angeschlossen wurde, trat Kohle an die Stelle des Torfs.

Wie sehr die Lauteracher zu dieser Vergangenheit stehen, hat sich besonders gezeigt, als sich am 11.11.1980 um 11.11 Uhr dreizehn »Schollesteachar« in entsprechender Uniform und mit Spaten in den Händen dem damaligen Bürgermeister als neue Fasnatzunft vorgestellt haben, natürlich mit dem entsprechenden Fasnatruf: *»Ore Ore Türbolar!«*

Zu erwähnen ist natürlich auch noch das »Lutorachar Fasnatliod«, in dem es heißt, dass sich die meisten Probleme im Leben – angefangen vom jenen mit dem Finanzamt, über solche mit dem Radar oder mit zu begleichenden Rechnungen bis zur positiven Beeinflussung des hl. Petrus am Himmelstor – mit der Lieferung *vo ma Fuodor Schollo* lösen ließen.

Lech

Räbaschwänzler

»Beginnen wir mit dem Tannberg!« So schreibt Hermann Sander im Jahre 1888 im Beitrag einer Zeitschrift, in dem es um die damaligen Volks- und Ortsneckereien geht. Und dann fährt der Volkskundler fort:

»Die Bewohner der dortigen Ortschaften: Lech, Warth, Schrecken und Krumbach führen folgende epitheta ornantia (schmückende Beiworte): a herrischa Lächer, a g'kornata (gehörnter) Warter, a spanischa (hochmütiger, dünkelhafter) Schrecker, a g'stolna (diebischer) Krumbacher.«

Inzwischen sind rund 120 Jahre vergangen, und drei bis vier Generationen später kann man solche »schmückenden Beiworte« lockerer zur Kenntnis nehmen als dazumal, als sie wahrscheinlich noch fleißig verwendet worden sind.

Von den gerade erwähnten herrischen, also wohl auch stolzen Lechern hat Ludwig von Hörmann auf seinen »Wanderungen in Vorarlberg« in den Vierzigerjahren des vorletzten Jahrhunderts hier offensichtlich nichts bemerkt. Ganz im Gegenteil, er kommt geradezu ins Schwärmen und meint, so herzensgute, freundliche Leute wie hier seien ihm nicht oft untergekommen. Man sei bestens aufgehoben und wohlfeil und gut verpflegt, er lobt die exquisiten Getränke, die sauberen und guten Betten; alles sei blank geputzt und gescheuert, vom großen Ahorntisch bis zum letzten Fenster. Es waren ganz offensichtlich jene Grundlagen, auf denen hier am Tannberg das heranwachsen konnte, was später einmal als »Ort im Festtag« bezeichnet wird, »der nur dem Sport zu dienen habe«.

Doch einstmals war es anders, da waren die Lecher »Räbaschwänzler«. Für die damaligen Bewohner der Ortschaft dürfte es vielleicht ein kleiner Trost gewesen sein, wenn sie einmal zufällig davon hörten, die Ludescher und die Übersaxner seien mit dem gleichen Übernamen wie sie bedacht worden.

Aber war Trost überhaupt nötig? So könnte man fragen, wenn man hört, war Artur Schwarz vor nunmehr rund einem halben Jahrhundert von den Tannberger Schulkindern in Erfahrung gebracht hat. Die erzählten ihm nämlich geradezu mit einem gewissen Stolz, sie seien »Rebaschwänzler«, und das komme daher, weil früher in Lech eben Wein angebaut worden sei. Das wollte den erfahrenen Volkskundler allerdings nicht so recht überzeugen, eher konnte er sich – vor allem wegen dem Grundwort Schwanz – eine Beziehung zu Bergraben vorstellen.

Dass mit den erwähnten »Reba« oder »Räba« keine Weinreben gemeint sein konnten, schien auf der Hand zu liegen, obwohl ... vom fast gleich hoch gelegenen Damüls heißt es, an der hohen Trista – so nannte man früher die Damülser Mittagsspitze – habe es einstmals einen Weingarten gegeben. Doch solche Berichte scheinen von weit zurückliegenden Zeiten zu sprechen. Als der Reiseschriftsteller Ludwig Steub um die Mitte des vorletzten Jahrhunderts dieses Bergdorf besucht, spricht er in diesem Zusammenhang jedenfalls von einer »zaubernden Sage«. Es dürfte sich wohl um jene Zeit gehandelt haben, in der bekanntlich auch jeder Kornhalm drei, vier oder noch mehr Ähren getragen haben soll, ums »Goldene Zeitalter« sozusagen.

Beim Übernamen für die Lecher werden mit den »Räba« schon Rüben gemeint sein, besonders die weißen, die, nachdem sie gehobelt und wie Sauerkraut eingemacht worden waren, gern oder ungern gegessen wurden. Das war natürlich zur Zeit, als man im Tann- und Arlberggebiet vom Fremdenverkehr noch nichts ahnte. Damals wird man wohl auch noch oft jenes Sprüchlein gehört haben, das sich vielleicht nicht nur ein bestimmter Lecher, nämlich der Franz, gefallen lassen musste:

Franz, Franz, Räbaschwanz,
got nid gern in Rosakranz,
und wenn er mänt, as sei scho us,
springt er schnell zum Türle us.

Bürstegg

Wasafreasser

»Auf einem von Lech 5/4 Stunden entfernten, steilen, aber ganz mit Gras bewachsenen Berge ...« So schildert Kreishauptmann Ebner vor rund 170 Jahren die Lage von Bürstegg. Auch beim Namenforscher P. Isidor Hopfner wird das Gras erwähnt, wenn er die Bezeichnung Bürstegg erklärt. Sie habe mit »Burst« zu tun, mit borstenartigem Riedgras, das hier in den Sumpfgebieten rundherum wachse. Gleichzeitig gibt er damit schon einen Hinweis, worum es im Folgenden geht.

Mit dem heute kaum mehr bekannten Übernamen ist es den Menschen hier heroben, am Südfuß des Karhorns, nicht besser ergangen als den Koblacher »Schollafreassern«; mit »Wasa« waren nämlich Schollen gemeint, Torfbrocken zum Heizen. Solche brauchte man, schließlich lag die ganze Siedlung ja »ob Holz«, also über der Baumgrenze. Einst lebten hier nämlich zwölf Familien. Vor gut zweihundert Jahren zogen die letzten Einwohner weg und heute ist die alte Walsersiedlung nur noch während der Sommermonate als Alpe bewohnt. Noch lange wurde dort fürs Feuer unter dem Sennkessel Torf verwendet, der hinter dem Haus gestochen worden war, und beim über 400 Jahre alten Alphaus erinnert noch heute die »Trockenlaube« unter dem Dachgiebel des Stallgebäudes an jene Zeiten, als dort die Wasabrocken getrocknet worden sind.

Zug

Zugrmuttla
Gmuttlate Zuger

Das »gmuttlat«, das muss einem Ortsfremden – ja, vielleicht sogar manchen Zugern selbst – wohl erklärt werden. Als »Muttel« bezeichnet man eine hörnerlose Ziege. Damit ist jedoch nicht ein

Exemplar gemeint, das etwa durch einen medizinischen Eingriff um seinen beeindruckenden Kopfschmuck gebracht worden ist, sondern ein Tier, dem Mutter Natur diesen aus unerfindlichen Gründen vorenthalten hat. Auch eine Mutterkuh wurde gern so benannt. Und dann gab es die Bezeichnung noch für eine solche Wiederkäuerin, wenn sie ihre Hörner abgebrochen hatte. Unwillkürlich wird man dabei an entsprechende Einsätze dieser Respekt einflößenden Waffe denken. Was die Zuger von derartigen Erklärungen halten, muss ihnen überlassen bleiben. Wahrscheinlich wird ihnen die kämpferisch klingende Version eher zusagen als Ableitungen von jenen weiteren Deutungen, die sich im »Vorarlbergischen Wörterbuch« finden. Dort heißt es, mit der Bezeichnung »Muttel« könne auch eine Hirschkuh gemeint sein; gar nicht zu reden von der letzten Möglichkeit, so habe man gelegentlich ein gutmütiges Weib bezeichnet, das seinem Mann wie ein Schaf gefolgt sei.

Erwähnt werden die beiden Übernamen beim in diesem Buch schon so oft genannten Artur Schwarz, und wenn die heutigen Zuger sich damit – trotz aller Erklärungsmöglichkeiten – nicht anfreunden können, bleibt ihnen immer noch eine andere Bezeichnung. Sie findet sich in einer Zusammenstellung des gebürtigen Lechers Albert Wolf, der die Bewohner kurzweg »*verlogne Zuger*« nennt.

Zürs

Misthufahocker

Die Besucher da heroben mögen überrascht sein, wenn sie zufällig einmal vom ehemaligen Übernamen des heutigen »Hoteldorfs« hören, und sich vielleicht wundern, wohin es sie hier verschlagen hat. Kreishauptmann Ebner erwähnt vor rund 170 Jahren gerade ein einziges ganzjährig bewohntes Haus hier heroben, mitten auf der »Zürschalpe«. Siebzig Jahre später ist in der »Heimatkunde von Vorarlberg« bei der Erwähnung von Zürs von ein paar armseligen Bauernhäuschen und einer bescheidenen Jausenstation die Rede.

Durch solche Hinweise sozusagen vorgewarnt, wird der Übername vielleicht nicht mehr allzu viel an Überraschung bringen. Eines soll aber gleich vorweg gesagt werden: Mit dem heute nicht selten umgangssprachlich-derb gebrauchten »Mist« bzw. »Verdammter Mist!« hat das Ganze nichts zu tun. Man darf aber wohl sagen, es handle sich hier ganz offensichtlich wieder einmal um eine jener Bezeichnungen, die eher gegen jene sprechen, die sie einst verwendet haben.

Andererseits, man kann die Sache durchaus positiv sehen. Der Misthaufen war bis zur Einführung des Kunstdüngers ein existenzieller Bestandteil der Landwirtschaft. Daher war er, besonders wenn er groß und wohl gebaut war, der Stolz des Bauern. Außerdem war er, mochte er beim Stall oder draußen auf dem Feld zu sehen sein, ein deutlicher Hinweis auf die Besitzgröße. Nicht umsonst hörte man gelegentlich Sprüche wie: *»D' Bura kennt ma am Mischthufa«* und *»Wenn dr Bur da Mist vrkoft, ist er am Vrlumpa!«*

Um noch ein wenig beim Thema zu bleiben, da gab es auch noch die Redewendung vom *»Misthufa dunga«*. Damit sollte darauf hingewiesen werden, es sei nicht nötig, einen ohnehin Reichen noch mit weiterem Besitz auszustatten.

Um keine Missverständnisse entstehen zu lassen, soll noch jene Meinung ausgeschlossen werden, die Zürser seien etwa zu ihrem Namen gekommen, weil es sie besonders oft auf den größten Misthaufen des Landes gezogen habe. Der befindet sich etwa 13 km weit entfernt in nordwestlicher Richtung und ist bekanntlich ein 2436 m hoher Berg dieses Namens, der wohl auf Grund seiner Form zu seiner etwas ausgefallenen Bezeichnung gekommen sein dürfte.

Lingenau

Pröpstlar
Engere-Beatar

Gleich vorweg: Beide der angeführten Namen lassen sich zwar gut erklären, sind aber, rundheraus gesagt, Notlösungen. Auch eingehende Befragungen bei Lingenauern und vor allem bei ihren Nachbarn haben in Bezug auf Spottnamen keine befriedigenden Ergebnisse gebracht.

Lingenau gilt als die älteste Gemeinde des Vorderwaldes. Schon anfangs des 13. Jahrhunderts kommt der Name »Lindiginowe« – der lindenreiche Hof – in Urkunden des Klosters Mehrerau vor. Ein Propst des ehemaligen Benediktinerklosters waltete hier jeweils als mächtiger Grundherr, und seine Untertanen, das waren eben die »Pröpstlar«. Die beiden Kreuze im Schlüssel, der auf dem Gemeindewappen zu sehen ist, weisen auf das erwähnte Kloster und die ehemalige Propstei hin. Auch Krumbach und Langenegg gehörten über viele Jahrhunderte kirchlich zu Lingenau, von diesen beiden Seiten dürfte der Pröpstlar-Zuruf somit kaum ertönt sein.

»Engere-Beatar« dagegen schon!

Es geht dabei ganz offensichtlich ums Beten und um »Engere«, also um Engerlinge (Larven der Maikäfer oder diese selbst), und das Ganze spielte sich vor etwa 200 Jahren ab. Wer schuld daran war, dass sich die Schädlinge damals in derart großer Zahl über die Erdäpfel der Lingenauer hermachten, darüber gab es keinen Zweifel. In früheren Zeiten war draußen »auf dem Ziel« am Weg ins Eschach weit und breit nur fruchtbares Ackerland. Einmal aber, da tauchten dunkle Gestalten auf, die schwere Säcke schleppten. Da die Fremden gleich verdächtig erschienen, erlaubte man ihnen erst gar nicht, ins Dorf hereinzukommen. Das erboste diese und sie ließen sich für einige Zeit »am Ziel« draußen nieder. Eines Morgens waren sie wieder verschwunden, ihre Säcke aber lagen noch da. Ganz genau gesehen hatte es vielleicht niemand, aber alle waren sich sicher: Aus diesen Säcken mussten die hungrigen Lebewesen gekrochen sein, die sich bald darauf daranmachten, die Äcker kahl zu fressen. Niemand wusste sich zu helfen. Schließlich riet ein Mehrerauer Pater, nach Füssen am Lech zum heiligen Mang zu wallfahren, der sei schließlich für derartige Dinge zuständig. Das geschah dann auch und nach dem Bittgang seien die Schädlinge tatsächlich verschwunden. Dann habe man eine von Füssen mitgebrachte Reliquie, ein Stück Stofftuch von St. Magnus, auf die Erde gelegt und darüber zu dessen Ehren ein Bildstöcklein erbaut, das Mangenbild. Solange das stehe, seien die Schädlinge vom Lingenauer Feld gebannt.

Eine Generation später, es war im Jahr 1834, scheint abermals ein Übel dieser Art über Lingenau hereingebrochen zu sein. Der damalige Kreishauptmann Ebner berichtet jedenfalls von »Engerlingen und Mayenkäfern«, die den Grasboden der Gemeinde völlig ruiniert hätten. Diesmal begaben sich die Dorfbewohner aber nicht nach Füssen, sondern sie ließen den Frühmesser von Riefensberg kommen, damit dieser den entsprechenden Exorzismus vornehme. Es war dies ein Unternehmen, das der erwähnte oberste Landesbeamte als ein »wenig begreifliches Mittel« bezeichnet, bei dem der Geistliche »sich erkühnte, mehrere ganz abergläubische Zeremonien vorzunehmen«. Der Erfolg scheint dann nicht überzeugend gewesen zu sein, zwei Jahre später jedenfalls wurden im Bregenzerwald – also sicher auch in Lingenau – einige hundert Exemplare einer damals sehr bekannten Aufklärungs-Schrift bezüglich der Bekämpfung der »Mayenkäferlarven« bestellt.

Mit dem »Engere-Beata« scheint Schluss gewesen zu sein.

Lochau

Roßbollakocher

Ganz sicher war das, was die Lochauer hier in früherer Zeit zu hören bekamen, geradezu ein Bilderbuch-Spottname. Um das Ganze noch besser an die Bodenseegemeinde anzupassen, wurde sogar die Bezeichnung ihrer Bewohner auf »Locher« verkürzt, der Reim war also nahezu perfekt, wenn es jetzt hieß: *»Locher, Locher, Roßbollakocher!«*

Die Frage, welche Nachbarn das Sprüchlein besonders gern verwendet haben, weiß das »Vorarlbergische Wörterbuch« mit den Bregenzern anzugeben. Ob es die Retourkutsche für »Seebrinzler« darstellen sollte? Den Rufern von einst wird es ganz sicher um Spott gegangen sein. Wären sie sich darüber im Klaren gewesen, dass solche Rossbolla nicht nur ein gefragter Dünger, sondern in der Volksmedizin vieler Gegenden auch ein Heilmittel waren, wer weiß, ob sie sich dann nicht etwas anderes für die »Locher« ausgedacht hätten. Des Saftes aus Pferdeäpfeln bediente man sich nämlich beispielsweise nicht ungern bei einer Rippenfellentzündung, und zwar innerlich! Es klingt wahrscheinlich überraschend, aber es heißt, Martin Luthers Frau sei durch dieses Mittel geheilt worden. Ihr Mann selbst habe sich später einmal erstaunt geäußert: »Mich verwundert, daß Gott so hohe Artzeney in den Dreck gesteckt hat.« Einmal bei Luther muss natürlich darauf hingewiesen werden, dass sich der große Reformator auch in Lochau aufgehalten hat. Das ungläubige Staunen darüber ist berechtigt, bei diesem Lochau handelt es sich nämlich ums heutige Annaburg in der Nähe von Wittenberg.

Auch das Folgende hört sich seltsam an:

Rossbolla galten einst ein gutes Hexen-Abwehrmittel und sollen sich gelegentlich sogar – zumindest in den Sagen – in Gold verwandelt haben:

»I heb dem Roß da Schwanz uf und blos em hinta dri,
do kunnt an gsottna Öpfl rus, der ghört mi ...«,

Der Spruch klingt fast so, als würde sich dahinter eine geradezu magische Handlung verstecken, die wir heute nicht mehr zu deuten wissen. War das, was wir gleich als Spott verstehen wollen, etwa einmal ganz anders gemeint? Steckte vielleicht sogar etwas wie Bewunderung dahinter? Es wäre nicht das erste Mal, dass Unverstandenes dem Gelächter preisgegeben wurde.

Genug der Vermutungen, es spricht nicht viel dafür, dass hinter den »Locher Rossbolla« mehr steckte als das, was da auf der Straße lag. Wahrscheinlich war das Ganze doch – wie eingangs gesagt – einer jener Spottnamen, wie man sie sich eben nicht ungern für die Nachbarn ausdachte. Als einleuchtende Erklärung für das Sprüchlein bietet sich die Tatsache an, dass die »Hinterlassenschaften« der Gäule, mit denen die Lochauer jeweils am Freitag zum Markt nach Bregenz fuhren, wohl kaum zu übersehen waren.

Nicht unerwähnt soll auch noch das so genannte »Bollamännle« bleiben. Es sei ein kleines Männlein gewesen, das den Bauern die Pferdeställe immer blitzsauber geputzt habe. Sein Lohn dafür sei jedes Jahr ein kleines Bollakärrele gewesen. Das sei viele Jahre lang gut gegangen. Eines Tages jedoch habe ihm ein Knecht aufgelauert und beobachtet, wie es mit dem Kärrele hantierte. Das habe es übel genommen und sich nie mehr sehen lassen. Das hilfreiche Männlein wurde zwar meistens als »Bollamännle von Hörbranz« bezeichnet und dürfte bei den dortigen »Dreckpflanzern« natürlich willkommen gewesen sein, doch es heißt in der Sage ausdrücklich, es habe sich gern in den Ortschaften in der Nähe von Lindau sehen lassen, zu denen ja auch Lochau zählt.

Im Zusammenhang mit der eingangs erwähnte Verkürzung »Locher« ergibt sich abschließend noch die günstige Gelegenheit, darauf hinzuweisen, dass hier nicht an ein »Loch in der Au« gedacht werden muss. Isidor Hopfner, der bekannte Namenforscher aus Buch, möchte die Bezeichnung vom kelt. locana ableiten, was soviel wie »Au am See« bedeute; für ihn ist Lochau jedenfalls »eine der vielen Perlen im Bodenseekranze«.

Lorüns

Rappa

Gleich vorweg: Der Übername ist eine Notlösung. Wir sind im Montafon und da schaut es mit spöttischen Einwohnerbezeichnungen nicht gut aus. Aber sind wir überhaupt im Montafon? »Die Gemeinde gehört pfarrlich zu Bludenz und kann auch aus verschiedenen anderen Gründen (Dialekt, Kirchenzugehörigkeit usw.) als Walgaugemeinde angesehen werden. Zugleich ist Lorüns wie Stallehr dem Gerichtsbezirk Montafon zugehörig.« So heißt es im Internet-Auftritt der Gemeinde. Als Walgauer hätten die Lorünser natürlich Anspruch auf die Bezeichnung »Schnapfa«. Andererseits gab es da den Schrunser Heimatdichter Johann Baptist Biedermann, der einmal eine klare Grenze gezogen hat und erklärt:

»Schnapfaland, Muntavu,
derzwüschat d' Alfenz …«

Sowohl Lorüns als auch Stallehr, für das Ähnliches gesagt werden kann, liegen bekanntlich südlich des erwähnten Flusses, somit also im Montafon! Doch so einfach ist die Zuordnung nicht, denn als weiterer Unterschied zwischen Lorüns und dem Tal ab St. Anton lässt sich ganz gut jener im Dialekt feststellen, womit wir geradewegs zu den »Rappa« kommen. Dem ersten Hören nach scheint es dabei um Raben zu gehen. Die seien hier in Lorüns gewarnt worden, sich beim Flug taleinwärts ja in Acht zu nehmen. Besonders auf ihre Schwänze sollten sie gut aufpassen, befänden sie sich doch ab hier in einem nicht ungefährlichen Gebiet. Da könne es so einem schwarzen Burschen schnell passieren, dass ihm seine Schwanzfedern abhanden kämen. Dass der Zuruf spätestens hier in Lorüns erfolgt sein musste, ging ganz klar daraus hervor, dass es ab St. Anton ja »Gragga« statt »Rappa« geheißen hätte. Es waren also »Schnapfa«, die da gerufen hatten, und zu denen mussten sich die Lorünser somit wohl oder übel zählen lassen. Kein guter Tausch, wenn man bedachte, was Ludwig von Hörmann in seinen »Wanderungen in Vorarlberg« von diesen zu berichten wusste. Er schildert den Montafoner als sparsamen, klugen und berechnenden Mann, der bei Leuten »im Land draußen«, d. h. in der Bludenzer Gegend, als schlau und verschlagen gelte; der Walgauer sage von ihm: *»Der beste Muntavuner hat a Handäxle g'stola«*, welchen Spott ihm der Montavoner gern mit der Antwort zurückvergelte: *»Damit er den besta Schnapfa ka vom Galga ahahola.«*

Dass die Bezeichnung etwas mit der Schnepfe zu tun haben könnte, kann wohl eher ausgeschlossen werden, doch bei den Gefiederten wollen wir bleiben.

Neben der oben erwähnten Flugrichtung der Raben taleinwärts, hat nämlich auch jene in der umgekehrten Richtung einiges für sich. In diesen Fällen schauten die schwarzen Kerle eben zurück, ob ihr Hinterteil auf dem Flug durchs Montafon nicht Federn gelassen hatte. Die Lorünser waren in diesem Fall ebenfalls – im wahrsten Sinn des Wortes – fein heraußen, denn auch in dieser Version wurde ihre Ortschaft ganz offensichtlich nicht dem Montafon zugezählt.

Bleibt noch der nahe Rappenkopf, der hier möglicherweise als Namensgeber in Frage kommt. Dass sich im Aufwind rund um seinen Gipfel nicht nur Raben bei ihren Flügen leichter tun, ist einzusehen; für jene, die finden, die Form des Berges sei einem Pferdekopf ähnlich, käme als Deutung für den Übernamen somit auch noch ein Rappe in Frage, ein schwarzes oder schwarzgraues Pferd also. Wo dabei allerdings der Spott bleibt, der doch zu einem richtigen Übernamen gehört? Er ist hier ebenso wenig feststellbar wie bei den »Rappa«, womit die Lorünser selbst ja gar nicht gemeint gewesen sein konnten.

Nichts ist es also mit einem richtigen Übernamen, und was beim Fasnatruf *»Rapp, Rapp, hoo!«* gedacht werden soll, bleibt jedem Lorünser selbst überlassen. Auch über eine gereimte Neckerei, die sich beim Vandanser Volkskundler Hans Barbisch findet, wird man hier wahrscheinlich nicht sonderlich ungehalten sein.

Nachdem der festgestellt hat: »*Z' Stallehr sin d' Häfa leer*«, fährt er weiter: »*Z' Lorüns hon si ke Münz!*«

Und wenn schon, könnten die Lorünser gesagt haben, Hauptsache war ja doch wohl, wenn man die entsprechenden großen Geldscheine hatte. Andererseits wussten sie natürlich ganz genau, was die lieben Nachbarn – einmal abgesehen vom Reim – da ausdrücken wollten. Wenn man früher nämlich sagte: »*Do muaß ma Münz ha!*«, war damit schon eher viel Geld gemeint.

Ludesch

Räbaschwänz

Wie die Bewohner von Übersaxen und die von Lech wurden und werden auch die Ludescher »Räbaschwänz« genannt. Die örtliche Fasnatzunft brauchte also wohl nicht lange zu überlegen, mit welchem Ruf sie in den närrischen Tagen auf sich aufmerksam machen wollte, mit *»Jöri, Jöri, Räbaschwänz!«* natürlich.

Die Nachbarn mochten dabei wahrscheinlich an eher kümmerlich geratene Rüben-Exemplare denken, aber die Ludescher nahmen es seit jeher gelassen, wussten sie doch gut genug, dass sich neben Kartoffeln, Kraut, Bohnen, Erbsen, Rettichen, Zwiebeln, Spinat usw. auch ihre »Räba«, ob weiße oder rote, sehen lassen konnten. Wie auch sonst wäre ihr Gebiet zum ehrenvollen Beinamen »Salatschüssel Vorarlbergs« gekommen? Schon ab den 30er Jahren des letzten Jahrhunderts gingen mindestens sieben Ludescher Bauern regelmäßig auf den Bludenzer Wochenmarkt, um ihre gefragten landwirtschaftlichen Erzeugnisse an den Mann bzw. an die Frau zu bringen. Schon frühmorgens fuhren sie jeweils mit schwer beladenen Handkarren oder Pferdefuhrwerken los. Auch Feldkirch wurde versorgt und da hieß es dann die mehrstündige Fahrt bereits um halb drei Uhr früh antreten.

Eine nahe liegende Möglichkeit der Namenserklärung wäre natürlich die Tatsache, dass etliche Ludescher mit ihrer Ware auch hausieren gingen. Wer von Haus zu Haus zog, hatte in vielen Fällen mit Spott zu rechnen, nicht selten auch von denen, die das Angebot der »Fahrenden« gern in Anspruch nahmen. Bei diesen Verkaufstouren wurden beachtliche Wegstrecken zurückgelegt. Dass sich als Absatzgebiet besonders das Große Walsertal anbot, ist verständlich, liegt es doch in unmittelbarer Nähe, aber auch im weiter entfernten Klostertal wurde bis nach Stuben hinauf Gemüse verkauft, und sogar das Montafon bekam regelmäßig bis nach Partenen Nachschub aus der offensichtlich stets vollen »Salatschüssel«. Dafür strengte man sich hier in Ludesch natürlich entsprechend an: Da wurden so genannte »Anzuchthäuser« (kleine Glashäuser) errichtet, da wurde eine Bewässerungsanlage gebaut, da nahm man die erste mechanische Topfmaschine und ebenso die erste Bodenfräse in Betrieb usw.

Nichts also von »Räbaschwänzler«! Auch dann nicht, wenn der Name möglicherweise davon herrührt, dass die Ludescher Gemüse-Pioniere in früherer Zeit Zuckerrüben angebaut und diese bekanntermaßen besonders langschwänzigen Rüben an eine Fabrik in Innerösterreich verkauft haben. Es war auch in diesem Fall um eine Arbeit gegangen, die sich lohnte. So hat es auch die Ludescherin Anneliese Zerlauth gesehen, wenn sie über »d' Gartaarbat« schreibt:

»A Zit volla Fröd, a Zit volla Hoffa, a Zit volla Planga ...
Wenn des alls klappat ohni Riefa, ohni Usschüßa,
ohni Verfuhla, ohni Verhagla – denn homr a guats Johr kho!«

Dann konnte das eintreten, was der bekannte »Seeger an der Lutz« – seine Vorfahren stammten aus Ludesch – in einem seiner »Gsätzle« schreibt:

»Secha wie, Trinele, mach en Salot,
aß em vor Liebe der Hunger vergot!«

Die Ludescher selbst finden den Übernamen »Räbaschwänz« jedenfalls – zumindest in der Fasnat – sehr passend und in ihrem »Räbaschwanzblättle« werden alljährlich die kleinen und großen »Sünden« der Ortsbewohner öffentlich kundgetan.

Lustenau

Zegiinar
Zünslar
Höpler
Senftübel
Schißhüslebauer
Breama

»Mer stammind von Zegiinar ab,
seyt ma im ganzo Land ...«

So heißt es in einem Gedicht der Lustenauerin Sieglinde Fitz-Grabher, und es kommt gar nicht so selten vor, dass man Leute trifft, die allen Ernstes meinen, die Lustenauer würden tatsächlich von den Zigeunern abstammen. Jene, die sich bei diesem Thema besonders gut auszukennen scheinen, bieten dann vielleicht sogar einen möglichen historischen Hintergrund an: Zur Zeit Karls des Dicken – er war im Jahr 887 nachweislich in Lustenau – seien im Gefolge des Kaisers auch Zigeuner hierher gekommen.

In Wirklichkeit dürfte der Übername vor allem das Ergebnis einer Kombination aus verschiedenen Charaktereigenheiten der Bewohner dieser Rheingemeinde sein, die landläufig den Zigeunern nachgesagt wurden. Dass die Lustenauer stets gerne gesungen haben und dies auch heute noch tun, ist eine dieser Eigenschaften. Dass es dabei vielleicht etwas lauter zuging als anderswo, mag ebenfalls stimmen. Auch die öfters genannte Geschäftstüchtigkeit könnte eine Rolle gespielt haben. Kaum in einer anderen Gemeinde dürfte das *»Schaffa, spära, husa, Katz verkoufa, selber musa ...«* so sehr als Lebensmotto verwirklicht worden sein wie hier.

Das bei den Rheingemeinden so oft erwähnte Schmuggeln scheidet hier von vornherein als Ursache für eine diesbezügliche Namensgebung aus, denn die Lustenauer schmuggelten ja nicht, sie »schwärzten« nur! So behaupteten sie es jedenfalls gerne, die Kirchenchronik indes weiß von der Mitte des 19. Jahrhunderts über dieses Thema anderes und Schlimmes zu melden. Auch Kaplan Eugen Hillmann bleibt wohl bei der Wahrheit, wenn es in einer seiner Text-Strophen, die er zu einem bekannten Lied beigesteuert hat, heißt:

»Wir schmuggeln auch ganz sicherlich, sicherlich ...
und fürchten die Finanzwacht nicht im schönen Lustenau.«

Schon gar nicht, wenn das entsprechende Wetter mitspielte. So hat es jedenfalls der »Seeger an der Lutz« in einem »Gsätzle« dargestellt, wenn es dort heißt:

» Z' Nuschlou, da neblets im Ried und am Rhi,
dört möcht i, wens neblet, ken Grenzjäger si.«

Um wieder auf den Namen »Zegiinar« zurückzukommen:

Ein guter Hintergrund für ihn ist wahrscheinlich in Folgendem zu suchen: Der Reichshof Lustenau war für die so genannten »Fahrenden« in alter Zeit stets ein besonders günstiges Aufenthaltsgebiet. Zusammen mit der Grafschaft Hohenems bildete er nämlich ein verhältnismäßig kleines Staatsgebilde zwischen Österreich und der Schweiz; drohte eine kontrollierende Streife, brachte man sich schnell über die nächste Grenze in Sicherheit. Dabei dürfte es sich gelegentlich durchaus um Zigeuner gehandelt haben, doch in dieser Gegend hielten sich früher auch nicht selten Leute auf, die man nur als solche bezeichnete: Karrenzieher, Scherenschleifer, Kesselflicker, Holzschuhmacher usw. und natürlich auch Bettler. Im Jahre 1835 schreibt der damalige Kreishauptmann Ebner, der größte Übelstand Lustenaus sei das altherkömmliche Bettelwesen. Nirgendwo in Vorarlberg gebe es mehr Gewohnheitsbettler als in dieser Gemeinde. Wenig zimperlich drückt sich über die Gemeinde der aus Schruns stammende Historiker Hermann Sander aus, der einmal meint, die Behauptung *»Er ischt eba-n-a Nuschlauer«* gelte nicht als Schmeichelei. Und der langjährige Professor am Feldkircher Gymnasium fährt fort, diebisches Wesen werde den »Nuschlauern« gleichfalls zugeschrieben, man nenne sie »Rieddiebe«. In einem Beitrag einer Zeitung des Jahres 1896 wird das noch genauer geschildert und auch hier spielt der bereits erwähnte Nebel eine offensichtlich nicht unwichtige Rolle: »*Ho, as neablet, kond mer gond ga Schtreue schtealo!*« So würden die Lustenauer Spitzbuben einander zurufen und die günstige Zeit ausnützen. Und bei der Lustenauerin Maria Grabher-Meyer findet sich der Spruch: »*Buoba, schtond uf ga Schtreui schteahla, 's Vorschtehers Buoba sind scho lang ganga!*«

Eine gewisse Rolle im Urteil über die Ortsbewohner dürfte wahrscheinlich ihre Mundart gespielt haben, unterscheidet sie sich doch beträchtlich von jener der Nachbarschaft. Auch Hannes Grabher findet einmal am Ende eines seiner Gedichte: »*Mer sind an ouogos Völkli ...*« Und wenn wir gerade bei den Redensarten sind: Eine, die für alle übrigen Vorarlberger als besonders kennzeichnend für die Lustenauer und ihren unverwüstlichen Optimismus gilt, ist wohl: »*Ho, bei Gott, ma richt's!*« Gelegentlich wurde sie noch erweitert und dann hieß es: »*Woaßt ma nümma wischst und hott, seit ma: Ho, ma richt's, bei Gott!*« Schließlich war es ja a alte Gschicht: *Z' Luschnou heat ma's all no g'richt.*

Ob das auch gegolten hatte, als die Rheingemeinde gar so oft in die Schlagzeilen kam, weil dort nicht wenige der Meinung waren, sie könnten eigentlich ihr altes Haus *Rouchlin z'koufit geyo?* Die Sache mit dem »*Warm abbreächo*« wurde jedenfalls so bekannt, dass den Bewohnern der Rheingemeinde schließlich ein neuer Name verpasst wurde: »Zünslar« oder »Brändlar« hießen sie nun und in der Chronik des Vorarlberger Volkskalenders des Jahres 1983 wird Lustenau geradezu mit einer gewissen Selbstverständlichkeit als »Abbrändler-Gemeinde« bezeichnet. »*Heascht reacht ka, daß dr 's Hus abbrännt ischt*«, habe ein Nachbar zu einem solchen Abbrändler gesagt, und in einem ähnlichen Fall soll einer, der sich auskannte, zum Besitzer der Brandruine gesagt haben: »*Erwüscht ma dea, wo's azündt heat, denn muaßt du lang ga hocka!*« Bei Hannes Grabher – und der muss es als gebürtiger Lustenauer ja wohl wissen – tröstet einer seinen Nachbarn, dem gerade sein Anwesen abgebrannt ist, und stellt abschließend fest, es sei gut, dass rund ums Haus unlängst noch gemäht worden sei, es würde jetzt sonst sicher kein Halm mehr stehen, worauf der Geschädigte meint: *»I han scho dänkt, as giäb an Huufo Lüt.«*

Auf jeden Fall galt, was der Lustenauer Mundartdichter zu diesem Thema feststellte:

Briennt amol a-n-eltrs Hus, goht d'r Sprützo 's Wass'r us.
D' Fürwehr sorgat jederzit, daß der Mänsch ko Schado lid't.

»Höpler«, der nächste Zuruf, scheint nach wie vor ein vertrautes Wort zu sein. Es ertönte vor allem aus Richtung Dornbirn und wollte die »Nuschlouar« offensichtlich mit dem Vergleich mit Kraut-, Kohl- oder Salatköpfen treffen. Die nahmen es eher gelassen, wussten sie doch, wie sehr auch die »Dorabiorar Süoßlarschnitz« das Gemüse der Lustenauer Felder schätzten. Oder steckte etwas ganz anderes dahinter? Fast könnte man es meinen, denn für die bereits erwähnte Maria Grabher-Meyer ist das »Höple« ein Häuptlein, ein Kopf, und die Redewendung *»Ar ischt a Höple«* bezeichne jemanden sozusagen als »dummes Stück Vieh«. In Wirklichkeit handelt es sich jedoch um einen eher harmlos gemeinten Spott, mit dem die Lustenauer ein etwas ungeschicktes Mädchen bedachten.

»Kenner von Lustenau denken beim Ortsnamen wohl zuerst an Lustenaus berühmten Senf, dann vielleicht an einen außergewöhnlichen alemannischen Dialekt und an einen besonderen Menschenschlag«, heißt es auf einer Internetseite. Tatsächlich hat Artur Schwarz für den ersten der angeführten Gedanken auch einen Namen erfahren: »Senftübel« nenne man die Lustenauer, doch der Ausdruck sei wohl neueren Datums, schreibt er vor nunmehr einem Vierteljahrhundert. Zu dieser Zeit gab es den »Lustenauer Senf« aber immerhin bereits seit 70 Jahren. Einen Tag vor dem 11.11.1911 hatte nämlich Richard Bösch eine Senfmühle erworben, die er in der Folge zu einem renommierten Betrieb ausbaute.

Und noch einen Namen führt der gerade erwähnte Volkskundler an: »Schißhüslebauer« und bestätigt damit eine Bezeichnung, die sich auch in einer wesentlich älteren Sammlung solcher nachbarlichen Freundlichkeiten findet. Das, was da von den Lustenauern gebaut wurde, war im Allgemeinen unter den Namen »Villa

Bückdi« oder »Tatschhüsle« bekannt, und es ging dabei um jene einstigen bescheidenen Bauten ohne Unterkellerung mit ihrer ebenerdigen Küche und den Wänden ohne Bodenmauerung, die jedem Vorbeikommenden ihre Armseligkeit verrieten.

Während so ein »Schißhüslebauer« ebenfalls vor allem aus Richtung Dornbirn ertönt sein dürfte, will Leo Jutz den Namen »Breama« in Hard gehört haben. Um genau zu sein: Der Bearbeiter des »Vorarlbergischen Wörterbuchs« erwähnt sogar »blinde Breama«.

»Jetz ischt dänn ab'r Höü gnuo hon!« So wird an dieser Stelle wahrscheinlich der eine oder die andere sagen, was für alle Nicht-Lustenauer mit *»Jetz ischt d' Äx am Bom!«* »übersetzt« werden könnte. Um die Wogen wieder zu glätten, sollen deshalb noch jene Bemerkungen des seinerzeitigen Pfarrherrn Franz Joseph Rosenlächer angeführt werden, die dieser vor nunmehr gut 200 Jahren seiner Kirchen-Chronik vorangestellt und mit ihnen von den Ortsbewohnern gemeint hat: »Sie sind industriös, fleißig und thätig, zeigen vielen Verstand und gesunde Beurteilungskraft, lieben aber ein aufgeräumtes, lustiges Leben und haben den Namen Lustenauer nicht umsonst.«

Gleich sechs Übernamen sind – oder zumindest waren – es, mit denen Lustenau aufwarten kann, es ist eine beeindruckende Zahl, der größten Marktgemeinde Österreichs wohl angemessen!

Mäder

Hutzla

Längst nicht bei jedem Übernamen lässt sich so genau sagen, aus welcher Zeit er mindestens herstammen muss, wie bei jenem der Mäderer »Hutzla«. In alten Zeiten war die Rheingemeinde dem Grafen von Ems zins- und zehentpflichtig. Der zehnte Teil des gesamten Ertrags an Feldfrüchten und Obst hatte ihm abgeliefert zu werden. Darüber wachte ein gräflicher Beamter, der so genannte »Zehentknecht«, der im Mäderer »Schlößle« wohnte. Nur das wilde, also das unveredelte, und das übrige besonders kleinfrüchtige Obst – so erklärte man sich die Sache jedenfalls später – fiel nicht unter die Abgabenbestimmungen, das durften die Mäderer behalten. Und was taten diese nun? Sie pflanzten mit Vorliebe Hutzele-Bäume. Deren Birnen waren zwar klein, aber das war ja in diesem Fall geradezu erwünscht. Zum frischen Verzehr waren sie gut geeignet, und wenn man sie ordentlich ausreifen ließ, schmeckten sie überaus süß. Außerdem gaben sie einen guten Most und fanden auch besonders in der Branntweinherstellung Verwendung. Eine ihrer besten Eigenschaften aber war eben: Sie waren zehentfrei. Zudem seien solche »Hutzler« ertragreich gewesen, so dass es nicht zu verwundern brauche, dass man Exemplare dieser Sorte – sie seien geradezu riesig gewesen – bei einigen Häusern von Mäder noch bis in die Dreißigerjahre des letzten Jahrhunderts gesehen habe.

So heißt es bei Burkhard Kilga und er vermutet noch einen weiteren Vorteil der Bäume dieser Art: Sie seien durchwegs an den Süd- bis Südostseiten der Häuser gestanden und mit ihren großen Baumkronen hätten sie diese gut vor den starken Südwinden geschützt. Inzwischen haben Pomologen und Vereine, die sich für die Baumpflege verantwortlich fühlen, mit der Birnensorte des »pyrus communis silvestris« ziemlich aufgeräumt.

Übrigens: Bei den beiden roten Früchten im unteren Feld des Gemeindewappens handelt es sich aber nicht etwa um »Hutzele«, sondern um Kirschen, die an die ehemalige Zugehörigkeit zum schweizerischen Reichshof Kriessern erinnern sollen.

Dass die Bewohner der Rheingemeinde in früheren Zeiten nicht selten mit dem Sprüchlein »*Mäderer Hutzla, Isagutzla, friß da Stiel mit samt da Butzla!*« geärgert werden sollten, dürften diese mit Fassung getragen haben, wussten sie doch selbst am besten, dass er nicht ganz unberechtigt war. Schließlich kam es schon gelegentlich vor, dass bei entsprechendem Heißhunger manchmal auch »Butzla«, also Kerngehäuse, mitverzehrt wurden. Was dabei mit dem »Isagutzla« gemeint gewesen ist, lässt sich nicht leicht beantworten. Anbieten würde sich natürlich eine weitere Frucht, eine solche aber ist nicht bekannt. Im »Vorarlbergischen Wörterbuch« findet sich indes eine interessante Erklärung eines Begriffs, der hier gemeint gewesen sein könnte: Eine Frau mache »Eisengut«, indem sie ihren Besitz von jenem ihres Mannes trenne, um vor eventuellem Verlust sicher zu sein. Hatte es hier etwa einmal einen derartigen Fall gegeben, der sich zu seiner Zeit herumgesprochen hatte? Oder waren die Mädererinnen etwa dafür bekannt, in solch heiklen Dingen besonders vorsichtig zu sein? Anders gefragt: War es vor allem die Weiblichkeit, die mit den »Isagutzla« gemeint sein sollte?

Nur der Vollständigkeit halber soll auch noch erwähnt werden, dass man bei uns im Land in manchen Gegenden unter einem »Hutzle« einen Mann in zerlumpten Kleidern verstand. Nicht verwunderlich, dass die Mäderer bei der Deutung ihres Übernamens bei ihren kleinen Birnen geblieben sind. Heute blicken sie jedenfalls mit gar nicht so wenig Stolz auf die einstige kluge Wahl beim Setzen dieser Bäume zurück und mit dem Ruf ihrer Hutzelezunft »*Hutzele, Hutzele, Schnaps und Moscht isch di beschte Narrakoscht!*« erinnern sie sich – Abstand verklärt bekanntlich – gerne an diese alten Zeiten.

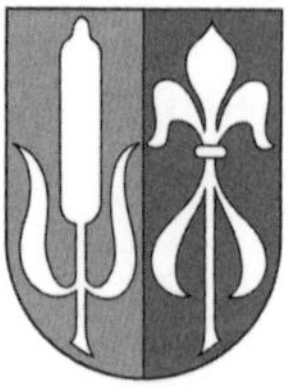

Meiningen

Bammilebüch

Wenn die Bewohner von Meiningen sich »Bammilebüch« nennen lassen mussten, ging es ihnen ähnlich wie den Fußachern und den Hardern mit ihren Namen »Groppar«. Beide Bezeichnungen meinen kleine Fische, die üblicherweise nur als Köder dienen. Beim »Bammele« handelt es sich um die gelb-bräunliche Elritze, die gerade ein paar Zentimeter lang wird. Auch im Wörterbuch der Gebrüder Grimm kommt ein »Bambele« vor, sein Name habe vielleicht damit zu tun, dass es »bammle«, d. h. sehr naschhaft und lebhaft sei. Gern wurde es, wie bereits erwähnt, als Köderfisch verwendet, und Derartiges brauchten die »Moaniger« ganz sicher. Wer rundherum von Flüssen und Bächen umgeben war, wusste sicher mit der Angel umzugehen. Hinter dem Spottruf darf auch durchaus eine gute Portion Neid der nachbarlichen Namensgeber vermutet werden, spielte doch gerade die Fischerei im Ehbach eine bedeutende Rolle. Das zuletzt genannte Gewässer *hat reines Quellwasser ... ist reich an Fischen, besonders Föhrinen (Forellen) und Ill-Lanken, gewöhnlich Rheinlachs genannt, sowie vereinzelt Aschen, welche aus dem Bodensee durch den Rhein in die Ill und die kleinen Bäche kommen,* heißt es in einem Werk des Hittisauer Historikers Joseph Ritter von Bergmann. Die Berufsfischer der Rheingemeinde zählten jedenfalls zu den besser situierten Bewohnern. Insgesamt aber gehört die Ortschaft wie alle Rheingemeinden zu den armen, schreibt Kreishauptmann Ebner 1841 und fährt weiter, und von diesen sei sie eine der ärmsten. Zwanzig Jahre später ist in einem Bericht ans k. k. Bezirksamt zu lesen, es seien Familien im Dorf, die sich *größtenteils von Fischen und Fröschen ernähren.* Wenn in diesem Zusammenhang auch die quakenden grünen Burschen erwähnt werden, ist nicht anzunehmen, dass bei den zuvor genannten Flossentieren besonders große Sorten gemeint waren. Mit beeindruckenden Bäuchen wird es also bei vielen »Moanigern« wohl nicht so weit her gewesen sein.

»Zwischen Frutz, Rhein und Ill schier unentrinnbar eingekeilt«, hat der Ortsnamenforscher P. Isidor Hopfner die Ortschaft beschrieben. Nicht verwunderlich, dass es da auch mit dem Ackerboden einst nicht gut ausgesehen hat, war die Gemeinde doch, wie es in einer alten Urkunde heißt, einer *3-fachen Wassergefahr unterworffen, als dem überschwemten Rheinfluß, der reißenden Ill und der rasenden Frutz, wo selbe die Felder wie auch die Häuser dergestalten schädigen und überschwemen, das nicht der 5te Theil der Häußer und Felder gesichert seind.*

Auch das Gemeindewappen enthält einen Hinweis auf die Zeit, als die Ortschaft am Rhein noch eine Fischersiedlung war: Rohrkolben und Schwertlilie zeigen zwei Gewächse, die einstmals vor der Entwässerung im sumpfigen Gelände besonders häufig vorgekommen sind.

Im Übrigen aber galt und gilt sicher nach wie vor: »*Moaniga ischt a schöas Gebiet.*« Die Fortsetzung allerdings »*As lit mitta im Ströüeried …*«, hat nur noch wenig Geltung, breiten sich da inzwischen doch weite Wiesen und schier endlose Felder aus.

Mit ihrem Übernamen haben sich die Bewohner hier in der westlichsten Gemeinde des Landes – und damit natürlich Österreichs – längst abgefunden, sie finden ihn sogar sehr passend, heißt ihr Fasnatruf doch: »*Bammile, Bammile, ho!*«

Mellau

Löblefreassar Grumbraschellar

»Und meor mügod Löble, Löble,
Löble, rund und rösch und frisch …«

So ertönt es im Lied »D' Löblefreassar« der Mellauerin Klara Schwendinger, und die letzte Strophe klingt geradezu nach einem Lebensmotto, wenn dort von den Ortsbewohnern betont wird:

»Schaffo, easso, späro, huso
und ou firo tuond meor geen.
Und meor blibod all dio aulto
Löblefreassor, hür wio feen.«

Der Hinweis auf »rund, rösch und frisch« deutet auf etwas Essbares hin, das da gemeint war, und laut dem »Vorarlbergischen Wörterbuch« handelt es sich bei den Mellauern um »Laiblefresser«. Es geht um Brötchen in Laibform, und ein wenig erinnert der Name an jenen der Bregenzer »Leabledruckar«, ob »drücken« oder »fressen« läuft wohl auf dasselbe hinaus!

Bleiben noch die »Grumbra«! Damit sind natürlich Grundbirnen gemeint; es ist nur einer der vielen Namen, mit dem die neue Frucht bedacht worden ist, von der es in der »Lingenauer Chronik« aus dem Jahr 1818 heißt: »Im Jahre 1735/36 sollen die Handwerksburschen im Herbst aus dem Elsaß Erdäpfel in ihren Felleisen als etwas Seltsames und hier ganz Unbekanntes mit nach Hause in unseren Wald gebracht haben, die aber nicht viel geachtet, doch wegen ihrer Seltenheit von einigen hie und da angepflanzt wurden; da man aber im Herbst beim Ausgraben erfuhr, daß sie doch gut, nahrhaft und im Pflanzen recht ergiebig seien, fanden sie bessere Aufnahme, wurden immer allgemeiner, und es entstand das Sprichwort: Erdäpfel und Überstrümpf sind das Beste, das jemals aus Frankreich gekommen ist.«

Im Übernamen wird nur das »Grumbraschella« erwähnt. Darauf, dass die Mellauer die Erdäpfel nicht nur geschält, sondern auch gesotten, vor allem aber gegessen haben, muss wohl nicht eigens hingewiesen werden!

Ob sie einmal von der Meinung von Franz Joseph Weizenegger gehört haben, die der »Vater der Vorarlberger Geschichtsschreibung« seinerzeit über die nahrhaften Knollen geäußert hat? »Viele Leute nähren sich bloß von Grundbirnen, obwohl die Ärzte ihren häufigen Genuß nicht für zuträglich erklären; sie wecken sehr früh den Geschlechtstrieb und stumpfen – vielleicht in Folge dessen – die Geisteskräfte ab.« Das angedeutete Risiko musste ein »Erdäpfler« wohl oder übel eingehen. So nannte man im nahen Schoppernau einen Armen, der fast nur von Kartoffeln lebte. In Felders Erstlingswerk »Nümmamüllers und das Schwarzokaspale« erzählt das Kaspale, als es seinen langweiligen Tagesablauf schildert: »Zu Mittag sott ich Erdäpfel und hörte ihnen zu, wie sie mir aus der Pfanne heraus das Lied vom armen Mann sangen.«

Dabei waren die Knollen keineswegs nur eine Speise der Armen. Wir würden uns heute kaum eine Vorstellung von der Revolution machen, welche die neue Frucht in unserer gesamten Volksernährung hervorgerufen habe, heißt es im »Wörterbuch der deutschen Volkskunde«, Hafer-, Hirsebrei und andere Hauptnahrungsmittel seien dadurch fast völlig vom Esstisch verschwunden.

Übrigens: Dass die beiden Übernamen jemals aus Richtung Hirschau ertönt sind, darf mit einiger Sicherheit ausgeschlossen werden, schließlich heißt es ja in einem »Gsätzle« des Bizauers Gebhard Wölfle:

Z' Mellou und z' Heoschou und dött umanand
seand d' Lüt no katholisch – si liobod anand.

Andererseits gilt aber doch wohl auch: »Was sich liebt, das neckt sich.«

Als letzter Spottname fand sich in einer etwa achtzig Jahre alten Liste ein Ausdruck, der wahrscheinlich den heutigen Mellauern kaum mehr bekannt sein dürfte: »Abrahämler«. Leider wird nicht näher erklärt, was damit einst aufs Korn genommen worden sein soll. Da der Name des biblischen Erzvaters beim Verfasser der erwähnten Sammlung unmittelbar nach »Brotfresser« und »Löblefresser« folgt, steht er vielleicht mit diesen beiden in näherer Beziehung. Tatsächlich lässt sich im »Vorarlbergischen Wörterbuch« dazu etwas finden: *»Lass' mr Abraham schö grüaßa!«*, heißt es da und die Erklärung dafür scheint sich hier gut einzufügen. So habe man nämlich nicht ungern zu einem Vielesser gesagt. Der abschließende Hinweis auf den zugerufenen Spruch *»Brot uff d' Schiba (Tisch), d' Mellouar sand dau!«* gibt der Erklärung von vorhin auch irgendwie Recht. Fast überflüssig zu erwähnen, dass dabei solche »Löble« besonders gefragt waren.

Mittelberg

Wurmer

Als »dumme Kerle« seien die Kleinwalsertaler insgesamt auf dem Tannberg bezeichnet worden, heißt es beim Historiker Hermann Sander, und er vermutet, es sei der Rest einer alten Feindschaft, die vor rund 440 Jahren zur Trennung der Gerichte Tannberg und Mittelberg geführt habe. Und dann erwähnt er für die Mittelberger den Namen »Wurmer«. Es scheint sich dabei um einen jener Ausdrücke zu handeln, deren sich die Tannberger in ihren »spottigen reden, worten und werckhen« auf Anordnung des zuständigen Vogtes im Namen des Kaisers zu enthalten hatten. Fast unnötig zu bemerken, dass die Mittelberger dabei natürlich ebenfalls gemeint waren. Gegen die Übertreter dieser Vorschrift sei »mit unabläslicher straff« zu verfahren. Die Tannberger werden trotzdem lauthals »Wurmer« gerufen haben, sonst hätte sich der Spottname ja wohl kaum bis in die heutige Zeit erhalten können. Wie es zur etwas seltsamen Bezeichnung gekommen sein könnte, darüber kann man beim oben erwähnten Heimatforscher Folgendes nachlesen:

Ein Mittelberger fand ein Stück Aas, das schon über und über mit Würmern besetzt war, er aber glaubte, einen »Gerstenbruch« entdeckt zu haben.

Na ja, so wird man denken, da hat sich einstmals ein einzelner Ortsbewohner in einer harmlosen Sache getäuscht, und schon hat eine ganze Dorfgemeinschaft ihren Übernamen verpasst bekommen, aber so ist es eben bei derartigen Spötteleien nicht selten. Erklärungsbedürftig ist wohl auch noch, was genau der Mittelberger denn da entdeckt haben soll, bzw. was es mit dem erwähnten »Gerstenbruch« auf sich haben könnte. Der Name deutet auf gebrochene Gerste hin; Derartiges wurde besonders gern den Rössern gefüttert, sollten diese doch nicht zu viel Haber bekommen, da sie sonst übermütig wurden, wenn sie »der Hafer stach«. Gut möglich, dass einmal ein Bauer aus einem Sack mit solchem Gerstenbruch ein ordentliches Quantum verloren hatte. Das lag jetzt also auf der Straße, dann kam der Mittelberger des Weges und freute sich entsprechend über den Fund, der sich dann aber leider als über und über von Würmern bedecktes Stück verfaultes Fleisch herausstellte.

Klingt diese Erklärung zwar recht dürftig, aber immerhin noch glaubhaft, so scheint es sich bei jenem Geschichtchen, das Sander im Anschluss daran erwähnt, um eine reine Spöttelei zu handeln. In ihm kommt überhaupt kein Wurm mehr vor, es geht um einen Maulwurf. Da dieser wohl auch wie seine Artgenossen ausschließlich hinter tierischer Nahrung, somit also hinter Würmern her war, vor allem aber, weil es die Mittelberger mit ihm zu tun bekommen haben sollen, mag die Anekdote ebenfalls erwähnt werden.

Einmal hätten sie so einen fleißigen Gräber gefangen, ihn in einen Käfig gesperrt und den »grossen Rath« einberufen, damit er über das Schicksal des schwarzen Burschen entscheide. Es wird nicht ausdrücklich gesagt, aber es klingt fast, als hätten die »Wurmer« Angst vor dem Tierchen gehabt. Der Urteilsspruch sei entsprechend hart ausgefallen. »Lebendig begraben!«, habe er gelautet. Der Gefangene dürfte es mit Freude vernommen haben. Nicht unerwähnt bleiben darf an dieser Stelle der Hinweis, dass es sich beim Maulwurf-Begraben um ein beliebtes Motiv der Walserüberlieferung handelt.

Uns aber mag es weiterhin wurmen, was es mit den »Wurmern« tatsächlich für eine Bewandtnis gehabt haben mag. Leo Jutz erwähnt im »Vorarlbergischen Wörterbuch«, die Bezeichnung gelte einem nichtsnutzigen Menschen; aufgeklärt worden sei er darüber in Langenegg. Das würde natürlich gut zur Absicht eines Spottnamens passen, die »Wüschtner« werden derartige Vorderwälder Weisheiten indes sicher nicht allzu Ernst genommen haben.

Die gerade erwähnte Bezeichnung »Wüschtner« ist wahrscheinlich erklärungsbedürftig. »Wüstnern« ist der alte Name für

Mittelberg; er soll vom ersten Bewohner stammen, der Johannes Wüstner geheißen habe. Gut möglich, dass dieser einstmals aus dem Laternsertal – wo es ja nach wie vor die beiden Alpen Untere und Obere Wüste gibt – hierher gekommen war.

Hirschegg

Schtiirälpeler

»Der Lage nach der Mittelpunkt des kleinen Walsertals«, stellt der Ortsnamenforscher P. Isidor Hopfner fest und fährt dann fort, hier müssten früher die Hirsche ihren »Wechsel« gehabt haben. Die Hirschegger sind indes in ihrem Übernamen mit einem ganz anderen Tier in näheren Zusammenhang gebracht worden.

»Schtiirälpeler« das war wohl eine Bezeichnung, die hier im Kleinen Walsertal einmal fast jedem hätte gelten können. Dass man sich in einem Lebensraum, der über 1000 Meter liegt, von allem Anfang an nicht auf den Ackerbau verlegen konnte, sondern hauptsächlich mit der Viehzucht beschäftigte, lag schließlich auf der Hand.

So bescheiden die Ausbeute an Ortsübernamen im Kleinen Walsertal ausfällt, an Übernamen, die einzelnen Sippen zugedacht worden sind und noch werden, nimmt das Gebiet hier an der Breitach sicher eine Spitzenstellung ein: Besonders Tiere gab es nicht wenige, die als Vergleich herhalten mussten. Angefangen von »Schäära« ging es übers Federvieh mit »Gugger«, »Hännavogel« und »Giggeler« bis zu den »Gitzeler« und »Hooraschtiir«. Bei Letzterem – das muss einem Nicht-Walser wohl erklärt werden – hatte man übrigens nicht etwa an ein besonders haariges Exemplar zu denken, sondern an einen Hörner-Stier. Gemeint war sozusagen ein Tier, das seine Hörner nicht nur trug, sondern auch entsprechend einzusetzen wusste.

Um die Sache aber nicht zu positiv darzustellen, soll noch ein Blick ins »Kleinwalsertaler Mundartwörterbuch« geworfen werden. Dort heißt es ohne lange Umschweife, »Hooraschtiir« sei eine Bezeichnung für einen groben Mann. Es handelte sich also gewissermaßen um jemanden, den man landläufig auch als Hornochsen bezeichnete, auch wenn es da – genau genommen – eigentlich schon noch einen großen und vor allem entscheidenden Unterschied gab.

Gerade die Hirschegger sollen im Erfinden von solchen Titulierungen besonders begabt gewesen sein. Einmal durch ihr Dorf zu gehen, habe vollkommen genügt, um schon einen Übernamen verpasst bekommen zu haben, hieß es früher nicht ohne warnenden Unterton. Einer, der dabei offensichtlich verschont worden ist, scheint der seinerzeitige Kreishauptmann Ebner gewesen zu sein. Als er vor nunmehr etwa 170 Jahren das Tal bereiste, hielt er jedenfalls anschließend in seinem Bericht fest, die Bevölkerung bestehe »aus fast lauter sehr ruhigen, braven und rechtschaffenen Leuten«, deren Charakter »ungemein friedliebend« sei.

Dass der Name »Hirschegg« vor einigen Jahren von einem Spaßvogel als »Jagdgebiet der Egger« gedeutet worden ist, soll nur noch am Rande vermerkt werden.

Riezlern

Schnägga

Als der Volkskundler Hermann Sander im Jahre 1888 über die »Volk- und Ortsneckereien in Vorarlberg« berichtet, beginnt er mit den Tannbergern und kommt gleich darauf auf die »Leute des kleinen Walsertals« zu sprechen. In der Folge sind diese für ihn nur die »Mittelberger«. Ihnen könnten die Bewohner von »Rüezle« das Folgende also problemlos zuschieben. Da indes im »Kleinwalsertaler Mundartwörterbuch« beim Stichwort Schnägga ausdrücklich Riezlern erwähnt wird, sollen die Bewohner des größten Ortes hier im Tal auch für ihren eigenen Übernamen geradestehen.

Sander tischt auch eine kleine Geschichte auf, die sich gut als Erklärung des Spottes anbietet. Sie wird allerdings ganz ähnlich auch von anderen Orten berichtet, ja, es schaut ganz so aus, als würde sie besonders gern bei den Walsern erzählt.

Einmal habe es in einem Jahr gar nicht Sommer werden wollen, da hätten die Dorfbewohner eine Bittprozession abgehalten. Auf einmal sei eine Schnecke über den Weg gekrochen gekommen, ein Tier, das noch keiner von ihnen je zuvor gesehen hatte. Man rief den »grossen Rath« zusammen. Das waren zwölf Personen, die alle ziemlich ratlos um das Tier standen: *»Es hat ka Hora und decht Hora, ka Auga und decht Auga und d's Sennchessi uf'm Rugga«*, stellten sie fest. Mit den erwähnten »Hora«, also den Hörnern, waren natürlich die Fühler des Tierchens gemeint, und das Häuschen erinnerte die Prozessionsteilnehmer ganz offensichtlich an ein »Sennchessi«, einen Sennkessel. Das Ergebnis der Beratung lautete schließlich, es müsse sich wohl um den Sommer höchstpersönlich handeln. Dann steckten sie den »Gotzfetzen« (Kirchenfahne) in die Erde und gingen heim.

Von besonderer Frömmigkeit zeugte das Ganze ja nicht, wurde die Prozession doch allem Anschein nach gar nicht mehr zu Ende geführt. Der Sommer war da, das hatte offensichtlich genügt. Nun überraschen solche Namenserklärungs-Geschichten ja nicht selten durch ihre Harmlosigkeit, aber ein bisschen mehr hätte man sich wahrscheinlich schon erwartet. Vor allem aber kommt dazu, dass es bei der Glaubwürdigkeit der Begebenheit schon gleich von Anfang an hapert, da eine völlige Unkenntnis des beschriebenen Weichtiers ja doch mehr als unwahrscheinlich klingt. Aber so ist es eben mit Übernamen, sie übertreiben und es geht ihnen eigentlich nur darum, den Nachbarn »zur Schnecke zu machen«.

Dass die Frastanzer »Schneacka« mit einer ganz ähnlichen Geschichte aufwarten können und damit ebenfalls zu so einer Schnecken-Bezeichnung gekommen sind, soll nur noch am Rand erwähnt werden.

Möggers

Warum es hier auf dem nördlichen Pfänderrücken mit einem Ortsübernamen gar so mager aussieht, ist nicht so leicht zu erklären. Dabei hat es da heroben in früheren Zeiten durchaus Dinge gegeben, die den Nachbarn Anlass geboten haben könnten, den Bewohnern von Möggers einen zünftigen Spottnamen zuzurufen. So weiß zum Beispiel der seinerzeitige Kreishauptmann Ebner anno 1835 zu berichten, noch vor einigen Jahren sei hier die Herstellung von schwarz gefärbten Männerstrohhüten sehr in Blüte gewesen. Zu einem entsprechenden Übernamen scheint es aber nicht gekommen zu sein.

Oder die Sache mit den besonders geschickt zugerichteten Brettern, die so fein gesägt waren, als seien sie bereits gehobelt worden. Schon nach einem einzigen Blick habe ein erfahrener Holzhändler erkannt, dass das Brett vor ihm nur aus Möggers stammen konnte, so perfekt sei dessen Zurichtung gewesen. Ein Lindauer, der einige Zeit in Frankreich gewesen sei, habe versichert, in der Gegend von Paris Bretter aus Möggers gesehen zu haben. Da nahm man sicher in Kauf, wenn dieses Material auch um einiges teurer war als das anderer Anbieter.

Ob die »Meggehuimer« dafür bei der Entlohnung der Zimmerleute gespart haben? Auf diesen Gedanken könnte man kommen, wenn man jenen Zweizeiler hört, den Adolf Dörler vor mehr als hundert Jahren notiert hat:

Z' Litzerite und z' Esserite
hond d' Zimmerlit dea greschte Hunger glitte …

Für alle weniger Ortskundigen muss erwähnt werden, dass es hier um zwei Ortsparzellen geht; während Lutzenreute heute auf Eichenberger Boden liegt, zählt Essenreute nach wie vor zu Möggers.

Insgesamt gesehen ist die geschilderte Fertigkeit in der Holzbearbeitung natürlich kein Anlass für nachbarlichen Spott, doch in diesem Zusammenhang erwähnt Ebner noch etwas: Es gebe in Möggers keine einzige Ziege. Die Wiederkäuerinnen fräßen nämlich gern die Triebe und die Rinde junger Bäume ab und er nennt sie die »geschworenen Feinde der Forstkultur«. Wäre das nicht Grund genug gewesen, die »Meggemar«, die offensichtlich ebenso »geschworenen Feinde der Ziegen«, mit einem entsprechenden Namen zu »beglücken«?

Noch eine Möglichkeit hätte sich geradezu angeboten, die Bewohner hier heroben nicht ganz leer ausgehen zu lassen, wenn es um Spott gehen sollte. Da gibt es gleich in ihrer Nähe über der Grenze die Ortschaft Scheidegg. Von deren Bewohnern erzählte man sich ein besonderes Heldenstücklein. Es ging um eine Jagd, genauer gesagt um eine Treibjagd, und das Ziel war ein Bär. Gesehen worden war das Tier im Rohrach, einer Waldschlucht des Rickenbaches im Grenzgebiet zu Möggers. Groß sei es, zottige Haare habe es, vor allem aber sei es weiß, so versicherte der Jäger, der es erspäht haben wollte, und es sei ganz sicher ein – Eisbär! Klar, dass da alle Weidmänner der Umgebung gefordert waren. Der Pfarrer habe seinen Segen dazu gegeben und dann seien die wackeren Jäger und Treiber losgezogen. Es habe nicht lange gedauert und das Tier sei zur Strecke gebracht worden. Natürlich wollten jetzt alle den erlegten Eisbären sehen und so wurde die Jagdbeute im Dorf zur Besichtigung ausgestellt. Alle bestaunten das seltene Tier und natürlich auch den Mut der Jäger, bis ein Schulbub meinte: »*Bigottsch, i mui, des isch a Hund!*« Tatsächlich soll sich der Eisbär dann als zottiger, weißer Schäferhund herausgestellt haben, der schon vor einiger Zeit entlaufen war. Seitdem heißen die Nachbarn über der Grenze »Isbäro«.

Was das Ganze mit Möggers zu tun haben soll?

Bis vor etwa 190 Jahren war das Landgericht Weiler, also das Westallgäu, noch bei Österreich und somit bei Vorarlberg. Dazu gehörte auch Scheidegg, und es ist anzunehmen, dass bei dem Unternehmen die Hubertusjünger aus Möggers ebenfalls mitgetan hatten; vorausgesetzt, die Geschichte, die da erzählt wird, ist bereits so alt. Doch auch eine spätere Grenze dürfte so manchen wackeren »Meggemar« wohl kaum abgehalten haben, sich an der geschilderten Treibjagd zu beteiligen.

Und noch ein Tier hätte es gegeben, das für eine »Namensgebung dieser besonderen Art« in Frage gekommen wäre. Der bekannte Ortsnamenforscher P. Isidor Hopfner, ein gebürtiger Bucher, weist auf die drei Flurnamen Saumoos, Saumühle und Saurücken hin und ist der Meinung, der Namen Möggers habe mit dem keltischen moccos (Eber) zu tun. Die vielen Eichen ringsum seien der Schweinezucht sicher förderlich gewesen.

Das Stichwort »Eichen« fällt im richtigen Moment, bleibt doch zu guter Letzt noch zu bemerken, dass sich die Eichenberger als Nachbarn nicht nur bei der erwähnten Ortsparzelle Lutzenreute, sondern auch bei allen anderen Betrachtungen und Vermutungen mitgemeint fühlen dürfen, schließlich wurde ihre Gemeinde erst im Jahre 1922 von Möggers abgetrennt.

Nenzing

Stiara

Wenn den Nenzingern ein »Stiara« zugerufen worden sei, hätten sie das meist mit einem geringschätzigen Lacher quittiert, sei es doch für sie eher ein Ruhmesblatt ihrer Dorfgeschichte gewesen, das mit dieser Titulierung aufgeschlagen worden sei. Der Name erinnere nämlich an jene legendären Ringkämpfe, die sie sich seinerzeit mit den Seewisern – den Nachbarn auf der anderen Seite des Rätikons – geleistet hätten, und diese Auseinandersetzungen seien zu ihren Gunsten ausgegangen. *»D' Nenzinger hend kämpft wiä Stiarä!«*, so hätten damals die Schweizer daheim auf die Fragen ihrer Frauen als eine Art Entschuldigung für ihre Niederlage geantwortet, wodurch die Nenzinger zu ihrem Respekt einflößenden Dorfübernamen »Stiara« gekommen seien.

Fast zu schön, was sich die Nenzinger da heute erzählen und dabei geradezu auf ihre Schultern klopfen. Zweifelsohne waren bei solchen Kämpfen – es ging dabei darum, ob der Grenzverlauf oben auf dem Gebirgskamm oder unterhalb des Barthümel-Joches auf Nenzinger Boden verlaufen sollte – harte Schädel gefragt. Andererseits, wann jemals ist es den Nachbarn bei einer Namensgebung um Lob gegangen? Es wird also wohl eher so gewesen sein, dass mit dem Zuruf »Nenziger Stiara!« den Ortsbewohnern ähnliche Charaktereigenschaften, wie sie der erwähnte Vierbeiner besitzt, an die harten Köpfe geworfen werden sollten.

Wie bei manchen größeren Gemeinden waren auch hier in Nenzing die einzelnen Ortsparzellen mit eigenen Übernamen bedacht worden. Die »Beschliger« zum Beispiel, die waren »Kärra«. In Wirklichkeit verwendeten sie solche – gemeint waren zweirädrige Karren –, auf denen so ziemlich alles transportiert werden konnte, und von denen sich hier einst in jedem Haus mindestens ein und oft sogar zwei Exemplare befanden, besonders das Getreide bzw. das Mehl musste immer weit transportiert werden, weil es mit einer Mühle in Beschling wegen Wassermangels stets gewisse Probleme gab.

»*Lond da Karra schnella!*« So oder ähnlich wird es dann wohl geheißen haben, wenn mit der Arbeit begonnen wurde. Nicht verwunderlich, dass auch die Fasnat hier von einem überzeugten »*Karra, Karra, hoo!*« begleitet wird.

»*Schmürba und Salba hilft allenthalba,*
hilft's net bi da Kärra, hilfts doch bi da Herra ...«,

hat Gabriel Ludwig Seeger, der bekannte »Seeger an der Lutz«, einmal gemeint, und auch dann, wenn es bei den Kärra nicht zu helfen schien, schaden konnte es keinesfalls.

Wahrscheinlich etwas überraschend klingt der Übername »Stäplattaflözer«, und zwar vor allem deshalb, weil man ihn als Bezeichnung für die Bewohner von Satteins zu kennen glaubt. In einem Zweizeiler aus dem Jahre 1670 (!) indes spottet dessen Verfasser:

»*Jez will ich auch gehn Nenzig khon,*
die naren platen flözen lohn ...«

Genau genommen, ist es der Übername der Latzner, und in Frage gekommen wäre bei der nachgesagten »Flözerei« wohl die Galina. Überflüssig zu erwähnen, dass so ein Flöß-Versuch von Anfang an zum Scheitern verurteilt war; ebenso unnötig darauf hinzuweisen, dass es sich bei der ganzen Sache ohnehin sicher nur um reine Spöttelei gehandelt hatte.

Auch auf die Bewohner der Parzellen Motten, Halden und Mariex wurde nicht vergessen. »Zettelrähmler« habe man sie geheißen. Damit waren natürlich keine »Pinnwände-Hersteller« gemeint, und auch »angezettelt« haben die derart Titulierten nichts, jedenfalls nichts Ehrenrühriges. Das Wort entstammt der Sprache der Weber; bevor nämlich mit der Weberei begonnen werden konnte, musste die Fadenkette auf einem entsprechenden Rahmen ausgespannt werden. Weil das der Beginn der Arbeit war, bedeutete »anzetteln« eben anfangen. Mit dem heute nur noch in ungünstigem Sinn gebrauchten Ausdruck hat das natürlich nichts zu tun, der Übername weist vor allem auf die eintönige Fabriksarbeit hin, zu der auch oft Kinder herangezogen worden sind. Und wenn wir nun schon bei den Textilien sind, ebenfalls im Zusammenhang mit diesem Erwerbszweig dürften die »Sunnatüchler« stehen; es könnten jene Tüchlein gewesen sein, die man als Kopftücher verwendete.

Bleiben noch die »Gurtner«, die »Gägaler«. Ob es hier heroben tatsächlich – wie es die spöttische Bezeichnung ausdrückt – so viele Kleinwüchsige gab, dass der Name berechtigt war? Daneben habe es auch recht groß Gewachsene gegeben, gut denkbar, dass die anderen neben diesen kleiner erschienen, als sie in Wirklichkeit waren. Wie ihm auch sei, den heutigen Gurtisern kann man vorwerfen, was immer man will, mangelnde Körpergröße gehört sicher nicht dazu. Und wenn es jemals anders gewesen ist, haben sich die Kleineren mit einem alten Sprüchlein trösten können: *Di klenna Lüt heat Gott erschaffa, di großa sind eam is Holz gwachsa!*

Nüziders

Mählbira

Mit dem uralten Namen Nüziders hat der Übername der Nüziger offensichtlich nichts zu tun, der bedeute nämlich so viel wie »Nußdorf«. So hat es seinerzeit der Emser Historiker Franz Häfele erklärt und er fährt weiter: »Noch heute gedeihen dort an den von südlichem Hauche gesegneten Hängen zahlreiche Nußbäume.« Davon ist inzwischen nicht mehr viel zu bemerken. Es geht aber ohnehin nicht um diese ehemaligen Nussbäume, sondern um andere Bäume, die es hier auch einmal gegeben hat; um jene mit den so genannten »Mehlbirnen«, und wir haben es beim Nüziger Übernamen mit einem jener Sorte zu tun, von dem sich das Alter ziemlich genau bestimmen lässt.

Es war um die Mitte des vorletzten Jahrhunderts, als auch hier wie andernorts in alten Weinbaugebieten unseres Landes merkliche Einbußen zu verzeichnen waren. Angefangen von frühen Herbstfrösten und Missernten ließe sich eine Reihe von Ursachen für den Rückgang des Weinbaus anführen: Rebenkrankheiten, Schädlinge wie z. B. die bekannte Reblaus, steigende Ausgaben für Löhne und vor allem auch der Ausbau von Straße und Schiene (Arlbergbahn), der die Importe von besseren und billigeren Weinsorten ermöglichte. Wenn man einem Spaßvogel glauben darf, der sich vor mehr als 300 Jahren über die Qualität des Rebensaftes der Nüziger lustig gemacht hat, war mit diesem aber ohnehin nicht allzu viel Eindruck zu machen.

Zue Nüziders waxt ein saurer wein,
ist guet das einer dro khan sein,

heißt es in seinem Spottgedicht. Mit dem erwähnten »dro« dürfte er »trocken« gemeint haben; es war somit von Vorteil, diesem Wein nicht besonders zugetan zu sein oder – noch besser – ihn überhaupt zu meiden.

Doch kein Nachteil ohne Vorteil! Die verschwindenden Rebkulturen machten den Obstgärten Platz. Nicht dass es vorher kein Obst gegeben hätte, da es sich bei diesem aber um kein besonders haltbares handelte, wurde vor allem fleißig gedörrt. Damit hatte man dann nicht nur das Jahr über Dörrobst, sondern konnte sogar noch Jahre mit geringerer Ernte überbrücken. Auch beim Brotbacken ließ sich das Gedörrte gut verwenden und das heute gern gegessene Früchtebrot ist somit aus der Not heraus entstanden. Was wurde da nicht alles angepflanzt: Hansabira, Gärtlabira, Kaiserbira, Gelblänga und eben Mählbira. So richtig schmackhaft waren diese zwar nicht, aber da gab es ja noch eine ganz besondere Möglichkeit, sie zu verwerten: Most! Auch die bereits erwähnten heimischen Weine, die qualitätsmäßig mehr und mehr nachgelassen hatten, waren Anlass gewesen, sich nach anderen wohlschmeckenden Flüssigkeiten umzusehen. Das wäre vielleicht auch schon früher erfolgt, doch solange der Walgau ein Weinbaugebiet war, war die Mosterzeugung gesetzlich verboten gewesen, um alle Verfälschungen des Traubensaftes zu verhindern. Ab nun wurden vor allem Bäume mit Mostbirnen gepflanzt, aus denen sich vorzüglicher Gärmost erzeugen ließ, und dass diese Früchte bei der Schnapsbrennerei höhere Erträge geben als Äpfel, ist bekannt.

Ein Vorteil bei der Mehlbirne war sicher, dass sie früh reifte. Auf eine andere Eigenschaft hätte man eher verzichten können. Es ist jene, die auch im heutigen Fasnatruf der Nüziger erwähnt wird. »*Bira, Bira, Mähl!*«, heißt es da; der Hinweis aufs »Mähl«, also auf ihr schnelles Mehligwerden, ist nicht zu überhören.

Raggal

Schiißchöbelemoler Stiara

Geradezu ein »Bilderbuch-Übername«, den sich da die lieben Nachbarn für die Raggaler ausgedacht haben! So ist man beim ersten Hören vielleicht versucht zu sagen. Dann aber ertönt ein *»Raggoler – Schiißchöbelemoler!«*, und mit einem Mal klingt die Sache doch sehr nach einem holprigen Reim, sodass wohl vermutet werden darf, auch hier sei wieder einmal die »hohe Dichtkunst« Ursache für die Namensgebung gewesen. Es geht dabei um »Potschamper«, also um hölzerne Nachttöpfe, und die waren in früherer Zeit natürlich nicht nur hier bei den Walsern üblich. Hier aber waren sie offensichtlich bemalt, schließlich verzierte man ja fast alle Einrichtungsgegenstände wie Betten, Kästen usw. Warum also nicht auch Nachttöpfe? Gelegentlich können kunstvoll bemalte Exemplare dieser Art noch heute in Heimatmuseen bewundert werden.

Fürs Erste mochte der Übername ja zum Lachen reizen; vielleicht war er aber auch ein wenig als Vorwurf der Hoffart zu verstehen. Oder verbarg sich dahinter etwa gar ein bisschen Neid auf die stets »weechen« Bewohner der Gemeinde auf der Schattenseite des Tales. Jene Raggaler, denen all diese Erklärungen nicht genügten, die Sache von der harmlosen Seite zu sehen, konnten sich übrigens immer noch mit einem zweiten Übernamen trösten: Dann waren sie eben »Stiara«, ebenso wie die Bartholomäberger, Brazer, Nenzinger und Warther und noch etliche andere. Damit sind zwar üblicherweise grobe, halsstarrige Bewohner gemeint, mit denen nicht gut auszukommen ist, andererseits ist beim Vergleich mit diesem starken Tier doch auch etwas an respektvoller Bewunderung mit herauszuhören. Gar nicht davon zu reden, wenn im »Vorarlbergischen Wörterbuch« als Erklärung zu lesen ist, es handle sich dabei um »stark erotisch Veranlagte«.

Oder hat es etwa gar mit einer ziemlich verbreiteten Walsersage zu tun? Da hätten einmal die Einwohner von Lötsch im Wallis oder die von Saas, von Tenna oder Trimmis im Graubündischen oder die Walser in irgendeinem anderen Gebiet festgestellt, dass auf dem Dach ihrer Kirche das schönste Gras wuchs. Natürlich wollte es jeder haben, und um niemand zu benachteiligen, sollte es schließlich der Gemeindestier zu fressen bekommen. Man nahm einen Strick, legte ihm damit eine Schlinge um den Hals und zog ihn hinauf. Als das Tier fast oben war, sperrte es – schließlich ging es um sein Leben – das Maul weit auf und streckte die Zunge heraus. »*Lueget, lueget, er schlackt scho derna!*«, riefen alle, doch der Stier war bereits tot, erwürgt.

Wie auch immer der Übername entstanden sein mag, die Raggaler haben den Stier bei den Hörnern gepackt und stehen zu ihm; nicht umsonst hat die im Jahre 1985 gegründete Funkenzunft in ihr Zunftabzeichen einen schwarzen Stierkopf mit roter Zunge aufgenommen, und lautstark ertönt es in der Fasnat: »*Stiara, Stiara, Hora, Hora!*« Zusammen gelesen ergibt das sozusagen einen »Hooraschtiir«, laut dem »Kleinwalsertaler Mundartwörterbuch« sei das eine Bezeichnung für einen groben Mann, einen Hornochsen sozusagen. Fast überflüssig zu erwähnen, dass es zum zuletzt erwähnten Wiederkäuer schon noch einen entscheidenden Unterschied gibt!

Marul

Bohna
Bohnapicker
Bohnastinker

Hier scheint sich offensichtlich alles um die Bohnen zu drehen. Der besonders schön gelegene Ort am Eingang ins Laguztal, etwa 40 Minuten ostwärts von Raggal, war bis in die Mitte des vorigen Jahrhunderts ein besonders armes Bergdörflein, in dem es in puncto Lebensmittel nicht gut stand. Die Maruler wussten sich offensichtlich zu helfen und pflanzten eine besonders berg- und klimataugliche Bohnensorte an, die mit der heute bekannten großen Ackerbohne, der »Saubohne«, verwandt sein dürfte, vor allem aber geeignet war, über die schlimmsten Hungerzeiten hinwegzuhelfen.

Natürlich ist bei diesem Zuruf der Spott, sich eher einfach zu ernähren, wieder einmal deutlich zu hören, galten ja einstmals alle Hülsenfrüchte als »Arme-Leute-Essen«. Heute läge Marul damit indes voll im Trend. Vorbei sind die Zeiten langweiliger Eintöpfe, die außerdem noch schwer im Magen liegen. Erbsen und Bohnen sind gerade in der kalten Jahreszeit angesagt, enthalten sie doch viel Eisen, Ballaststoffe und wichtige Vitamine.

Eigentlich hätte »Bohna« als Bezeichnung für die Maruler ja durchaus genügt, aber so ein richtiger Spott war eben erst bei einem »Bohnapicker« herauszuhören. Der Ortsübernamen-Fachmann Artur Schwarz führte den Namen seinerzeit jedenfalls an, und dass dann auch noch ein »Bohnastinker« folgte – folgen musste –, war eigentlich vorhersehbar. Jedes Böhnchen gibt bekanntlich ein Tönchen und meistens bleibt es ja nicht bei einem.

Fehlte gerade noch, dass die Nachbarn schließlich noch mit »Böhneler« aufwarteten, der beliebten Bezeichnung für übertrieben genaue Zeitgenossen, aber das waren die Maruler nicht. Sie waren schlicht und einfach »Bohna«, und zu diesem Namen stehen sie auch heute, was man daraus ersehen kann, dass ihre Fasnatveranstaltung, die alljährlich im Schulsaal stattfindet, »Bohnaball« heißt.

Rankweil

Hirschflözer Stangabotzer

Besonders als Gerichtsort hatte Rankweil einst große Bedeutung und darauf durften die Rankler sicher mit Recht stolz sein. Erst recht aber war ihre Wallfahrtskirche weitum bekannt, und wenn dort jeweils am ersten Septembersonntag »Kilbi« gefeiert wurde, kamen viele Menschen der näheren und weiteren Umgebung hinauf zur Liebfrauenkirche. Erfahrungsgemäß war an diesem Tag nicht selten Regenwetter, was etlichen Ranklern aber nur recht gewesen sei, denn schlechtes Wetter bedeutete Hochwasser in der Frutz, und dieses war wichtig für das, was sie vorhatten. Da galt es nämlich, einen Hirsch für den Kilbibraten herauszuflößen. Dabei ging es in den meisten Fällen um Tiere, die beim schnell angestiegenen Hochwasser jämmerlich ertrunken waren, und es handelte sich dabei natürlich nicht immer nur um kapitale Hirsche. Klar auch, dass bei derartigen Anlässen stets viel Holz aus dem Laternsertal herausgeschwemmt wurde, und oft blieb so ein totes Tier dann tief unter diesem begraben und entwickelte dabei unangenehme Verwesungsdüfte. Derartiges hätten die Muntliger jedenfalls gar nicht so selten feststellen müssen, wenn sie auf ihrem Weg zur Rankler Kirche über den Steg gegangen seien, und der Geruch sei ihnen dann meistens noch lange in der Nase geblieben.

Und wenn kein Hirsch den Ranklern den Gefallen tat, zum richtigen Zeitpunkt – also knapp vor der Kilbi – ins Hochwasser der Frutz zu geraten? Dann hätten sie eben selbst nachgeholfen. An einem solchen verregneten Kirchweihsonntag jedenfalls seien einige Burschen wildern gegangen, weil sie sich sicher gewesen seien, dass der Waldaufseher bei diesem Wetter im Wirtshaus sitzen würde. Der Hirsch sei ihnen aber »verfallen« und auf diese Art doch noch in die Frutz geraten. Dort sei er dann an einen Rechen geschwemmt worden; er war genau zur richtigen Zeit gekommen, um als Kilbibraten guten Eindruck zu machen.

Einmal hätten sie auch – vom »Flözen« ist dabei allerdings nicht die Rede – *gefunden einen spishirsch guet*, also einen »Spießer«, wie die Jäger ein noch junges Tier mit zwei Geweihenden nennen. Da schickten sie …

… bald aus nach ross und wagen
und helfen ainanderen den stier aufladen …

Stier? So wird man an dieser Stelle fragen, warum denn einen Stier? Die Rankler hatten das Tier mit seinen zwei Hörnern zwar für einen Spießer gehalten, in Wirklichkeit aber handelte es sich eben um einen wohl eher schmächtigen Stier. Der Berichterstatter der seltsamen Begebenheit ist ein Mann des 17. Jahrhunderts und er schildert, mit welcher Freude der vermeintliche Hirsch – mit Ketten gebunden – heimgeführt worden sei. Schließlich habe man ihn sogar noch »besser« getötet, vorsichtshalber sozusagen. Dann aber übertreibt der reimfreudige Autor denn doch etwas, wenn er fortfährt:

… man bind in davornen mit ainen sail,
und suechten das hiren (Hirn) am hinderen theil …

Spätestens an dieser Stelle werden die Rankler die ganze Geschichte wohl beiseite schieben, und das zu Recht. Alles war nichts als ein Spaß gewesen, um ihnen eins auszuwischen.

»Stangabotzer« als Übername für die Rankler wird im »Vorarlbergischen Wörterbuch« zwar erwähnt, Genaueres sagt dessen Bearbeiter Leo Jutz aber nicht dazu. Nahe liegend wäre es, dabei an junge Fichtenstämme zu denken, die »geputzt« eine entsprechende Verwendung fanden. Josef Märk hat zu diesem Namen seinerzeit festgestellt, er sei keineswegs auf alle Ortsbewohner gemünzt, sondern er gelte nur für eine größere Rankler Sippe. Und überhaupt, wenn man das Wort »butzen« nicht im Sinne von »entrinden«, sondern von »stehlen« auffasse, hätte man alle Ursache, eher auswärtige Landsleute, vor allem die Fraxner und Batschunser, als »Stangabotzer« zu bezeichnen, weil diese ehedem ihren Bedarf an Leiterholmen für ihre Kriasileitern nicht ungern im Rankweiler Wald gedeckt hätten. Einmal bei den »Bschunern«, soll auch noch darauf hingewiesen werden, dass Märk deren Übernamen »Isasteackazweier« gleich für alle Rankler gelten lassen möchte. Sein Gedicht mit mehr als 230 »Rankler Hus- und Öbernämma« schließt er jedenfalls mit der Zeile: »*... sind lutter Hirschflözer und Isastäackazweier*«.

Dass Rankweil und damit die Wohltätigkeitsanstalt Valduna schließlich auch nicht selten für entsprechende Anspielungen herhalten musste, war zu erwarten und soll nur der Vollständigkeit halber erwähnt werden. Da hieß es dann beispielsweise in Dornbirn von einem: »*Der g'hört in füfto Bezirk!*«, oder man drückte sich noch klarer aus und sagte: »*Der ischt sichr im Rankler Maisäß usko.*«

Brederis

Eusäbitöter

Der Name erinnert natürlich sehr an jenen der Alberschwender, die den sel. Merbot auf ihrem Gewissen haben sollen. Es sei wohl die billigste Art gewesen, zu einem Kirchenpatron zu kommen, meinte seinerzeit ein Volkskundler zu dieser Bezeichnung. Die Kenntnis der schlimmen Geschichte rund um den Einsiedler vom Viktorsberg darf zwar als bekannt vorausgesetzt werden, aber ein paar Hinweise sollen an dieser Stelle dazu folgen.

Obwohl er gerade als Einsiedler bezeichnet worden ist, scheint dieser Eusebius doch gelegentlich unten im Tal und eben auch in Brederis aufgetaucht zu sein. Ob es seine hartnäckigen Ermahnungen waren, die Sonntagsruhe einzuhalten, die zumindest ein paar der Bauern derart in Wut versetzten, dass einer von ihnen *mit ainer Sensen oder Seges, wormit er das Graß gemehet, ime das Haubt abgeschlahen?*

So schildert der Rankler Chronist Johannes Häusle das blutige Geschehen und auch auf etlichen Gemälden ist es so dargestellt.

Die Legende weiß mit dem 31. Jänner 884 sogar den genauen Todestag des offensichtlich lästigen Mahners anzugeben. Natürlich könnte man hier einwenden, was Bauern Ende Jänner zu mähen hatten, gar nicht zu reden von der Tatsache, dass Sensen um diese Zeit bei uns noch gar nicht bekannt waren. Viel wichtiger ist jedoch, was sich anschließend ereignet haben soll. Der Mann Gottes, jetzt um einen Kopf kürzer, nahm sein Haupt auf und machte sich auf den etwa zweistündigen Marsch hinauf zu seiner Klause. Vielleicht kam er dabei auch nur bis zu jener Stelle, wo heute an der Straße nach Viktorsberg ein Bildstock an ihn erinnert. Wie Ernst es ihm mit der Einhaltung des sonntäglichen Ruhegebots war, beweist ein Geschehen, das sich auf seinem Heimweg in Röthis abgespielt haben soll. Dort seien gerade zwei Frauen auf ihrem Acker an der Arbeit gewesen, die er ebenfalls auf ihr sündhaftes Tun hingewiesen habe. Wie er sich dabei mit abgeschlagenem Haupt verständlich gemacht hat, ist eine müßige Frage, schließlich haben wir es bei ihm ja wenn schon nicht mit einem Heiligen so doch mit einem Seligen zu tun.

Und was ist mit den damaligen »Eusäbitötern« passiert?

Sie fuhren – so ist es jedenfalls auf einem Gemälde in der Pfarrkirche von Brederis zu sehen – nach ihrer Untat direkt in die Erde, unnötig zu fragen wohin.

In Alberschwende, wo nichts von einer Bestrafung der Mörder Merbots berichtet wird, hatte der Name »Merbotatöter« zumindest für die offensichtlich nicht zur Verantwortung gezogenen Übeltäter zeit ihres Lebens seine Berechtigung, nicht natürlich für die Nachkommen und erst recht nicht für die heute Lebenden. Hier, in Brederis, wurde die Untat sofort geahndet, von weiteren »Eusäbitötern« zu sprechen erübrigte sich somit bereits unmittelbar nach deren Höllenfahrt.

Die Bresner, so hat der Rankler Josef Märk vor rund vierzig Jahren gemeint, würden den Übernamen auch nicht übermäßig krumm nehmen, sondern eher zum Anlass für freundnachbarliche Stichelei im ehemals reben- und mostreichen und humorvollen Vorderland.

Reuthe

Ellebogar
Roßbadar

»... sus hat ma s' d' Ellebogar ghoßo
und eana d' Roßbadar ou gseyt.«

So heißt es bei der Mellauerin Klara Schwendinger in ihrem Gedicht »I dor Rütte«, und sie bestätigt gleichsam die beiden Übernamen der uralten Ortschaft südlich von Bezau, deren Name noch an die Kolonisationszeit erinnert, als man in den Bergwäldern so genannte »Reuthen«, also Rodungen, schuf.

Der erste der beiden Namen ist weit von jedem Spott entfernt, schließlich hieß das heutige Reuthe ehedem Ellenbogen, und so wird auch nach wie vor ein Weiler bezeichnet, der zu Bezau gehört. Natürlich denkt man beim ersten Hören der etwas ausgefallenen Bezeichnung an den Körperteil gleichen Namens. Die scharfe Biegung, die das Tal und damit die Ache um die Kirche machen, ähneln zumindest aus der Vogelschau durchaus der Form eines Ellenbogens. Dennoch, Namensgeber scheint eher ein Bauer namens Ellenbog gewesen zu sein, den das Bezauer Jahrzeitbuch für die Zeit um 1400 verzeichnet. Gut möglich, dass sein Name wiederum auf einen älteren Hausnamen »zum Elnbogen« (krumme Gasse) zurückgeht, womit wir abermals bei der erwähnten scharfen Biegung sind.

Im Feldkircher Stadtarchiv befindet sich eine Urkunde, laut der ein gewisser Ellenbog, »der Schneider aus Ellenbogen«, einem Weiler der Gemeinde Bezau, im Jahre 1402 das Bürgerrecht erhalten hat. Einmal in Feldkirch soll auch noch ein berühmter Arzt und Gelehrter dieser Stadt namens Ulrich Ellenbog genannt werden. In der Montfortstadt selbst hat er sich zwar nur knapp zehn Jahre aufgehalten, doch genau aus dieser Zeit stammt eine seiner bekanntesten Schriften. Sie heißt »De balneo« und beschäftigt sich mit dem Gebrauch und dem Wert von Badekuren. Reuthe als bekanntes Bad wird darin allerdings noch nicht erwähnt; es dauert noch gut 300 Jahre, bis »Reiti« als Bad in einer Landkarte von 1783 eingetragen wird. Vierzig Jahre später werden bereits 600 Kurgäste betreut.

Ob auch hier ein Pferd als erster »Kurgast« die Kraft des heilsamen Wassers an sich erfahren durfte? Böse Zungen behaupteten jedenfalls, nachdem die Rüttinger von der wundersamen Heilung eines fußkranken Rosses im Krumbacher Moorgebiet gehört hätten, seien sie mit einem alten Gaul in ihr nahes Moor gegangen und hätten diesen tatsächlich wenig später gesund und verjüngt (!) herausgezogen. Dann habe auch ein älterer Mann, dem es vor allem um eine Verjüngung ging, so eine wundersame Veränderung an sich erfahren wollen, er sei allerdings bald darauf gestorben.

Der Ellenbogen ist oben bereits erwähnt worden, im Folgenden geht es um einen anderen Körperteil und auch von einer Elle ist die Rede. Letztere ist bekanntlich ein altes Längenmaß, und weil man so etwas oft brauchte, hatte man sie in vielen Häusern als »Ellasteacka« gleich griffbereit. Ob der bereits angedeutete Körperteil eines unfolgsamen Kindes dann nähere Bekanntschaft mit ihm machte, wird von Fall zu Fall verschieden gewesen sein. Meistens dürfte wahrscheinlich der Hinweis *»Wart, i hol da Ellasteacka!«* genügt haben.

Wenn nicht, wird der folgende alte Spruch wohl kaum seine Gültigkeit gehabt haben:

»Winm ma'm i dr Rüthe uf Zea staut, laut ar z' Bojing Schrö.« Ein Rüttinger versteht das natürlich, auch wenn er den Spruch noch nie gehört hat, für alle anderen soll er »übersetzt« werden: Wenn man ihm in der Reuthe auf die Zehen steht, lässt er bei Bojing (Ortsteil von Reuthe) einen Schrei. Bei näherer Bekanntschaft mit so einem »Ellasteacka« wird das Schreien wohl früher eingesetzt haben, aber schließlich war das ja auch etwas anderes als ein Auf-die-Zehen-Stehen!

Riefensberg

Schealli
Kropfbrüeder
Scheallabrüeder

Natürlich denkt man beim ersten Namen gleich an schönes Glockengeläute friedlich weidender Kühe, aber die Sache verhält sich anders; einem Nachbarn wohlklingendes Läuten der Kuhglocken vorzuwerfen, kann ja kaum der Sinn eines Spottnamens sein. Beim Wort »Schealla« braucht eben nicht unbedingt gleich an eine Glocke gedacht zu werden, als weitere Deutung des Namens würde sich nämlich das anbieten, was Othmar Mennel in einem seiner Vorderwälder Gedichte beschreibt:

»... a Schealla ischt a Watscha,
wänn-dr quase uane zünd ...«

Doch auch damit sind wir noch nicht beim eigentlichen Thema, warum auch sollten die Riefensberger eine derartige Nahbeziehung zu Ohrfeigen gehabt haben! In Wirklichkeit ist etwas ganz anderes gemeint und in einem alten Vierzeiler wird es folgendermaßen erklärt:

»Min Schatz ist schö gwachsa
vo da Füaß bis zum Kopf,
nur am Hals hot'r a Schealla,
und des hoaßt ma an Kropf.«

Es geht also um das, was der zweite Name unmissverständlich ausdrückt: um den Kropf, um eine Vergrößerung der Schilddrüse. So etwas war im entsprechend fortgeschrittenen Stadium sicher gut zu sehen und der Vergleich mit einer am Hals getragenen Glocke bot sich an. Heute, im Zeitalter des jodierten Trinkwassers und der Verwendung von Jodsalz bei der Herstellung von Nahrungsmitteln, sieht man wohl kaum mehr einen jener »Kropfbrüeder«, von denen hier die Rede ist. Natürlich gab es einstmals auch »Kropfschwestern«, und zwar sicher noch wesentlich mehr, denn es ist eine Tatsache, dass Frauen von so einem – medizinisch ausgedrückt – »Struma« im Schnitt fünfmal häufiger betroffen waren als Männer. Zum Glück hatte man da einen zuständigen »Hals-Heiligen«, den hl. Blasius, einen der 14 Nothelfer, und zu dem wandte man sich dann, und zwar sicher nicht nur hier. Auf keinen Fall versäumte man es auch, am 3. Februar, dem Tag des Heiligen, in der Kirche den so genannten Blasius-Segen zu holen und zu beten: *»Heiliger Sankt Blasius, kumm und riß mr d' Schealla us!«*

Besonders Erfolg versprechend war so eine Bitte Auge in Auge mit dem Heiligen bzw. mit einer seiner Darstellungen, solche sind in unserem Land allerdings relativ selten. Doch da gab es ja noch andere Möglichkeiten, so eine lästiges Ding loszuwerden. Eine davon war sicher gut bekannt: Es war ein Besuch beim so genannten »Kropfbrunnen« in Schwarzenberg. Natürlich gehörte dann noch das Trinken seines Wassers dazu. Der Brunnen befindet sich unterhalb des Vorsäßes Weißtannen, wo der Weg zum Geißkopf abzweigt, und er sprudelt heute noch. Wie einige andere soll auch er einst von der seligen Ilga hervorgerufen worden sein, als sie über eine Baumwurzel gestolpert sei und an dieser Stelle ein wenig Wasser verschüttet habe.

Auch wenn das Folgende im Montafon erzählt worden ist, so könnte sich hier im Vorderwald einmal Ähnliches abgespielt haben. Da erblickt ein Büblein so einen »Kropfle«, und weil es einen derart dicken Hals noch nie gesehen hat, schaut es den Mann ziemlich lange an. *»I fress di of, wenn d' jetz net witer gohst«*, sagt dieser, worauf das Büblein meint: *»Jetz schluck amol zerscht de, wo du im Gorgel host!«*

In früherer Zeit herrschte noch weithin Unklarheit über die Entstehung einer solchen »Schealla«. Eine der Erklärungsmöglichkeiten war jene, dass so ein »Kropfle« oft den Atem zu lange anhalte, weil er beispielsweise mit seiner Meinung nicht herausrücken wolle. Wir gehen wohl nicht fehl in der Annahme, dass jene, die mit dem letzten Spott aufwarteten, nicht mit diesem

Problem zu kämpfen hatten. Sie hatten nämlich keine Scheu, ihre »dichterische Höchstleistung« lauthals herauszuplärren, indem sie dem »Riefensberger« noch ein – »Füdlasberger« folgen ließen. Eine inzwischen rund achtzig Jahre alte Liste von Übernamen erwähnt den Namen jedenfalls ganz ungeniert. Fast überflüssig zu bemerken, dass solche Bezeichnungen genau genommen wesentlich mehr gegen die Rufenden als gegen die derart Titulierten sprechen.

Röns

Kogatröler

Als »Kog« wurde früher gern ein boshafter, hinterhältiger Mensch bezeichnet. Wenn die Notwendigkeit bestand, die Bezeichnung zu verstärken, ließ sich das leicht machen, da standen nämlich noch eine ganze Reihe von Erweiterungsmöglichkeiten zur Verfügung, angefangen mit »dumma Kog« oder »fula Kog« ließ sich die Sache über »Herrgottskog«, »Huarakog« bis zum »Saukog« steigern. Daneben aber gab es auch einen »Kog«, der mit positiven Fähigkeiten aufwarten konnte, mit Eigenschaften, die nicht jeder besaß und die man nicht erwartet hatte, ein gerissener Kerl eben, aber auch ein tüchtiger Mann, der etwas Unerwartetes geleistet hatte. Nicht zuletzt konnte sogar ein Kind als »a lieb's Kögle« bezeichnet werden und dann war es wirklich ein wohlwollendes Kosewort.

Mit alldem haben die Rönser so viel oder so wenig wie die Bewohner der anderen Gemeinden zu tun. Bei ihrem Übernamen »Kogatröler« war mit dem »Kog« etwas ganz anderes gemeint: Es war die Bezeichnung für ein verendetes Stück Vieh, das dann oft auf die einfachste Weise »entsorgt« wurde, und bei den Rönsern sei so etwas eben gelegentlich vorgekommen. Die hätten nämlich die eingegangenen Jungtiere im Winter, wenn der Boden zum Vergraben zu hart gewesen sei, einfach über den Steilhang hinunter»getrölt«, also hinabrollen lassen. Ja, und die Schlinser, die seien dann – so wurde es jedenfalls behauptet – in ihren Weingärten auf solche »Koga« gestoßen. Den Spottnamen dürften demnach die Schlinser »Hünd« ihren Nachbarn gegeben haben. Nur selten einmal kann der Ort, aus dem ein Übername zum ersten Mal erschollen ist, mit derart hoher Wahrscheinlichkeit vermutet werden wie in diesem Fall.

Übrigens: Leo Jutz erwähnt im »Vorarlbergischen Wörterbuch« für die Rönser die Bezeichnung »Kogatroler«. Derartiges hätte den

Rönsern aber wohl noch weniger gefallen, hätte das doch womöglich so verstanden werden können, sie selbst seien die »Koga«, die da hinunter»getrolt«waren. Sprachlich Sattelfeste werden an dieser Stelle betonen, wie wichtig eben die Unterscheidung zwischen bezüglichen und unbezüglichen Zeitwörtern zu nehmen sei!

Bleibt noch zu erwähnen, dass die Rönser heutzutage wahrscheinlich nicht lange darüber nachdenken müssten, welche »Koga« sie da am liebsten hinunter»tröla« würden. Natürlich ihre Tausendfüßler, die bringen die Dorfbewohner nämlich schon seit Jahren mit ihren regelrechten Invasionen fast zur Verzweiflung.

Röthis

Engeriderer

Schon in alten Zeiten wurde an den Hängen des windgeschützten Vorderlandes viel Wein angebaut. Dass er von guter Qualität war, hatte sich weit herumgesprochen. »Hier ist das beste Weingelände Vorarlbergs«, hat Kreishauptmann Ebner im Jahre 1835 in seinem Tagebuch notiert. Nicht umsonst heißt es in einem Gedicht des Bludenzers Josef Wichner:

Von Röthis der Herr Pfarrer sprach:
»O Wanderer, halt ein!
Im ganzen Lande auf und ab
schenk' ich den besten Wein:
Benedicamus domino!«

Jedes Frühjahr werden die Blicke dann wohl gespannt auf die Anhöhen hinaufgegangen sein, hieß es doch:

Wenn d' Furx ist wi a Krämertrucka,
müessen's z' Röthis d' Reaba rucka.

Wenn also die Höhen von Furx schneefrei waren, ging die Arbeit in den Weinbergen wieder los. Da wurden die Rebstöcke aufgerichtet und zurückgeschnitten, heruntergeschwemmte Erde musste wieder hinaufgetragen, Mist eingehackt und noch manche andere Arbeit verrichtet werden. Doch das war natürlich noch keine Garantie für eine gute »Wimmet«, und gelegentlich gab es auch Jahre, in denen der Torkel ruhte. Missernten, ausgesprochene Fehljahre, Rebenkrankheiten und Schädlinge schmälerten die Erträge.

Dann aber – so behaupteten jedenfalls die lieben Nachbarn –, dann seien die Röthner zu etwas gezwungen gewesen, das vorerst geradezu unglaublich klingt, und in der Erstausgabe vom »Sulner Funka-Blättle« des Jahres 1991 wird es folgendermaßen geschildert:

»... bald fehlte es an allen Sachen.
So suchten sie aus größter Not
im Boden drin ihr kärglich Brot.
Teils mußten sie mit Widerwillen
gar nackte Engerlinge grillen.«

Wie schon erwähnt, das mag im ersten Moment unglaubwürdig klingen, doch man braucht nur einmal in alten Schriften nachzulesen, was in früheren Notzeiten alles verzehrt wurde und natürlich nicht nur hier in Röthis. *Viele Menschen lebten mit gebranntem Trester, Brennessel, Pferdfleisch, Mausfleisch und Juden-Schneggen* – so nannte man kleine Gartenschnecken –, heißt es zum Beispiel in einer Chronik anlässlich einer Hungersnot des Jahres 1829 in einer nicht allzu weit entfernten Ortschaft.

War die Weinlese dagegen besonders gut ausgefallen, seien die Röthner entsprechend stolz gewesen, und dann hätten sie den Nachbarn – ihren Allerwertesten zugekehrt. Prompt erweiterten diese den Übernamen und jetzt hieß es: *»Engeriderer – Füdlakehrer«*. So ein Jahr dürfte das 1866er gewesen sein. Damals gab es so viel Wein, dass die Lese volle zehn Tage dauerte, und es blieben etwa 270 Hektoliter unverkauft.

Dass es dann in den ersten beiden Jahrzehnten des letzten Jahrhunderts zu einem derart starken Rückgang des Röthner Weinbaus kam, wie ihn entsprechende Zahlen über die Anbauflächen ausdrücken – von 32 auf 0,6 ha! –, das war nicht die Schuld der Engerlinge. Da waren außer den bereits genannten Problemen vor allem Änderungen der Konsumgewohnheiten, steigende Ausgaben für Löhne, bessere Importmöglichkeiten für billigere und bessere Weine und noch manch andere Gründe verantwortlich.

Vom gerade erwähnten Tiefstand hat sich Röthis inzwischen schon längst wieder erholt; heute sind es immerhin etwa zwei Hektar, die von den zuständigen Weinbauern bearbeitet werden. Röthis kann zu Recht von sich behaupten, die einzige Gemeinde unseres Landes zu sein, in welcher der Weinbau ununterbrochen betrieben wird. Der Hinweis im Gemeindewappen ist also in diesem Fall nicht nur ein historischer.

St. Anton

Schottabüch

»Santatöner Schottabüch
tanzen, bis der Boda rücht ...«

Auch wenn es gelegentlich »*... bis da Boda stübt*« geheißen hat, so ändert das nichts an der Tatsache, dass die Flüssigkeit, um die es da geht, bei den »Santatönern« Wirkung gezeigt und ihnen ganz offensichtlich gut getan haben muss. Doch es ist hier wohl wieder einmal wie nicht selten bei solchen Übernamen: Man kann alles von zwei Seiten sehen. Wahrscheinlich sollte den Einwohnern nachgesagt werden, oft über längere Zeit neben jener Flüssigkeit, die beim Käsen übrigbleibt – also der Molke –, nicht viel anderes zu essen gehabt zu haben. Derartige Gerichte dürften sich am längsten auf den Alpen gehalten haben, wo jeden Tag Milchspeisen zubereitet wurden; aber auch unten im Tal wurde so eine kraftvolle Suppe sicher viel gegessen. Die erwähnte Restflüssigkeit beim Käsen kommt übrigens in einem »Rotstückli« (Rätsel) von Hans Barbisch vor. Da heißt es: *An grüana Wal (Wald), an blaua See un wißi Fisch. Was ist des?*

Dass es sich bei dieser grünlich-gelblichen, nahezu fettfreien Flüssigkeit um etwas äußerst Gesundes handelt, hat schon der große Schweizer Arzt Paracelsus erkannt und entsprechende Kuren empfohlen. Das war bereits vor einem knappen halben Jahrtausend. Im 18. und 19 Jahrhundert waren derartige Trinkkuren äußerst beliebt, und mancher Kurort, der keine eigene Thermalquelle besaß, wurde zur gefragten Molken-Kuranstalt.

So gesehen war es um die Verpflegung der »Santatöner« gar nicht so schlecht bestellt, außerdem entsteht »Schotta« ja beim Käsen, also stand ihnen wohl auch das Endprodukt Käse selbst zur Verfügung. Und noch etwas: Wenn man dieses Käsewasser sott und ihm »Schlegmilk« (Buttermilch) beifügte, entstand daraus erneut etwas äußerst Nahrhaftes, nämlich »Ziger« also Topfen, wie man heute meistens sagt. Von irgendwoher mussten die erwähnten Bäuche ja gekommen sein! Dass sie dennoch nicht allzu groß gewesen sein dürften, lässt sich auch daraus schließen, dass den »Santatönern« ja im Eingangs-Reim eine nicht geringe Tanzlust nachgesagt wurde, und da wäre ein umfangreicher Bauch wohl eher hinderlich gewesen. Allzu dünn zu sein war natürlich auch nicht gefragt, konnten dann doch die anderen sagen: *»Der ischt nu magr, will er z' ful zom Frässa ischt.«*

Dabei handelt es sich natürlich um eine Feststellung, die sicher landauf, landab überall Gültigkeit hatte und nach wie vor hat. Auch das wilde Tanzen beschränkte sich keineswegs auf St. Anton, denn in einer Fortsetzung des Reims stellt der oben erwähnte Volkskundler für seine eigene Heimatgemeinde Ähnliches fest:

»Santatöner net alle (allein),
d' Vandanser möt d'r ganza Gme (Gemeinde).«

Aber auch das ist noch nicht alles, denn Anton Fritz nimmt das Tanzthema ebenfalls auf und bei ihm ist dann eben von *»Zagallakilkner Schottabüch«* die Rede, die den Boden genauso rauchen oder stauben lassen.

Ob das Folgende – wir sind wieder in St. Anton – mit einer Besonderheit des »Schotta« zu tun hatte? Fast könnte man es meinen, denn Hans Barbisch kennt noch ein Reimchen:

»Z' Santatöni hots luter Schöni!«, heißt es da, und es ist anzunehmen, dass er dabei in erster Linie an die Weiblichkeit der Ortschaft gedacht hat. Jene der übrigen Talschaft könnte sich bei seiner Feststellung möglicherweise etwas benachteiligt fühlen. Es soll deshalb noch ein »Gsätzle« von Gabriel Ludwig Seeger, vom »Seeger an der Lutz«, erwähnt werden. Von ihm, einem gebürtigen Ludescher, also einem »Schnapf«, gilt ein solches Lob wohl besonders viel. Nachdem er alle weniger Ortskundigen aufgeklärt hat:

»Bedsits a der Ill, da lit Schru und Tschaggu ...«,

stellt er ein für allemal fest:

»... und es hot nette Meidsche i ganz Muntavu.«

St. Gallenkirch

Bätschatröler

Was man sich unter einem »Bätscha« vorzustellen hat, erfährt man sicher bei Hans Barbisch, auch wenn er in seinem »Montafoner Heimatbuch« darauf hinweist, dass sich die Vandanser Heufassung von der im übrigen Tal etwas unterschieden habe. Er beschreibt ihn als eine mit Stricken verschnürte, kreuz und quer gebundene Fuhre Heu, üblicherweise mit den Maßen 3 x 1,5 x 1,5 Meter. Mit solchen »Bätscha« fuhren die Heuzieher zur Winterszeit die steilen Berghänge herunter, am liebsten bei Pulverschnee, aber auch bei vereister Bahn.

Eindrucksvoll schildert der gebürtige Schrunser Otto Borger das waghalsige Unternehmen:

Us da Meder im Vergalda hei ma früaier Hüfa Heu.
Sei 's denn sicher gsi im Winter, daß ke Leuwi brächa teu,
hein-d-is gholat of da Schlitta, starki Menner tüf im Schnee.
D' Schlittbah brächa hei dam Ersta allig mortisch z'schaffa ge.

»Kräbelschua« (Fußeisen) und »Schneebossa« (Gamaschen) waren dabei unentbehrlich, Quetschungen und Verstauchungen, ja sogar Beinbrüche keine Seltenheit. Im Notfall hieß es einen Seitensprung machen und den Bätscha laufen lassen. Um dessen Umwerfen, ums »Tröla«, geht es also beim Spottnamen, doch ... »*Wer nia trölt häi, sei nia gfara!*«, hieß es und ebenso galt: »*Spott ist besser as Libschada!*«

Für jene Bätscha, die gut angekommen waren, war die sausende Fahrt aber noch nicht zu Ende. Jetzt wurden sie auf Schlitten »ghöckt« und weiter ging's. Dabei konnte es natürlich wieder zu Unfällen kommen, bei denen im besten Fall die ganze Heufuhre in den Abgrund sauste.

War so etwas passiert, wurde der Fahrer unten *am Land* (im Tal) mit einem »*Host eba gworstat (Würste gemacht)?*« empfangen, der aber war sicher froh, die »aga Hut« gerettet zu haben. Gern erzählte man sich auch von jenem St. Gallenkirchner, der so unter den Bätscha geraten war, dass er nicht mehr zu sehen war. »*Wo bischt?*«, riefen daraufhin seine Mitheuzieher. Da ertönte es von unten hervor: »*O nianer!*«

Nicht verwunderlich, dass so mancher Neuling die fertig gebundene Heuburde mit eher gemischten Gefühlen ansah, wenn ihn der »Ätti« zum ersten Mal mit hinauf genommen hatte, um ihm die Sache an Ort und Stelle richtig beizubringen. So erging es auch einmal einem Fünfzehnjährigen, der alles genau »äspliziart« bekommen hatte. Abschließend meinte der Vater noch: »*Guat bonda gilt as halbi Fahrt!*«, worauf der Bub meinte: »*Du Däta, bind grad nochamol, denn weran mar dahem!*«

Das oben erwähnte Gedicht heißt »Der Veri«, und Otto Borger erzählt von dem starken Kerl, eines Tages sei dieser wie so oft als Erster mit dem Bätscha hinuntergebraust. Dann aber beim letzten kleinen Steilhang habe er auf einmal als Letzter fahren wollen, aber keiner sei bereit gewesen, seinen Platz einzunehmen und nach vorne zu gehen.

Drof da Schlitta samt dam Bätscha hei er of a Rogga gno,
offi tret-a of des Eggli, abgstellt, gset: »Jätz müan der ko!«
Hei fest gjuzat, häll of glachat, und denn sei er na davo.

Heute, im Abstand von vielen Jahrzehnten, sieht man die Gefahren rund um diese Fahrten natürlich wesentlich lockerer, und so geht den »Zagallakilknern« in der Fasnat nicht nur ein »*Bätscha Tröla*«, sondern auch ein vorausgehendes »*Föla, Föla*« leicht von den Lippen. »Föla« – das muss wohl auch bereits erklärt werden – nannte man den Bodensatz, der beim Aussieden von Butter zu Butterschmalz zurückblieb. Er schmeckte besonders gut, wenn man ihn aufs Brot strich; »Fölabrot« sei einstmals geradezu ein Lockruf für die Kinder gewesen. Und um noch einmal die fünfte Jahreszeit zu erwähnen: Ein Höhepunkt sind inzwischen der bereits traditionelle »Fölaball« und die Faschingszeitung »Föla«, in der man schon stehen sollte, da man sonst für die Leute ja fast uninteressant sei.

Unter anderem bringt der eingangs erwähnte bekannte Volkskundler auch einen kleinen Hinweis auf die Gastfreundschaft hier im Hauptort der Innerfratte:

»Im Zagallakilka häßt ma nis gottwilka.«

Das Ganze klingt indes so sehr nach einem Reim, dass es nicht unbedingt und für alle Zeit Gültigkeit haben mochte. Die Fortsetzung nimmt sich dann der Weiblichkeit in den taleinwärts folgenden Ortsteilen an; sie ist bereits im Beitrag von Gaschurn erwähnt worden.

Und die Burschen? Kommen die auch vor? Ja, jene *im Gargella!* – Warum? – Na, klar, denn ... *dort ka ma d' Buaba zella.*

Zugegeben, abermals ist das dichterische Ergebnis nicht überwältigend ausgefallen, deshalb soll an dieser Stelle noch ein weiterer Reimschmied angeführt werden. Es ist Johann Jakob Keßler aus Gantschier. Der Schrunser Volkskundler Richard Beitl nennt ihn einen Spottvogel und der folgende Vers scheint dies zu bestätigen:

»Im Zagallakilka tuats a bitzli hinka,
si tuon boda gära Branntwi trinka,
tuan gära nobl zächa
und französisch sprächa.«

Zumindest das zuletzt Erwähnte dürften sie sich wohl als Saisonarbeiter in Frankreich angewöhnt haben.

Ob sich hinter folgendem Reim für ihre Gortipohler doch etwas mehr als die offensichtliche Freude am Dichten verbirgt, mögen die »Kilkner« selbst entscheiden. Bei ihnen ertönte jedenfalls lautstark: *»Gortipohler, Hennamohler, Apastützler, Hennafützler«*, wobei es auch noch leichte Abwandlungen gab, schließlich war es ja stets eine Verlockung, so einem Reimchen durch den Austausch von ein, zwei Buchstaben eine ganz neue, und vor allem noch »bessere« Deutung zu geben. Dann hieß es eben von den Gortipohlern, sie seien »Rappastürzler – was immer damit auch gemeint sein sollte – und »Hennafürzler«, was natürlich weniger Deutungsschwierigkeit machte. Die solcherart Verspotteten ließen sich nicht aus der Ruhe bringen, vor allem aber waren sie beim Beantworten der Zurufe nicht verlegen und gaben Entsprechendes zurück:

»Trili, Trali, Kupferschmied;
Trili, Trali, Keßler,
Kilkner (die St. Gallenkircher) send ken Batza wärt;
Galginualer net viel besser!«

Letztere bekamen dann auch die wiederholten Hinweise auf »Henna« als Retourkutsche zurück und jetzt ertönte es eben: *»Galginualer Hennanualer«*, was zwar die Betroffenen als im Dreck herumwühlende Zeitgenossen bezeichnete, gleichzeitig aber – einmal mehr – stark nach »Reim dich, oder ich fress dich!« klang.

Überhaupt scheinen hier im Montafon die Sprüche, die sich bewährt hatten, oft gewandert zu sein. Von den »Santatönern« und ihrer Tanzerei hatte man sicher schon oft gehört, flugs wurde nun der entsprechende Reim an die eigenen Nachbarn angepasst und schon hieß es: *»Zagallakilkner Schottabüch, tanzen bis da Boda stübt.«* Ob allerdings die Fortsetzung des Sprüchleins auch noch als Ursache für die offensichtliche Tanzlust verstanden werden sollte, darf bezweifelt werden. Wenn da nämlich festgestellt wurde *»Ässan Beer ond Grenta (Preiselbeeren) ond sparan ds Brot of a Winter«*, so klingt das doch eher nach einer angespannten Ernährungslage als nach lustigem Tanz.

Hoti

Es ist noch gar nicht so lange her, da war allgemein bekannt, was man einem Zugtier mit den Zurufen »hü(o)«, »hot« und »wischt« klarmachen konnte: »hü«, das hieß vorwärts, »hot« bedeutete nach rechts und »wischt« nach links gehen! Wenn die St. Gerolder die »Hoti« waren, hatten sie deswegen aber keineswegs alle und für immer die Richtung nach rechts einzuschlagen, die Erklärung für ihren Übernamen fällt etwas umfangreicher aus. Am besten lassen wir dazu den Volkskundler Eugen Dobler zu Wort kommen, er hat das erklärende Geschehen nämlich in einem Gedicht genau erläutert.

Es geht dabei um ein bissiges Walserweiblein namens Amrei – Dobler nennt es *chibig, giftig und verschtretta* –, das auf der Plansott-Alpe verstorben ist. Ihr Mann, der »Chröschta«, also der Christian, macht sich gleich auf den Weg hinunter zur Propstei, um die Angelegenheit mit dem Verkünden zu regeln. Zwei Tage darauf kommt der Schreiner mit dem Sarg, und weil es jetzt schon etwas pressiert, fahren der Witwer und der Alpknecht mit dem »Totabom« auf einem Schlitten bald darauf bergabwärts.

So pfiefts und schliefts öber Wörza, Stena,
der Alpchnächt schträblat mit Hand und Bena.

Unterhalb des Waldes, auf Gurtinal, streift der Knecht – er ist der Vordermann – einen Zaunpfahl …

An Romplar tuat's – an Herrguts Krach –
da Bom ischt hi und 's Wibli wach.

Ja, und weil es doch zeitlebens ein fleißiges Weiblein gewesen ist, geht es gleich darauf wieder zur Alpe hinauf, um dort weiterzuarbeiten, als sei nichts Besonderes geschehen. Im Sommer drauf »stirbt es abermals«. Wieder wird der Sarg vor der Alphütte auf den Schlitten gebunden. Natürlich macht sich der Witwer seine Gedanken, ob seine bessere Ehehälfte diesmal auch wirklich verschieden sei, und energisch schärft er dem Knecht ein, ja vorsichtig zu fahren. *»Hoscht a da Schuah o guati Chräbel?«*, will er sich gerade noch vergewissern, aber der hat schon den »Horner« gepackt und los geht es. Bald kommen sie wieder zum Zaun, an dem ihre Fahrt im vergangenen Sommer so jäh gestoppt worden ist, da ...

... rüaft da Chröschta, er chönnt net luter plära:
»He Bua, – hot vom Zu, sus gots denn do wia fera!«

So hat der Blonser Volkskundler das tragikomische Geschehen im hochalemannischen Dialekt der Walser geschildert. Ja, und wegen diesem »hot« seien dann eben die St. Gerolder »Hoti« geheißen worden.

Es gibt übrigens noch eine weitere, ziemlich ähnliche Version, wie es zum Übernamen gekommen sein soll. Diesmal geht es um Sargträger, die bei einer Beerdigung etwas vom Weg abkamen und mit dem Sarg an einen Zaun stießen. Da habe der »Tote« – offensichtlich durch den unsanften Ruck wieder lebendig geworden – energisch »hot« gerufen. Als er im folgenden Jahr »wieder« verstorben war und man am gleichen Zaun vorbeiging, rief jemand: *»Hot vom Zu, wenn's nu nit got wia fera!«*

Wie es auch gewesen sein mag, die St. Gerolder »Hoti« bekennen sich zu ihrem Übernamen, und in der Fasnat erklingt es bei ihnen: *»Hot, hot, wäg vom Zu!«*

Und sollte ein St. Gerolder mit dem gerade Geschilderten doch nicht so ganz zufrieden sein, kann er immer noch darauf verweisen, dass ähnliche Geschichten auch anderswo und von anderen Bergbewohnern erzählt worden sind, zum Beispiel im Montafon von den »Bergern« (Bartholomäberg). Schließlich wird eine solche Begebenheit unter dem Titel »Hot und wist« sogar aus einem eher flacheren Gebiet, nämlich aus Wolfurt, berichtet.

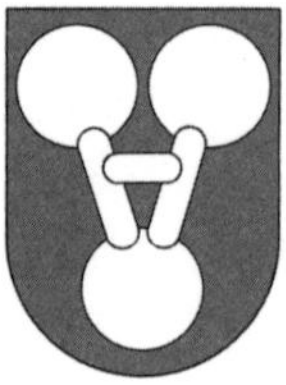

Satteins

Staaplattaflözer Hurnussar

Alle Achtung! Wer es verstand, Steinplatten zu »flözen«, also zu flößen, dem war schon einiges zuzutrauen. Derart schwere Platten auf dem Wasser zu befördern, das war sicher keine einfache Sache, bereitete es doch schon genug Schwierigkeiten, Baumstämme mit den langen Stangen mit Eisenspitzen und Widerhaken in den Flüssen zu dirigieren und an die richtigen Stellen zu bringen. Um es gleich vorwegzunehmen: Es war nicht nur keine einfache Sache, sondern eigentlich eine unmögliche, und zwar auch dann, wenn es dabei um ein besonders hehres Ziel gegangen sein soll, um die Errichtung eines Gotteshauses. Unwillkürlich wird man dabei an die heutige Pfarrkirche St. Georg denken, die in den Zwanzigerjahren des 19. Jahrhunderts nach den Entwürfen des bekannten Suez-Kanal-Planers Alois Negrelli erbaut worden ist. Sei es dieser oder bereits ein früherer Bau, jedenfalls erzählten sich die Nachbarn, die »Sattaaser« hätten damals Rat gewusst, als es um die Frage des Transports der schweren »Staaplatta« gegangen sei. Auf der Ill würden sich diese problemlos transportieren lassen, seien sie überzeugt gewesen, man brauche die flachen Steinplatten nur entsprechend vorsichtig ins Wasser zu legen. Wie die Sache ausging, kann man sich gut vorstellen. Zur Ehrenrettung der Satteinser soll jedoch gesagt werden: Die Geschichte ist derart, dass einem mehr als berechtigte Zweifel an ihrer Wahrheit kommen.

Um eine Tatsache geht es dagegen bei einer anderen Erklärungsmöglichkeit. Dieses Mal gelang die »Flözerei« allerdings nicht den »Sattasern«, sondern der Ill selbst. Bei einer ihrer Überschwemmungen vor mehr als hundert Jahren hatte sie die ganze Au überflutet, und auch die Tannen, die an den Einbruchstellen verankert worden waren, wurden mitgerissen. Steine sollten Sicherheit bringen. Sie wurden aus dem Trutschsteinbruch auf einer Rollbahn zum Schutzdamm befördert, dort allerdings nur lose ins Flussbett gelegt. Prompt hielten sie dem nächsten Hochwasser nicht stand und wurden von den Fluten mitgerissen. Diese vereinigten sich mit jenen der Gemeindebäche zu einem See übers ganze Unterfeld. Besonders einer von ihnen, der Pfudidätschbach, bedrohte damals etliche ufernahe Häuser. Inzwischen sind fast hundert Jahre vergangen, kein Wunder, dass die »Schwarzhornnarra« heutzutage nicht mehr an die einstige Gefahr denken, wenn sie ihrem »*Hippi-hippi-lätsch*« ein »*Pfudi-pfudi-dätsch*« folgen lassen.

Die beste Möglichkeit der Namensgebung soll natürlich auch erwähnt werden: Vielleicht stand hinter der Spöttelei nämlich einfach die Absicht, sich über eine Besonderheit der hiesigen Mundart lustig zu machen. Die auffallende Häufigkeit des Vokals »a« – vor allem, wenn dann von »Sattaaser Staaplatta« die Rede war – lässt es jedenfalls vermuten. Nicht umsonst hieß es in einem Spottvers: *Mit dr Handargla uf am Laterwaga ums Darf ummeargla.* Dass man hier in Satteins jedoch auch ein wenig stolz auf diese Eigenheit ist, zeigt sich daran, dass die vor etlichen Jahren gegründete örtliche Guggamusig den Namen »Sattaaser Staaplattaflözer« führt.

Oder war mit der »Flözerei« etwas ganz anderes gemeint? Gelegentlich kann man von Sattaasern in dieser Hinsicht auch ein ganz harmloses Geschichtchen serviert bekommen. Es habe sich dabei ums Werfen von flachen Steinen auf die Oberfläche eines ruhigen Wassers gehandelt; ums gekonnte Werfen natürlich, die Steine sollten nämlich möglichst oft von der Wasserfläche abprallen. Dabei wurde fleißig mitgezählt, und falls die »Staaplatta« – besser wohl die »Staaplättle« – dabei nicht mindestens fünfmal hochsprangen, brauchte man davon kein Aufhebens zu machen. Dass sich dazu der Schwarze See besonders gut eignete, bleibt nicht nur Vermutung, sondern wird von Ortsbewohnern auch gern bestätigt, zu gern! Da wurde von Rekorden erzählt, die fast im zweistelligen Bereich lagen. Der Erklärungsversuch hat allerdings einen Haken:

Wann jemals sollten die Nachbarn gelobt werden? Der treffendste Beweis aber, dass man sich hier wirklich einst über eine – wenn auch nur im nachbarlichen Spott behauptete – Steinplatten-Flößerei lustig gemacht hat, ist ein Gedicht aus dem Jahre 1670 (!), in dem sich ein Schlinser über die Ortschaften von Rankweil bis Gaschurn lustig macht, und in dem es wörtlich heißt:

»Jez will ich auch gen Nenzig kohn,
die naren platen flözen lohn ...«

Eine gewisse Überraschung ist wahrscheinlich die Erwähnung von Nenzing, und der Zweizeiler mag somit die »Sattaaser« trösten, sind es hier doch die flussaufwärts wohnenden Nachbarn, denen die wenig sinnvolle Tätigkeit nachgesagt wird.

Vom zweiten Spottnamen – »Hurnussar« – gab es mehrere Varianten, daneben ertönte nämlich auch ein »Hurnessar«, oder ein »Hornusser«; gemeint war aber in allen Fällen sicher stets das, was der Volkskundler Artur Schwarz im erklärenden Satz zusammenfasste: »Die Satteinser lassen sich nicht alles gefallen und geraten als hitziges Völklein leicht in Wut. Aus diesem Grunde hat sie der Volksmund ›Hornissen‹ getauft.« Es war wahrscheinlich einer jener Übernamen, die man auch mit einer guten Portion Stolz zur Kenntnis nahm. Ein Hornissenstich, das war schon mehr als einer von einer Biene oder einer Wespe, sieben Stiche dieser Hautflügler – so hieß es jedenfalls – würden ein Ross und drei von ihnen einen Menschen töten. Heute richten sich solche Stiche und Sticheleien eher gegen die eigenen Dorfbewohner, die dann jeweils in der Fasnatzeitung »D'r Hurnus« ihre »Schandtaten« des vergangenen Jahres, säuberlich aufgelistet, nachlesen können. In den ersten Nummern dieser Faschingsausgaben vor gut 80 Jahren wird als Herausgabeort ausdrücklich »Hurnisheim«, also Satteins, erwähnt.

Über die Entstehung des offiziellen Ortsnamens gibt es übrigens bei einem Rankler Chronisten eine nette Geschichte. Nachdem der Apostel Petrus die Rankweiler zum christlichen Glauben bekehrt hat, reist er weiter, um auch noch anderen »groben Völckher« zu predigen. Nach einiger Zeit kommt er wieder zu seinem Missionsgefährten nach Rankweil zurück. Als ihn dieser daraufhin fragt, wie viele er denn bekehrt habe *so gibt er ihme zur Anthworth ains, daher hat daß Orth den Namen Satains.* Auch in der noch wesentlich älteren »Emser Chronik« ist von »St. Eins« die Rede. In Wirklichkeit, das wissen die Satteinser natürlich ganz genau, geht der Name auf ein churrätisches Urbar des Jahres 843 zurück, in dem von »Sataginis« die Rede ist. Dass der Ortsname selbst gelegentlich spaßeshalber auch schon als »Fernsehsender« (SAT. 1) gedeutet worden ist, soll nur noch am Rand vermerkt werden.

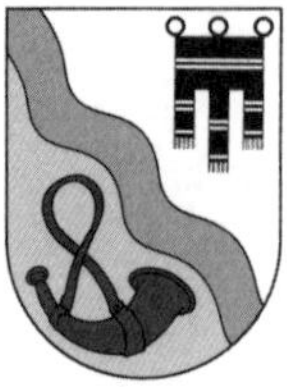

Schlins

Hünd
Hundshenker
Uhrabüazer

Bei »Hünd« wird man natürlich gleich an jenes Haustier denken, das dem Menschen seit ältesten Zeiten ein treuer Begleiter ist, doch wer zu jemandem »Hund« sagt, hat im Allgemeinen nicht die Absicht, den so Titulierten zu loben, ganz im Gegenteil! Im »Vorarlbergischen Wörterbuch« ist in diesem Zusammenhang sogar die Rede von einem schweren Schimpfwort für einen charakterlosen Menschen. Wer hat nicht schon einmal von einem blöden, einem feigen, einem scharfen, einem krummen und einem falschen Hund gehört oder derartige Vergleiche sogar selbst verwendet? Eine ganz andere Möglichkeit der Erklärung wäre natürlich, wenn das Ganze eine Anspielung darauf sein sollte, »d' Schliser« seien – vielleicht in weit zurückliegenden Zeiten einmal – »auf den Hund gekommen« oder es sei ihnen gar »unterm Hund« gegangen. Seiner Aufgabe als Spottname wäre der Zuruf »Hünd« in diesem Fall sicher gerecht geworden.

Das ist denn doch ein »dicker Hund«, könnten die Schlinser an dieser Stelle sagen, sich Derartiges anhören zu müssen. Aber siehe da, sie scheinen mit dem »Hünd» ganz gut zu leben, nicht umsonst haben sie sich für die Faschingszeit einen Narrenruf ausgesucht, der den alten Übernamen weiter am Leben erhält: *»Jagdberg-Narra blau, blau, blau«*, ertönt es da und die Fortsetzung heißt: *»d' Schliser belland wau, wau, wau!«*

Auch ein Pfarrherr dieser Walgaugemeinde habe vor vielen Jahren den Namen auf jeden Fall nicht so schlimm gefunden, sonst hätte er nicht, als eine Prozession bevorstand, einen geistlichen Mitbruder in der Nachbarschaft gewarnt, er komme demnächst mit seinen »Hünd« zu ihm hinunter. Außerdem habe er ihn noch gebeten, doch so gut zu sein, bei diesem Anlass seine »Stiere« einzusperren. Klar, dass damit die »Nenziger« gemeint waren. Ob er es tat, weil er für seine »Hünd« fürchtete? Wohl kaum, eher dürfte er vielleicht besorgt gewesen sein, die »Stiara« könnten unnötig gereizt werden; wahrscheinlich aber war alles als Spaß gemeint.

Dass hier in Schlins tatsächlich einmal ein Hund aufgeknüpft worden ist, wie es der weitere Übername »Hundshenker« andeutet, ist nicht ausgeschlossen. Die näheren Umstände allerdings werden sich wohl nie mehr zufriedenstellend klären lassen. Dass Tiere in alten Zeiten Prozesse über sich ergehen lassen mussten, die auf derartige Weise enden konnten, ist eine Tatsache. Und wenn man dann noch bedenkt, dass das Gericht der Herren des Jagdbergs gelegentlich auch unter der Frommengärscher Linde abgehalten wurde ...

Auch darauf, was es mit dem Übernamen »Uhrabüazer« auf sich haben soll, ist nicht leicht eine Antwort zu finden. Etwas derart Wertvolles wie eine Uhr einfach wegzuwerfen, wenn diese nicht mehr richtig laufen wollte, das wäre in früheren Zeiten sicher keinem eingefallen, konnte sie ja wahrscheinlich repariert werden. Das nun scheinen einstmals in Schlins gleich einige gut verstanden zu haben. Wenn sie dabei allerdings, wie es der Übername andeutet, Nadel und Faden genommen haben? Beim »Büaza« verwendete man schließlich ja stets solche Gerätschaften, dabei ging es allerdings immer ums Flicken von Wäsche und Kleidern. Waren die Ergebnisse derartiger Reparaturen doch nicht geeignet, die Besitzer der Uhren zufrieden zu stellen? Eigentlich eine überflüssige Frage! Spott war gefragt, hier bei den Nachbarn der Schlinser bestimmt ebenso wie anderswo.

Schnepfau

Hebisepflanzer

Dass da etwas gepflanzt worden sein soll, lässt sich wohl gleich aus dem Übernamen heraushören, aber was? Es scheint etwas mit einem »Ise«, mit einem Eisen, zu tun gehabt zu haben und tatsächlich gibt es dazu eine erklärende Geschichte. Demnach seien die Schnepfauer einst daran gegangen, Eisenstangen in die Nordwand der Kanisfluh zu stecken. Sie hätten nämlich gehofft, dadurch den ganzen Berg in Eisen verwandeln zu können, woraus dann natürlich ein einträglicher Bergwerksbetrieb erwachsen wäre. Das klingt ganz nach einem Schildbürgerstreich und somit gut für einen Übernamen geeignet, wenn auch unklar bleibt, wozu dabei ein »Hebisa« – offensichtlich ein Eisen zum Heben – notwendig gewesen sein soll.

Tatsächlich war damit eine etwa 1,20 m lange Brechstange gemeint, die unten eine Nase hatte und am oberen Ende konisch zulief. Damit ließen sich große Steine im Boden lockern, mit denen dann die Ufer der Bregenzerach befestigt wurden. Mit Ross und Wagen arbeiteten Männer und Frauen und schufen mit Ästen und Steinen Begrenzungen, die vom Wasser nicht so leicht weggeschwemmt werden konnten. Erfolgreich wurde sogar versucht, die schützenden Dämme immer näher an den Fluss heranzuschieben.

Dabei ist noch etwas besonders erwähnenswert: Bei der zuständigen Wassergenossenschaft hatten alle mitzuarbeiten, und zwar nach dem einfachen Verteilungsschlüssel: Je näher man beim Achufer wohnte, desto höher waren die Mitgliedsbeiträge und die Anzahl der Frontage. Nur selten einmal betrifft ein Dorfübername geradezu alle Bewohner und Bewohnerinnen einer Gemeinde; hier in Schnepfau tut er es.

Eine nette Geschichte bringt den Namen auch in Verbindung mit einem Kinderspiel. Ein Auswärtiger habe nämlich einmal Buben und Mädchen beobachtet, wie sie eine ganze Menge von Stricknadeln in mehreren Reihen in den Boden gesteckt hätten. Auf die Frage, wozu denn das gut sein solle, hätten sie geantwortet, sie würden »Hebise« anpflanzen. Schon möglich, dass Kinder in den dünnen Stricknadeln die »Setzlinge« für die so wichtigen Geräte der Erwachsenen sahen, doch es ist mit Sicherheit auszuschließen, dass dies der Anlass für den Übernamen gewesen sein kann, solche Spötteleien wollen schließlich nicht spielfreudige Kinder anprangern, ihnen geht es stets darum, eine besondere Eigenschaft der Erwachsenen zu kennzeichnen bzw. sich darüber lustig zu machen. Fehlte gerade noch, dass die Schnepfauer es so probiert hätten, wie man es sich im Wallis von einer Ortschaft erzählte. Dort seien es tatsächlich die Erwachsenen gewesen, die Nadeln in die Erde gesteckt hätten. Im Herbst darauf wurde es natürlich nichts mit der erhofften Ernte, und dann habe einer gemeint, im nächsten Jahr müsse man die Nadeln eben mit der Spitze nach oben setzen. Als daraus dann prompt wieder nichts geworden sei, habe man dem »Samen«, also den Nadeln, die Schuld gegeben.

Am meisten an Glaubwürdigkeit könnte wahrscheinlich eine ganz ähnliche Version der »Pflanzerei« haben: Wie schon oft sei einmal in einem Gasthaus die Rede darauf gekommen, wie ungünstig doch der viele Schatten sei, den die Kanisfluh mache. Da habe einer – sicher nur im Spaß – gemeint: »*Ma söt se awek lupfa!*« Ein anderer sei gleich auf den Vorschlag eingegangen und habe lachend gemeint: »*Dau brücht's abar viel Hebise … und wauher söt mas nea?*« Und dann kam nach einer kurzen Pause des Überlegens die überraschende Antwort eines Tischnachbarn: »*Steckond Glüfle im Hebscht, din himmor's 's näscht Jaur!*« Gut möglich, dass Gespräche in vertrauter Umgebung, bei denen einer den anderen mit Späßen übertreffen möchte, so ablaufen können. In Wirklichkeit wird es sich indes doch eher so verhalten haben:

Wenn die Schnepfauer ihre »Hebisa« gar so fleißig in den Boden rammten, mag das für ihre Nachbarn gelegentlich Grund gewesen sein, sich darüber lustig zu machen. Dabei könnte durchaus auch ein gewisser Respekt vor ihrem Zusammenhalten mitgespielt haben. In manchem Spott steckt nämlich nicht selten ein ordentliches Quantum an Bewunderung, ja manchmal sogar Neid. Was immer also Ursache für den Übernamen gewesen sein mag, die heutigen Nachkommen des einst so bedrohten Dorfes dürfen mit Recht auch ein wenig stolz auf ihn sein.

Schnifis

Kriasihögga

»Kirschenbäume sind die meisten im Montavun, zu Schnivis und Frachsern«, heißt es bei Franz Joseph Weizenegger. Besonders für die Herstellung des »Kirschengeistes« verwendete man viele dieser Früchte und der gerade erwähnte »Vater der Vorarlberger Geschichtsschreibung« führt weiter aus: »Erzeugniß und Absatz des Kirschengeistes unter dem Namen Griesiwasser gingen ehemals ziemlich ins Große, denn kein angesehener Mann oder besserer Bürger verließ die Abendgesellschaft, ohne ein oder das andere Gläschen als Schlaftrunk mitzunehmen.«

Tatsächlich hatte Schnifis als Kriasi-Ort einst nicht nur einen bekannten, sondern einen sehr bekannten Namen. Kirschen kann man bekanntlich nicht von den Bäumen schütteln und auflesen wie Zwetschken, man muss sie pflücken, ja, man muss sie »gewinnen«. Dazu braucht man Leitern, die schmal und leicht gebaut sind. Jeder richtige Kriasibauer hat mehrere davon, kurze und lange, mit 25 bis 50 Sprossen, die längsten messen über 15 Meter. Während des Jahres werden sie unter dem Vordach aufbewahrt. Jetzt werden sie geholt. Der Bauer fasst eine Leiter in der Mitte, hebt sie empor und steckt den Kopf zwischen zwei Sprossen durch, so dass die Holme auf die Achseln zu liegen kommen. Auf die Leiter legt er zwei Stützen und den »Kriasihogga«. Zuoberst hinauf kommt noch ein Korb und um den Leib hat der Bauer einen Gurt oder Strick mit einem kleinen »Kriasikrättle« für die Früchte. Beim Baum angekommen, wird die Leiter an einen passenden Ast angelehnt, die Stützen werden angestellt und dann kann es mit der Ernte losgehen. Ist das Krättle gefüllt, so steigt der Pflücker herab und leert die Früchte in den großen Korb. Gleich darauf geht es wieder hinauf, bis von der Leiter aus nichts mehr zu erreichen ist. Dann wird diese losgebunden und senkrecht um den Baum herum zu einer neuen Stelle getragen, und so geht es, bis alle Kirschen gewonnen sind. Ein Geübter bringt es auf einem ergiebigen Baum an einem Tag auf etwa 30 bis 50 Kilogramm. Es klingt vielleicht überraschend, aber ein großer, richtig voller Baum kann einen Ertrag von 250 bis 300 kg liefern. Dabei tut der Kriasihogga immer wieder seine guten Dienste, da man sich mit dieser langen Stange mit ihrem Haken beim Herziehen der Äste natürlich leichter tut.

Dass die Schnifner mit den Kirschen auch etwas anzufangen wussten, beweist der bekannte Spruch vom »Kriasner«, der *Lieb und Seel zämmahebt*. Offensichtlich hatten einige von ihnen die Leber auf der Sonnenseite. Gelegentlich hätten manche in dieser Hinsicht dann allerdings des Guten ein wenig zu viel getan. Das sei bekannt geworden, und deswegen habe sie der Nenzinger Frühmesser bei einer seiner Predigten als schlechtes Beispiel erwähnt, dem keinesfalls nachgeeifert werden dürfe. Den Kindern an kalten Winterabenden ein »Kriasimändle« – ein Leinensäckchen mit gut gewärmten Kirschkernen – ins Bett mitzugeben, dagegen hatte er natürlich nichts einzuwenden.

Zurück zum Spottnamen! Er hätte sicher genauso gut für die Bewohner einer anderen Kirschengemeinde gelten können. Die Schnifner waren ihren Nachbarn wegen des Namens wohl auch nie böse, schließlich hatten sich diese – wenn man an andere Kriasi-Dörfer dachte – ja doch eher zurückhaltend ausgedrückt. Die Thüringer jedenfalls – die »Kriasistinker« – wären einem Namenstausch wahrscheinlich nicht abgeneigt gewesen.

Wie weit vorausschauend die Ortsbewohner mit ihren Kriasihögga waren und wie durchdacht die ganze Sache rund um dieses wichtige Gerät war, zeigt sich auch an einer kleinen Episode, die man sich hier gern erzählt. Einem deutschen Urlauber, der zum ersten Mal ein solches Gerät zu Gesicht bekam und sich dafür interessierte, wurde versucht klar zu machen, wozu es diene. Der Mann war sehr schnell vom praktischen Nutzen der langen Stange mit ihrem Haken überzeugt und meinte, so ein »Krisenstab« sei tatsächlich etwas äußerst Praktisches.

Bis hierher sind die Schnifner eigentlich nicht schlecht weggekommen, es soll deshalb noch Folgendes erwähnt werden. Die Titulierung als »Högga« enthält bei aller Nahbeziehung zum Kirschenanbau doch auch einen nicht zu überhörenden Hinweis auf eine gewisse Widerspenstigkeit und Ungeschliffenheit der so Bezeichneten. Die Schnifner von heute nehmen es offensichtlich gelassen. Mit einem überzeugten »*Kriasihogga, Kriasihogga, hogg, hogg, hogg!*« bekennen sie sich lautstark zu ihrem Übernamen. Jedenfalls in der Fasnat!

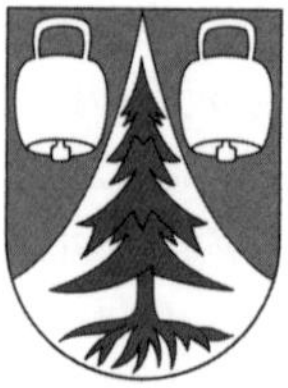

Schoppernau

Schäufolar

In ältesten Zeiten sei die heute so anmutig liebliche Gegend von Schoppernau eine raue, wilde Schafalpe gewesen. Die ersten Hirten nannten die Schafe in ihrer Mundart »Schapper«. Von diesen habe dann später die Siedlung den Namen angenommen, eben »Schauppernaw«. In der heutigen Mundart aber werden die Schafe »Schäuf« bezeichnet. Darum werden die Schoppernauer von den Nachbarn ringsum »d' Schäufolar« genannt – und dabei blieb es bis auf den heutigen Tag.

So schreibt Franz Michael Felder und ihm als gebürtigem »Schaubonouar« wird man hier schon glauben dürfen. Andererseits gibt es daneben noch eine ganze Reihe anderer Deutungen des Ortsnamens. Angefangen vom »Schoppen« Wein, der hier gern bei Reisen ins Kleine Walsertal oder auf den Tannberg mitgenommen worden sei, gehen die Erklärungen über die Ortsbezeichnung »z'obern Au« weiter zum Namen »Schopp« eines ehemaligen Adels- und Grundherrn, bis sie schließlich beim »Tscheppern« der Viehglocken und nach einem alten Alpbuch bei den »Schappera«enden. Es ist eine Tatsache, dass es im inneren Bregenzerwald viele Weiden gibt, die vom Großvieh kaum betreten werden können, weil sie zu steil sind. Für Schafe dagegen sind sie gut geeignet. Außerdem fühlen sich diese Tiere auch in rauesten Höhen der hoch gelegenen Alpen wohl, wo sie sich mit dem kärglichsten Futter begnügen. In gewissem Sinne hat das anspruchslose Schaf hier im »Would« sogar Kulturgeschichte geschrieben, denn lange Zeit hindurch war das Weiß seiner Wolle eine bestimmende Farbe der heimischen Tracht.

Unbestritten ist, dass die Schoppernauer als Hirten mit dem vermutlich zweitältesten Haustier des Menschen umzugehen wissen. In ihrer Pfarrkirche befindet sich auch ein Bild des hl. Wendelin. Von diesem bekannten Bauernpatron wird in einer Legende erzählt, er habe seine Arbeit auf einem Hof als Schweinehirt begonnen, später sei er Kuhhirt geworden, und erst dann seien ihm schließlich die Schafe anvertraut worden. Diese Reihenfolge bei den Tieren zeigt deutlich den Grad der Verantwortung und auch jenen des Könnens eines solchen Schafhirten! Einfalt und geduldiges Schweigen werden dem Schaf nachgesagt, aber auch eine gute Portion Intelligenz, »dumme« Tiere gibt es ohnehin nicht. Die Schoppernauer »Schäufolar« können mit ihrem Übernamen also mehr als zufrieden sein. Dass sie sich der Wichtigkeit dieser Tiere bewusst waren und sind, zeigen nicht zuletzt zwei silbernen Glocken, die sie in ihrem Wappen führen. Sie sollen zwar Kuhglocken und damit Symbole für die bedeutende Milchwirtschaft darstellen, doch die Schafe werden dabei wohl auch mitgemeint sein!

Fast zu viel Lob! So wird man an dieser Stelle vielleicht denken. Wo bleibt der Spott? Er kommt, und zwar ganz ordentlich. In einer nunmehr etwa 80 Jahre alten Liste, die ein fleißiger Sammler derartiger Übernamen angelegt hat, vermerkt er außer der erwähnten Bezeichnung noch Folgendes: »Die Schoppernauer sollen einstmals einen Schafshoden vergraben haben, in der Hoffnung, daß daraus junge Schafe werden.«

Wenn unser Gewährsmann da richtig informiert worden ist, wird vielleicht auch das Folgende verständlich. In früheren Zeiten habe man die Schoppernauer Buobo am Wirtshaustisch mit einem nicht einmal besonders laut gesagten »Hall, hall!« so richtig in Rage bringen können. Inzwischen scheint auch der einstige Lockruf für die Schafe, der ihnen ihre geliebte Salzration ankündigt, seine aufreizende Wirkung verloren zu haben. Schon seit etlichen Jahren ertönt hier nämlich in der Fasnat ein »*Schäufolar, Schäufolar, hall, hall, hall!*«

Schröcken

Birger Käsabschröckner Spanische Schröckner

Mit dem Übernamen »Birger« wurden von den Bewohnern der Nachbartäler eigentlich die Tannberger insgesamt bezeichnet. Um das gänzlich fehlende Brotgetreide erwerben zu können, verkauften diese außer Vieh vor allem Butter und Käse, die wegen ihrer guten Qualität weitum bekannt und geschätzt waren, und weitere Übernamen wie »Käsabschröckner«, »Käsbirger«, »Kässchaber« und »Schottarummer« zeugen von diesem einstigen Erwerbszweig. Bis 1800 erfolgte der Handel größtenteils mit dem nahen Allgäu, wobei Hochkrumbach und Oberstdorf als Umschlagplätze dienten. Bei so viel Erfolg beim Absatz der geschätzten Milchprodukte ist vielleicht auch der Name vom »spanischa«, also vom hochmütigen Schröckner verständlich, von dem Hermann Sander spricht.

Oder war das Ganze etwa ein Missverständnis? Hatte es etwa mit dem zu tun, was Kreishauptmann Ebner im Jahre 1838 aufgefallen war? Hier in »Schrecken«, so stellte er fest, würden viele Leute schlecht hören und sehen, es sei eine Folge der strengen Winterkälte, der furchtbaren Winde und der reflektierten Sonnenstrahlen in den Monaten April und Mai. Gut denkbar, dass solche etwas schwerhörige Menschen anderen auf ihre Fragen oder auch auf einen Gruß nicht antworteten, was dann prompt als »Hochmut« fehlgedeutet worden sein konnte.

Dabei gab es aber tatsächlich gewisse Gründe, stolz zu sein, die Landschaft prägt bekanntlich den Charakter. »Wahrhaft schrecklich ist dieser Ort und Schrecken soll er heißen!« So habe zwar ein Augsburger Bischof, angesichts der Kirche und der beiden einzigen Häuser hier heroben, einstmals ausgerufen, doch wahrscheinlich fehlte ihm als Stadtmenschen der Sinn für die Schönheiten der imponierenden Hochgebirgslandschaft. Der Reiseschriftsteller Ludwig von Hörmann fand jedenfalls, eine wildschönere und interessantere Gegend könne es kaum geben, und an »Schreckvollem« habe er in dieser romantischen Bergidylle nichts finden können. Und dann stellte er fest, dieses »Schrecken« oder richtig »Schröcken« bedeute einfach einen Sprung, Riss, Felsenspalt, was der Lage des Ortes entspreche. Auch dem weit gereisten Ludwig Steub imponierte die Landschaft. Er schrieb zwar ebenfalls von tiefen Tobeln, grausigen Wänden, von Schneefeldern, die einem fast übers Haupt hereinhingen, von Zerrissenheit, Zerklüftung, Schnee, Eis und enger waldiger Wildnis, doch dann heißt es bei ihm, unter allen Landschaften sei keine bewohnte, die es dieser an schauerlich wilder, beängstigender Schönheit gleich tue. Außerdem komme, Gott sei Dank, auch Schröcken zu lustigen Tagen. Der Wirt daselbst führe in seinem Keller einen vortrefflichen Veltliner, und im Bregenzerwald sei mehr als ein Ehrenmann zu treffen, der sich an einen fröhlichen Abend im Schröcken erinnern könne.

Schruns

Stiara

Als Hauptort des Tales wird Schruns es schon verkraften, im Folgenden fürs ganze Montafon geradezustehen. Der Gelehrte Hermann Sander ist zwar in Zell (Tirol) geboren, doch er stammte über seinen Vater, den späteren Bezirkshauptmann von Bludenz, aus Schruns, und die Heimat der Sander war ein Hof bei St. Gallenkirch. Was er also über die Menschen dieser Talschaft sagt, dürfte besonderes Gewicht haben: »Die Montavoner«, so schreibt er einmal, »jedenfalls ein sehr begabter Menschenschlag, werden als falsch und diebisch hingestellt. Ihr Losungswort sei: ›*A bitz etschas verdiena, a bitz etschas heuscha und a bitz etschas stela!*‹ «

Äußerungen ähnlicher Art ließen sich eine ganze Reihe anführen. Sogar in den Schlüsseln, die mit Ausnahme von Stallehr und Lorüns in jedem Wappen der Montafoner Gemeinden vorkommen, wolle der Volkswitz lediglich Kisten und Kasten erbrechende Dietriche sehen, erwähnt Sander. Doch dann rückt er die Dinge wieder zurecht und meint, trotz aller dieser Geschichtchen könne man den Montafonern, was Diebereien anbelangt, mit Recht gewiss nicht mehr vorwerfen als den Bewohnern anderer Talschaften. Und weil er nun schon einmal unser ganzes Land im Auge hat, schreitet er – er war immerhin etwa dreißig Jahre lang Direktor der Oberrealschule in Innsbruck – zu dessen endgültiger Ehrenrettung und erklärt: »... ja, es wird in Vorarlberg überhaupt entschieden weniger gestohlen als in Tirol.« Dennoch, im Volk hielt und hält sich landauf, landab die Meinung vom Montafoner und seinem Grundsatz »*Ma söt nia ler hem go: Allig etschas mitne.*«

Es wird Zeit, auf den Übernamen der Schrunser zu sprechen zu kommen!

Da Sander einmal erwähnt, die Bewohner fast eines Drittels aller Vorarlberger Ortschaften würden mit dem Titel »Stier« bedacht, ist es wahrscheinlich keine große Überraschung, wenn auch die Schrunser dieser Sorte zugezählt wurden und werden. In ihrem Wappen ist ebenfalls ein solches Tier zu sehen.

Und was für eins!

Der aufspringende Bulle ist wohl eine Anspielung auf die große Bedeutung der Viehzucht im Montafon. Es kam nicht selten vor, dass nach einem Viehmarkt mehr als 2.000 Tiere ins Gargellental und über das Schlappiner Joch in die Schweiz gebracht wurden. Da waren vorher bei den entsprechenden Verkaufsverhandlungen harte Köpfe sicher gefragt, etwas, das ebenfalls an ganz bestimmte Tiere denken lässt!

Ja, und derjenige, der den härtesten hatte, der wurde Gemeindevorsteher; so erzählte man es sich jedenfalls in Bartholomäberg. Eigentlich sei es ja darum gegangen herauszufinden, wer den besten Kopf hatte, entschieden worden sei es aber immer damit, dass dabei ein Heustock durchstoßen werden musste.

Auch in einem alten »Montafonerlied« klingt es – jedenfalls für die Schrunser – nur positiv, wenn es dort heißt:

»Miar sen ja Muntafuner, miar sen jo all vo Schru,
miar sen ke Dunkelmüsler, miar sen net vo ...«

Natürlich wissen die Schrunser, was da im Text noch folgt! Ein altes »Gsätzli« dämpft dann allerdings das Lob etwas:

Dr Schrusar Kirchturm ist of und of grau,
und d' Schrusar Buaba send stolz wia-n-an Pfau.

Vielleicht auf ihr Aussehen? Doch da wurden sie ganz klar überboten. Und außerdem: Was war dieser Vorzug schon, wenn das Drumherum nicht dazu passte?

... schöni Buaba d's Tschaggu, die läda send d' Schru.

Zum Glück gab es da noch eine Schönheit anderer Art und von ihr hat der bekannte Ortsnamenforscher P. Isidor Hopfner schon vor bald einhundert Jahren festgestellt: »Schruns, obwohl geschichtlich ärmer als manch anderer Ort, doch jetzt unbestritten die Herrin des Montafon, die sich nach und nach aus einer ländlichen Schönheit zur Stadtdame herausputzt.«

Schwarzach

Schlifar
Wetzstoabißar
Hutzolar

»Schlifar« kann im Sprachgebrauch unseres Landes allerlei bedeuten. Um mit dem eher Unerfreulichen zu beginnen, braucht man nur im »Vorarlbergischen Wörterbuch« nachzublättern. Angefangen von »unzuverlässiger Mann« gehen die Erklärungsmöglichkeiten dort über »stümperhafter Arbeiter« bis zu »schlauer Spitzbub«. Nicht außer Acht gelassen werden dürfen dabei natürlich die Redensarten *»reda wia an Schlifer«* – ein geläufiges Mundwerk haben – und *»doherako wia an Schlifer«*, also eher unordentlich gekleidet sein. Auch Menschen, die es mit dem Leben nicht so schwer nehmen und sozusagen alles »schleifen lassen«, könnten damit gemeint sein. Die Schwarzacher mögen selbst entscheiden, was ihnen von dem Angebot an Deutungen am ehesten zusagt. Vermutlich werden sie aber darauf hinweisen, dass ihr zweiter Übername »Wetzstoabißer« die Sache doch eindeutig genug ausdrücke. Das Ganze habe ganz klar mit Wetzsteinen zu tun. Solche brauchte man zum Schleifen von Sensen, Messern, Scheren usw. Bevor man aber an dieses Schleifen gehen konnte, mussten zuerst einmal die Steine selbst in die richtige Form gebracht und auch geschliffen werden, und damit sind wir bei der Bezeichnung »Schlifar«, wie sie hier gemeint gewesen ist.

Gebrochen wurde das Ausgangsmaterial, ein sandiger Kalkstein, im Schwarzachtobel, aber auch im nahen Hohenems und in Bizau, und dann zur Schleife transportiert. Dort kamen die Brocken in eine Rutsche, in der Gneisblöcke durch ein Wasserrad waagrecht hin- und hergerutscht wurden, und erhielten auf diese Weise nach mehrmaligem Umwenden ebene Flächen. Dann wurden sie erwärmt und mit einem Schneidehammer in sechs bis acht

Stücke gespalten, die dann noch abgekantet und nachgeschliffen wurden. Tag und Nacht kreischten die Schleifmühlen entlang der Schwarzach, und zwar bis ins letzte Jahrhundert herein. Erst als man daran ging, Wetzsteine auf künstliche Weise herzustellen, ging das Gewerbe zurück. Ein weiterer Grund war natürlich auch die zunehmende Mechanisierung der Landwirtschaft. Kreishauptmann Franz Anton von Daubrawa, der vor gut 180 Jahren unser Land bereist hat, erwähnt in seinem Bericht noch zehn Schleifmühlen, die in Schwarzach jährlich etwa 150.000 Wetzsteine herstellen würden. Gebündelt zu jeweils hundert Stück, gingen die gefragten Produkte in die ganze Monarchie, aber auch ins Ausland (Frankreich, Niederlande, Preußen, Sachsen usw.) wurden sie verkauft. Die Arbeiter im Steinbruch, die Schleifer in der Mühle, die Kinder beim Schichten, die Fuhrleute mit ihren Pferden, alle hatten sie ihre Arbeit. Es gab Jahre, in denen bis zu 1,6 Millionen dieser gefragten Steine verkauft wurden, Einzelsendungen gingen sogar bis nach Nord- und Südamerika. Natürlich wurden Wetzsteine ebenso wenig gebissen und verzehrt wie beispielsweise die Schollen der Koblacher von diesen »gefressen« wurden, aber für viele Schwarzacher gab die Arbeit mit ihnen Verdienst und Brot. Nach dem Zweiten Weltkrieg ging die Produktion stark zurück und in den 60er Jahren des vergangenen Jahrhunderts bestanden gerade noch drei Wetzsteinschleifen mit einem durchschnittlichen Jahresumsatz von 20.000 Stück. Es komme vielleicht bald die Zeit, da in Schwarzach kein Wetzstein mehr hergestellt werde, schreibt Artur Schwarz damals. Inzwischen ist aus seiner Vermutung Tatsache geworden, die Schwarzacher haben längst andere Dinge zum »Beißen« gefunden.

Ihrer einstigen so wichtigen Tätigkeit als Wetzsteinhersteller und -lieferanten und damit als Garanten für einen guten Grasschnitt in der einstigen Donaumonarchie gedenken sie auch heute noch gern. In ihrem »Schlifar-Museum« wird diese ruhmreiche Vergangenheit eindrucksvoll dargestellt und der »Wetzstein-Hansel« auf dem Dorfbrunnen erinnert eindrucksvoll an den einst blühenden Industriezweig.

Von den Koblacher »Schollafreassern« war schon die Rede, etwas nördlich von ihnen sind die Mäderer »Hutzla« daheim, und mit solchen wilden, unveredelten Birnbäumen und den kleinen, runden Früchten scheinen sich früher auch die Schwarzacher besonders angefreundet zu haben. Sie werden nämlich ebenfalls »Hutzolar« genannt.

Bleibt noch ein Name der neueren Zeit: »Pfellerpfifar«.

Dass die örtliche Fasnat-Zunft bei ihrer Suche nach einer passenden Fortsetzung des Rufes *»Schlifar, Schlifar«* auf diesen Namen gekommen ist, braucht nicht zu überraschen. So lange es die Nachfolger dieser bekannten Sagengestalt, die früher gemeinsam mit anderen frechen Raubgesellen unterhalb der Achbrücke am Pfeller gehaust haben soll, beim Pfeifen belassen, ist dagegen auch sicher nichts einzuwenden.

Schwarzenberg

Montinegrar

Wahrscheinlich ist bei dieser Schreibweise der dahinter stehende geographische Name nicht gleich zu erkennen. Es geht um Montenegro, die »Perle an der Adria«. Als im Verlauf des Ersten Weltkriegs zu Beginn des Jahres 1916 der Angriff Österreich-Ungarns auf dieses Land erfolgt und es knapp zwei Wochen später seine Kapitulation erklären muss, dürfte sein Name auch im Bregenzerwald oft genannt worden sein. Gut möglich, dass damals jemand darauf hingewiesen hat, dass Schwarzenberg nichts anderes als die Übersetzung des Namens Montenegro sei (monte-Berg – negro-schwarz). Schon das alte Gemeindesiegel des 19. Jahrhunderts zeigt einen aufragenden schwarzen Berg, wie er im heutigen Wappen zu sehen ist. Da man damals derart weit entfernte Gebiete der Monarchie geradezu als Kolonien eingeschätzt hat, ist der Verdacht, manche hätten bei »negro« auch noch an »Neger« gedacht, nicht unbegründet.

Angesichts dieser nüchternen Erklärung können die Schwarzenberger von heute die Herkunft ihres verhältnismäßig jungen Übernamens natürlich locker hinnehmen, doch so ganz ungeschoren kommen auch sie nicht davon. Es gilt nämlich noch einen herzhaften Spruch zu erwähnen, der an die Stelle eines einzelnen Übernamens getreten zu sein scheint:

»Es git drüerlei Lüt: Mändle, Wible und Schwazobegar.« So soll es vor allem im Hinterwald gelegentlich zu hören gewesen sein und die Mellauerin Klara Schwendinger findet:

I schöana Wilarn, grob vorströut,
döt husod d' Montinegrar,
ka »Mendle« und ka »Wible« zwaur,
doch lutor Schwazobegar.

Aber es kommt noch dicker!

Den Schwarzenbergern binde der Schalk der Nachbarn so ziemlich alles Alberne auf, das diese selbst gern losgeworden wären, meint Ludwig Steub, ein bekannter Reiseschriftsteller des 19. Jahrhunderts, als er auf seinen »Streifzügen durch Vorarlberg« auch durch den Bregenzerwald kommt. Falls jemand übrigens Lust habe zu erfahren, warum sie sich »Psocher« und «Psipser« nennen lassen müssten, möge er selbst bei ihnen nachfragen.

Leider sind Erkundigungen dieser Art erfolglos geblieben, einzig im Hinterwald scheint es einst ein Sprüchlein gegeben zu haben, das damit in Zusammenhang gebracht werden könnte. Anstatt jedoch die Dinge zu klären, macht es die Sache nur noch undurchsichtiger:

Schwarzobergar Psochar
rittod uf am Oachar,
rittod bis is Gloggahus,
neamod alle Krättle us,
drüllots in a Tüochle inn
und machot da besta Brinntowinn.

Nach einer anderen Version geht der Ritt bis zum St.-Anna-Kappele in Stangenach, *döt leasats alle Kröttli uf und toans in a wiß Tüchle, und denn git as eana die besta Buraküchle.*

Der oben erwähnte Reiseschriftsteller vergleicht die Bewohner übrigens unter anderem auch mit den bekannten Schildbürgern und meint, die Schwarzenberger Stücklein hätten einigen Ruf. Die folgende Geschichte dürfte eins dieser »Stücklein« sein. Ob bei der Hauptperson allerdings überhaupt ein Schwarzenberger gemeint sein muss, sei dahingestellt, aber es geht dabei auf jeden Fall um einen, der seinen Weg nach Dornbirn über die Lose genommen hatte. Er kam also nach Dornbirn, sah dort riesige Kürbisse liegen und fragte, was denn das sei, so etwas habe er in seinem Leben noch nie gesehen. »Eselseier!«, sagten die Dornbirner und zwinkerten sich zu. Dann schenkten sie ihm eins der runden Dinger und erklärten dem Wissbegierigen auch, wie man es ausbrüten könne. Wie das vor sich gehen sollte, probierte der Wälder dann auf seinem Heimweg gleich oben auf der

Lose aus. Er setzte sich dazu – so hatte man es ihm offensichtlich geraten – auf den Kürbis.

Als er eine Zeitlang gesessen, geriet er in Windnöte, so daß er, um denselben Raum zu schaffen, sein Gesäß etwas heben mußte; bei dieser Gelegenheit entrann der Kürbis den Berg hinab, und der Wälder lief ihm unter dem Geschrei nach: »Min Esel, min Esel, ahihi, ahihi, do ischt din Ätti!«

Allen Schwarzenbergern zum Trost: Die Geschichte hat Steub ganz offensichtlich nur hierher übertragen, sie wird nämlich ganz ähnlich auch im nahen Wolfurt, im liechtensteinischen Planken und bei den Walsern im fernen Tessin und Wallis erzählt. Zu guter Letzt entpuppt sich die ganze Eselsei-Kürbis-Brüterei dann sogar als Parallele eines Streichs der bereits erwähnten Bewohner von Schilda.

Sibratsgfäll

Schwozer

Ausnahmsweise soll an dieser Stelle darauf hingewiesen werden, was schon alles über die Herkunft des offiziellen Namens der Gemeinde vermutet worden ist. Das »Gfäll« scheint ziemlich klar zu sein, damit ist ein Holzschlag gemeint. Wem er aber gehört hat oder wer da mit der Arbeit begonnen haben soll, darüber gibt es nach wie vor keine endgültige Klarheit. Da kommen nämlich etliche Leute mit ähnlich klingenden Namen in Frage: ein Siber, ein Sigbert, ein Segfried oder ein Siegefried. Auf jeden Fall wurde fleißig gefällt und die Gegend muss den ersten Ankömmlingen ertragreich erschienen sein. Später seien dann immer mehr Ansiedler gekommen und so sei schließlich die Ortschaft entstanden.

Unter diesen war auch eine Gruppe Tiroler, die hauptsächlich im Holzschlag beschäftigt war. Da es damals nur schlechte Straßenverbindungen gab, benützte man zur Beförderung der gefällten Stämme den Wasserweg, also den Flusslauf der Bregenzerach. Die Flößerei war eine anstrengende und nicht ungefährliche Arbeit. Bei ihrer Erwähnung braucht jedoch nicht an Flöße gedacht zu werden, jeder Block wurde einzeln dem Wasser übergeben. Das dauerte zwar entsprechend lange, dafür war es billig. Bregenz war ein guter Abnehmer und von dort aus ging das Holz zum Teil bis an den Untersee. Besonders nach Rebstecken herrschte immer große Nachfrage. Ja, und weil die »Inwohner des Waldes mit der jährlich bestimmten Menge und Summe, welche sie auf Bregenz zu liefern hatten, allein nicht fertig würden geworden sein …«, schreibt Kaplan Johann Konrad Herburger in seiner »Lingenauer Chronik«, hatte man die erwähnten Tiroler, die »Schwozer«, zur Verstärkung geholt. Dabei stammten sicher nicht alle von ihnen aus Schwaz, sondern kamen auch aus anderen Tiroler Landesteilen, nicht wenige zum Beispiel aus dem Pitztal. Viele dieser eingewanderten Burschen waren noch ledig, und so ist es nicht verwunderlich, dass zum Beispiel die Pfarrbücher von Lingenau um 1700 bei den Hochzeiten auffallend viele Namen erwähnen, die bis dahin im Wald unbekannt waren. In Sibratsgfäll wird es nicht anders gewesen sein. Der gerade erwähnte Chronist weiß zum Beispiel auch zu erzählen, der Erbauer der ersten Kapelle von Sibratsgfäll – Maria Hilf auf der Rindbergalpe – sei ein gewisser Bonus Schedler gewesen, den man »Schwozer« genannt habe. Diese Kapelle ist vermutlich bereits vor 1694 errichtet worden, demnach müsste dieser Stammvater bereits im frühen 17. Jahrhundert eingewandert sein, ist doch bereits um 1662 ein Landammann Konrad Schedler aktenkundig. Dabei dürfte er aber keineswegs einer der Ersten gewesen sein, denn der Niedergang des Bergbaus in Schwaz hatte schon rund einhundert Jahre früher manchen Knappen brotlos gemacht und zur Auswanderung veranlasst.

Eine Erinnerung an diese Zeit ist auch das so genannte »Schwozermuos«. Seine Zubereitung sei ursprünglich wohl ganz eine Sache der Männer gewesen, entsprechend knapp lautete das Rezept: Wasser, Mehl, Salz, Schmalz – Schluss! Das waren die Zutaten für ein »Schwozermuos« nach alter Sitte der Holzer, denen ja nur selten Milch oder Eier zur Verfügung standen. So ein Muos schätzten sicher bereits die ersten Hilfskräfte aus Tirol, wenn sie untertags im Wald oder an der Subersach als »Flözer« arbeiteten. Natürlich sind für dieses Gericht im Lauf der Zeit dann verschiedene Rezepte entstanden. Ob gewendet oder nur zerteilt, ob mit oder ohne Rummat, ob mit Milch oder Salat dazu, inzwischen ist längst für jeden Geschmack gesorgt. Als die Großdorfer im Sommer des Jahres 1987 anlässlich eines Festes für die Teilnehmer so ein richtig fettes »Schwozermuos« in einer eigens dafür hergestellten Riesenpfanne zubereiteten, fand dieses jedenfalls große Nachfrage.

Noch eine Erinnerung an diese Zuwanderer aus unserem Nachbarland gibt es: Es sind jene Tiroler Namen, die sich noch heute auf den Grabsteinen des örtlichen Friedhofs finden lassen. Sie waren einst so zahlreich, dass es nicht verwunderlich ist, wenn man hört, das Dorf sei früher »Klein-Tirol« genannt worden. Weil vorhin gerade von Familiennamen die Rede gewesen ist, soll auch noch ein altes Sprüchlein aufgewärmt werden:

Z' Sibratsgfell ka ma it barfuß gau:
As git döüt luttr Spiatz, Bösch und Stumpa.

Natürlich denkt man dabei vor allem an Dinge, die einem das Barfußgehen erschweren, doch Spiatz, Bösch und Stumpa sind Übernamen von Sippen, die dort ehemals stark vertreten waren und es zum Teil auch heute noch sind.

Und wo bleibt beim Namen »Schwozer« der Spott? Er ist eigentlich kaum wahrnehmbar, denn die Redensart *»Er friaßt wi an Schwozer«* ist in Anbetracht der kräftezehrenden Arbeit, die da in der freien Natur zu leisten war, nur zu verständlich. Wobei auch noch zu erwähnen wäre, dass eine derart ausgiebige Nahrungsaufnahme schon deshalb nötig war, weil die ehemaligen Holzfäller und Flößer ja nur einmal am Tag zu einer warmen Mahlzeit kamen.

Silbertal

Taler

Als einziges Dorf in unserem Land führt hier eine Gemeinde denselben Namen wie das Tal, in dem es liegt. Wahrscheinlich ist man nicht überrascht, dass der uralte Bergwerksort mit einer Bezeichnung aufwarten kann, die etwas vom einstigen Reichtum widerzuspiegeln scheint. Gut möglich auch, dass ein Landfremder, der zum ersten Mal von »Talern« hört, die noch dazu in einem Silbertal wohnen, dabei unwillkürlich an Silbermünzen und überdies noch an entsprechend viele davon denkt. Doch die Wirklichkeit ist eine ganz andere, und der »Spaßvogel« Johann Jakob Keßler aus Gantschier weiß in einem seiner »Rima« sogar genau das Gegenteil von solchen Vermutungen zu berichten, wenn er von den »Talern« sagt:

»... dia hond o nia ke Gäld,
as ischt si net rooß z' wundra,
si sen am End der Wält.«

Na ja, so wird man denken, viel ist es ja gerade nicht, was da den lieben Nachbarn eingefallen ist. Ganz offensichtlich haben ihnen die »Taler« eben keinen Anlass geboten, sie »z' trätza«, also sich über sie lustig zu machen. Bevor sie jedoch zu übermütig werden, sollen sie noch an einen Ausspruch von dem väterlicherseits aus Schruns stammenden Gelehrten Hermann Sander erinnert werden, der zu diesem Thema einmal gemeint hat, von den »Talern« würden neben den »Bärgern« die meisten Dummheiten erzählt. Anton Fritz aus Gortipohl hat nicht wenige Beispiele gesammelt, die hier wohl gemeint gewesen sein mögen.

Da seufzt zum Beispiel so ein »Taler«: *»Vo allna schwära Buraarbata ischt mar noch die liabscht ds Marendässa«*, und einer, der gerade das 21. Kind bekommen hat, stellt erleichtert fest: *»So, jätz bin i us am Sack!«*

Und damit auch die Weiblichkeit zu Wort kommt: Als das »Taler Wibschi« einmal nach Schruns herauskommt und dort einen Geißbock zu einem Loch herausschauen sieht, meint es: *»Ander Land, ander Lüt!«* Viel ist das allerdings nicht an origineller Spöttelei, wurde die Geschichte doch ganz ähnlich von den Laternsern, aber auch anderen Bewohnern von Bergtälern erzählt.

Fehlt noch die Jugend.

Da gebe es ebenfalls entsprechend »köstliche Blüten echter Volksdichtung«, wie der bereits erwähnte Anton Fritz derartige Beispiele genannt hat.

Einmal ging ein Taler Bub Holz schlittnen, und da er den ganzen Tag abwesend sein musste, ließ er den leeren Rucksack in der Barge zurück, denn er meinte: *»Es ischt glich, ob i d' Marent im Buch oder im Rocksack möt treg!«*

Dass auch hier in Silbertal die »Spottrimli« nicht fehlen, ist bereits eingangs erwähnt worden. In einem von ihnen geht es um die einst kleinen Häuser und um die Mädchen.

Im Silbertal dinna hots klini, klini Hüsli
un Meigschiner dri wia Flädermüsli ...

heißt es da. Aus den kleinen »Flädermüsli« aber wuchs offensichtlich eine ziemlich selbstbewusste Weiblichkeit heran, bei der keiner der Burschen anzunehmen brauchte, immer und auf jeden Fall hochwillkommen zu sein. Es gab da nämlich noch einen weiteren Reim und der stellte von allem Anfang an klar: *Im Tal hon d' Meiggana d' Wal.*

Im Silbertal waren es also ganz offensichtlich die Meiggana, welche die Wahl trafen.

Sonntag

Wurschtjager Würscht

»Die Urlaubsgäste des Großen Walsertales mag oft fasziniert haben, dass eine der beiden oberen Talgemeinden den Namen Sonntag führt«, heißt es in einem bekannten Vorarlberg-Buch, und dann fährt der Autor fort, die Bezeichnung klinge nach immerwährendem Nichtstun. So gesehen, wäre ja der Ortsname und in der Folge das »Sonntager« allein schon ein wenig als Vorwurf zu verstehen gewesen, bei dem allerdings wohl auch ein entsprechendes Quantum an Neid mitgeklungen hätte. Neid auf die Bewohner einer Gemeinde, die es besser als die anderen mit ihren eintönigen Arbeitstagen getroffen hatten, Neid auch auf die Gemeinde voll Sonntagskinder, denen bekanntlich »das Glück wie der Tau bei Nachtzeit auf die Schläfen sinkt«, wie es der Namenforscher P. Isidor Hopfner ausgedrückt hat.

So poetisch geht es im Folgenden nicht mehr weiter, denn nun erschallt einem »Sunnatager« mit einem Mal ein »Wurschtjager« entgegen. Wann Derartiges zum ersten Mal erklungen ist, lässt sich natürlich nicht mehr feststellen. Der Übername dürfte mit ziemlicher Sicherheit das Ergebnis eines »dichterischen Funkens« gewesen sein. Ob es damit zu tun hatte, dass die Sonntager nicht ungern im Gasthaus einer Nachbargemeinde eine feine Wurst bestellten? Vielleicht gleich drüben in Blons, wo man eine alte, magere Kuh gern eine »Wurschterin« nannte, eine »Wurschtkuh«, da deren Fleisch nur mehr zu Würsten verarbeitet werden konnte? Oder draußen am Land? Wenn es so war, spielte es wohl auch keine Rolle, ob es sich dabei um eine Brat-, Blut-, Leber- oder Schweinswurst handelte, es war sozusagen »Wurscht«! Gelegentlich sollen die Sonntager auch einfach als »Würscht« bezeichnet worden sein, hätte man sie selbst befragt, hätten sie wahrscheinlich eher jene Form vorgezogen, die sich so schön auf »Sunnatager« reimte. Außerdem klang die Kurzform doch gar zu sehr nach einem armen »Würschtle« oder sogar nach einem »Wurschtle«, also einem schussligen Pfuscher.

Etwas sollten die Sonntager nach diesen Erörterungen natürlich nicht sein: beleidigte Leberwürste. Aber so ist es ja mit allen diesen Übernamen: Sie sind von Witzbolden erfunden worden, um den Nachbarn zu sticheln. »Jede Gemeinde ist mit einem solchen Übernamen schon vor Jahrhunderten bedacht worden«, erklärt Ignaz Konzett, ein gebürtiger Sonntager, der in seinem Heimattal an einigen Schulen unterrichtet hat, bevor er schließlich Oberlehrer der Volksschule Frastanz wurde, und der erfahrene Volkskundler ist der Meinung: »Solche Übernamen sind auf Grund ihres natürlichen Fundaments ja nicht beleidigend.«

Ein zweiter Übername ist den Sonntagern ganz offensichtlich von den Thüringerbergern »weggeschnappt« worden. So wie es aussieht, haben sie ihn nie besessen, nur gepasst hätte er nicht schlecht für sie. Die näheren Umstände, wie sie zu einer besonders originellen Bezeichnung kommen hätten können, wird deswegen auch erst bei dieser Walsergemeinde geschildert.

Buchboden

Füchs

Na ja, ein bisschen sind wir hier schon in einer Gegend, wo sich »Fuchs und Has' gute Nacht sagen«; dass da beim Übernamen ein Meister Reineke als Vergleich herhalten musste, braucht also nicht zu verwundern. So mag man vielleicht beim ersten Hören des Übernamens denken, doch dann muss man überrascht zur Kenntnis nehmen, was für eine hübsche Geschichte der oben bereits erwähnte Ignaz Konzett – als gebürtiger »Sunnatager« immerhin ein unmittelbarer Nachbar – über die Herkunft des Übernamens zu erzählen weiß.

Wie so oft habe dort der Messner einmal die Litanei vorgebetet und gerade sei die Stelle mit »Jesus, Sohn Davids« an der Reihe gewesen. Da habe er – auswendig konnte er die Sache ja – seine Blicke ein wenig über die gesenkten Köpfe der Betenden im Kirchenschiff schweifen lassen und unwillkürlich sei ihm ein *»Jesas, sind doa Füchs!«* über die Lippen gekommen. Ob es damit zu tun hatte, dass hier in Buchboden – zumindest in früheren Zeiten – viele Rothaarige anzutreffen waren, muss Vermutung bleiben. Artur Schwarz, der auch diesen Ortsübernamen einmal genauer unter die Lupe genommen hat, meint zwar dazu, es sei eine Geschichte, die ohne weiteres wahr sein könnte, aber es mögen einem dabei schon gewisse Zweifel kommen.

Nach einer anderen Version sei es nicht ein Messner gewesen, dem der Ausspruch von vorhin ausgerutscht sein soll, sondern ein Jäger. Der sei in der Kirche eingenickt und habe offensichtlich gerade von seiner zukünftigen Jagdbeute geträumt und dabei erstaunt Ähnliches wie der bereits erwähnte Messner gemurmelt.

Bei den Weidmännern können wir gleich bleiben. Es gibt nämlich noch eine Erklärung des Übernamens, mit der die gerade »gefuchsten« Buchbodner wieder mehr als versöhnt werden.

Einst hatten es die Hubertusjünger des Ortes auf einen Fuchs abgesehen, doch das Tier machte seinem bekannten Ruf, besonders schlau zu sein, alle Ehre. Sämtliche Weidmannskünste scheiterten, vorläufig jedenfalls. Da kam den Jägern eine Idee: Der kleinste von ihnen kroch in einen »Ampalaschtsack« – einen Kartoffelsack aus Jute – und der größte und stärkste trug diesen samt Inhalt in die Nähe eines Platzes, an dem ein guter Bissen den Fuchs herlocken sollte. Vorsichtig kroch der Jäger im Sack gerade so weit aus diesem heraus, dass er schießen konnte. Der Fuchs, der wohl alles beobachtet hatte, wartete, bis der große Jäger wieder abgezogen war. Dann näherte er sich und prompt hatte sein letztes Stündchen geschlagen. »Die Buchbodner sind halt Füchs!«, soll es bald darauf respektvoll geheißen haben.

Die Geschichte sei *»gwüß, gwüß«* wahr, ob sie möglich ist, mögen andere Jünger des hl. Hubertus entscheiden!

Einen Haken hat sie aber auf jeden Fall: Das Erzählte ist eine der seltenen Erklärungen eines solchen »tierischen« Übernamens, die nicht spöttisch klingt. Ganz im Gegenteil, alle Buchbodner könnten noch heute vom Ruhm ihrer Weidmänner zehren, wenn ihnen das »Füchs« entgegenschallt. Das aber widerspricht der Absicht eines Spottnamens völlig. Die Ortsbewohner werden also wohl damit einverstanden sein, wenn das Lob zumindest gleichmäßig über die Talschaft verteilt wird, gemäß dem Spruch: »Der Fuchs ist schlau, der Walser schlauer.«

Stallehr

Trotz größter Suche, so ein richtiger Übername war für die »erste« Montafoner Gemeinde nicht in Erfahrung zu bringen, aber schließlich ist ja das ganze Tal mit spöttischen Bezeichnungen dieser Art keineswegs besonders »gesegnet«. Gerade zwei solche Namen waren es, die Artur Schwarz seinerzeit auskundschaften konnte, und heutige Montafoner erklären, sogar diese seien nicht eindeutig den erwähnten Ortschaften zuzuweisen. Dabei waren die Bewohner der Talschaft – und sind es wohl auch heute noch – im Allgemeinen durchaus spöttisch genug veranlagt, sich über die Nachbarn etwas entsprechend Originelles einfallen zu lassen. »*Äffigi Siacha*«, seien sie nämlich durchaus, so drückte es jedenfalls einer der Befragten aus, und ein betagter Talbewohner erzählte, dass er es selbst noch erlebt habe, wie vor nunmehr etwa einem halben Jahrhundert die Bauern mit ihren Frauen zusammengesessen seien und dabei »Rima« – Spottreime – »fabriziert« hätten, um Eigenheiten und vermeintliche Schwächen anderer aufs Korn zu nehmen. Zu Papier gebracht, seien die Ergebnisse des »dichterischen Schaffens« sogar nicht selten an die Haustüren der Betreffenden geheftet worden.

Solche »Rima« haben sich im Montafon auffallend viele erhalten und in gar nicht so wenigen geht es dabei um eine ganze Ortschaft. »Sie offenbaren uns Spott und Witz. Heute ist ungeheuer viel davon schon vergessen«, meinte vor Jahren der Schrunser Volkskundler Ludwig Vallaster.

»*Z' Staler sin d' Häfa ler!*«, so heißt es gleich in der ersten Zeile der Reime über »D' Muntafuner Gmenda«, die Hans Barbisch in seiner »Vandanser Heimatkunde« erwähnt, doch es scheint dabei eher um eine »dichterische« Fortsetzung des Ortsnamen-Klanges als um die tatsächliche Schilderung der Ernährungslage hier am

Fuß des Davennastocks gegangen zu sein. Solche Anspielungen auf eine eher magere Ernährungslage waren ja landauf, landab ein beliebter Spott. In einer Fortsetzung des Sprüchleins heißt es dann auch prompt vom Kochgeschirr in unmittelbarer Nachbarschaft: »*... und ds Bings ist nüt dri!*«

Gut möglich, dass der eine oder die andere zu Beginn bei der Erwähnung der »Montafoner Gemeinde« gestutzt hat, liegt Stallehr doch am Eingang ins Klostertal am Ufer der Alfenz. Die Begründung ist einfach und kompliziert zugleich: Die Ortschaft befindet sich im Gerichtsbezirk von Schruns und gehört dem »Stand Montafon« an. Andererseits wird Stallehr jedoch wegen seiner nahen Beziehungen zu Bludenz – manche sprechen sogar von einem »Vorort« der Alpenstadt – auch gern als Walgaugemeinde angesehen. Von 1939 bis 1946 war es sogar in Bludenz eingemeindet, unfreiwillig allerdings. Vielen heutigen Montafonern wird es wohl kaum bekannt sein, dass es vor mehr als 400 Jahren einmal einen Riesenprozess mit den Sonnenbergern gebraucht hat, damit ihre Vorfahren das Dorf Stallehr behalten konnten. Nicht verwunderlich also, dass manche die Ortschaft nicht zu ihrer Talschaft rechnen und früher die meisten der Ansicht waren, es bei deren Bewohnern mit »Schnapfa« zu tun zu haben. Was man sich darunter vorzustellen hat, ist zu einem Teil bereits in den Beiträgen über Bludenz und Lorüns erwähnt worden, eine weitere Erklärung soll an dieser Stelle folgen.

Grundsätzlich waren für die Talbewohner alle Nicht-Montafoner solche »Schnapfa«. Eine der vielen Deutungsmöglichkeiten der eigenartigen Bezeichnung bringt das Wort in Zusammenhang mit »Schnabel«. In diesem Fall ging es dann wohl um den menschlichen, den Mund. Wenn sich einer also »verschnäpfte« und zum Beispiel *dahaam* für »daheim« sagte, verriet er sich eben als Nicht-Montafoner, schließlich hätte er ja sonst *daheem* sagen müssen.

Sulz

Spengler

Nein, sie wurden nicht »Schwartamäga« genannt, die »Sulzner«, obwohl es sich angeboten hätte, sie waren »Spengler«. Dabei gab es hier einst sicher auch nicht mehr Handwerker dieser Sorte als anderswo, hinter dem Ortsübernamen muss also wohl etwas anderes stecken. Als Spengler betätigten sich unter anderem nicht ungern die so genannten Karrenzieher oder, anders gesagt, das fahrende Volk. Von dem aber scheint es hier früher immer viel gegeben zu haben.

»Noch vor einigen Jahrzehnten trieb sich Sommers über in den Auen an der Frutz viel landfahrendes Volk herum«, schreibt Anna Hensler in den 20er Jahren des letzten Jahrhunderts. »Von dort kamen sie in die Dörfer, bettelten Mehl und Schmalz, und die Männer hausierten mit Zeinen, Körben und Besen, und auch Kupferpfannen besserten sie aus und trieben ihr Handwerk als Scherenschleifer und Spengler.«

»Pfannaflicker«, »Bürstabinder«, »Scheraschliefer«, »Dächleflicker« oder eben »Spengler«, die Nachbarn hatten es sich aussuchen können, welche Tätigkeit bzw. welcher der Namen ihnen für die Sulner am passendsten schien. Wer so nahe an der Frutz wohnte, musste fast damit rechnen, mit den »Karrazühern« in Verbindung gebracht zu werden. Schließlich gab es ganz in der Nähe eine einladende Furt über den Fluss, wo es sich gut lagern und auch für einige Zeit aushalten ließ.

Besonders für die Buben dürften die Erlebnisse mit dem fremden Volk damals stets für einige Aufregung gesorgt haben, wenn sie in den Frutzhägen Holz sammelten. Dabei konnten sie dann nämlich nicht selten beobachten, »wie ein braun gebranntes Weib über offenem Feuer kochte und Zweige der daneben stehenden Erlenstauden herabbog und daran goldgelbe, knusprige Küchle in die Höhe schnellen ließ; Küchle aus gebetteltem Schmalz und gestohlenem Ei«. So schreibt rückblickend die bereits erwähnte Vorarlberger Dichterin, bevor um die Mitte des 19. Jahrhunderts die mehr und mehr zunehmende Industrialisierung mit ihrer billigen Fabriksware für die einfachen Handwerkskünste der Karrenzieher das Ende brachte.

Rund um die Namensgebung wird übrigens noch eine andere Geschichte erzählt: Demnach sei deren Anlass eine große Spenglerfamilie gewesen, die sich einst bei den Röthnern niedergelassen habe. Denen sei es schließlich gelungen, die ungeliebten Zuzügler loszuwerden; sie hätten ihnen nämlich viel Land geschenkt und darauf sei schließlich – Sulz entstanden.

Derartiges mussten sich ausgerechnet die Bewohner jener ehemaligen Großgemeinde anhören, zu der einst neben Zwischenwasser, Viktorsberg, Weiler, Klaus, Fraxern auch das spottfreudige Röthis selbst gehört hatte!

Der Volkskundler Hermann Sander erwähnt einmal, die Bewohner beinahe jeder dritten Gemeinde unseres Landes seien einst als »Stiere« bezeichnet worden. Ein Reim, der sich in der Sammlung »Vorarlberger Sprüch« (1980) findet, bedenkt auch die Sulner mit dieser Titulierung, heißt es hier doch: »*Solner Stier hinderem Hag freassen da Rankler da Türgga-n-ab.*« Wenn dann nach einer leichten Abänderung ein »*Spengler, Spengler hinderem Hag …*« ertönte, schienen zwar abermals sie gemeint zu sein, so ganz sicher war das jetzt abernicht mehr. Schließlich konnten hier ja auch andere Täter in Frage kommen, die bereits erwähnten Röthner zum Beispiel. Die wollten dem offensichtlich vorbeugen, änderten das Sprüchlein ein wenig – sozusagen nach dem Motto: Angriff ist die beste Verteidigung – und stellten sich selbst als die Opfer der diebischen Spengler dar. Jetzt hieß es eben: »*… freassen da Röthner da Türgga-n-ab.*« Oder waren es auch diesmal die Karrenzieher gewesen? Auf den Äckern, die an der Frutz lagen, kam es manchmal vor, dass einige Reihen Erdäpfel ausgegraben waren, oder dass man im Türggenfeld böse Überraschungen erleben musste, wenn Kolben herausgerissen und herabgeschlagen waren.

Die Sulner von heute werden wohl alles, was in dieser Hinsicht ihren Vorfahren nachgesagt worden ist, zu Recht von sich weisen, mit ihrem Fasnatruf *»Spengler, Spengler, ho!«* bekennen sie sich aber ganz gern zu ihrem Übernamen.

Wenig Echo dürfte bei ihnen wahrscheinlich die verbreitete Bezeichnung »Schnitz« auslösen, immerhin aber wird sie im »Vorarlbergischen Wörterbuch« erwähnt. Die Sulner befanden sich somit in guter Gesellschaft mit den Bewohnern von Laterns-Thal und jenen von Göfis. Dass auch bei ihnen oft Schmalhans Küchenmeister war, dürfte wohl unwidersprochen bleiben, und dass sie sich dann eben mit gedörrten Birnen zu helfen wussten, spricht ja nur für sie.

Sulzberg

Botschamachar
Botschaländar
Schluchar

Es sei in der Parzelle Fahl an der Rotach gewesen, dort wo die Straße nach Sulzberg hinauf abzweigt. Da habe eines Tages einer einen »Botscha«, also einen Hausschuh, gefunden und ihn am Wegweiser in Richtung Sulzberg aufgehängt. Sicher wurde dort oben auch Fußbekleidung dieser Art hergestellt, doch die Botscha-Fachleute – das wussten bestimmt alle in der näheren und weiteren Umgebung –, die waren herunten in der Parzelle Thal. In einer anderen Version der Geschichte wird die Sache richtig dargestellt und diesmal wird der Übernamengeber sogar namentlich erwähnt: Es habe sich bei ihm um ein Original gehandelt, das unter dem Namen »Senne Buckel« weitum bekannt gewesen sei. Der Mann habe in Richtung Hagen gezeigt und dabei gerufen: *»Do goht as is Botschaland!«*, womit nun die Richtigen, die Thaler, bezeichnet worden waren. Es gibt den Namen übrigens auch in der Abwandlung »Botschaländar«.

Die Fußbekleidung, um die es geht, hat hier offensichtlich besonders große Bedeutung gehabt, und es scheint sich einstmals nicht wenig um solche »Botscha« gedreht zu haben. Der Langenegger Artur Schwarz erwähnt auch noch ein »Botschahändlar«. »Botscha« ist ein echter Mundartausdruck und wird natürlich meist in der Mehrzahlform verwendet. Außer es handelt sich um etwas ganz anderes, wird schließlich ja auch ein etwas einfältiger, ungeschickter, dabei aber meist gutmütiger Mensch manchmal als »dumma Botscha« bezeichnet.

Zurück zu den Hausschuhen und damit zu den Füßen! Einmal bei diesem Thema, soll noch von einem Namen berichtet werden, den ein passionierter Sammler derartiger Übernamen erwähnt.

In seiner nunmehr etwa 80 Jahre alten Liste heißt es bei Sulzberg, wenn auch in Klammer gesetzt, doch tatsächlich – »Fußabsäger«. In einer Randnotiz wird der Name genauer erklärt: »Da der Sarg zu kurz war, sollen einer Leiche die Beine abgesägt worden sein.«

Dafür gibt es sozusagen als Ausgleich für den Namen der Ortschaft selbst eine interessante Entstehungsgeschichte. Sie erzählt von einem gewissen Hans Haberstroh, der etwa eine Wegstunde oberhalb der Dorener Parzelle Sulz ein großes Weideland besessen und als Bergalpe bewirtschaftet habe. Dass dieses Gebiet von ihm schließlich »Sulzberg« genannt worden sei, war fast zu erwarten und wird in der entsprechenden Geschichte auch so bestätigt. Ob mit dem Namen »Sulz« ursprünglich von Menschen- oder genauer gesagt von Jägerhand angelegte Leckstellen oder natürliche Salzvorkommen gemeint waren, konnte dem Wild von einst ziemlich gleichgültig sein.

Sulzberg hätte übrigens anders geheißen, hätte der bekannte Ortsnamenforscher P. Isidor Hopfner zu entscheiden gehabt. Der gebürtige Bucher meinte einmal, die Ortschaft, die wie eine Stadt auf dem Berg so viel Sonnenschein genieße, verdiene »Sonnenberg« genannt zu werden.

Bleibt noch ein weiterer »Berg« zu erwähnen, der Ortsteil Hermannsberg. Seine männlichen Bewohner, die so genannten »Schluchar«, hätten noch heute gelegentlich eine gute Ausrede, um daheim alle Vorwürfe zu entkräften, wenn es bei ihnen im Gasthaus einmal besonders spät geworden sei. Insgeheim werden sie dann wohl stets jenem Bauern von der Parzelle Bröger dankbar sein, dem sie die einleuchtende Ausrede verdanken. Der sei nämlich einst auch lange im Gasthaus Ochsen gesessen, bis er schließlich um die mitternächtliche Stunde zum Heimweg – besser gesagt zum Heimritt – aufgebrochen sei. Der Wirt habe ihn damals zwar noch vor dem »Schluchehund« gewarnt, doch das habe den Bauern nicht beeindruckt. Prompt seien er und sein Ross unterhalb von Guggaien, auf dem Weg durch die Schluche, von diesem Hund angefallen worden. Der Mann sei vom Pferd gestürzt und dieses sei davongaloppiert. Als es allein daheim angekommen sei, hätten die Angehörigen sofort gewusst, was sie zu tun hatten. Tatsächlich hätten sie den Bauern bald darauf gefunden, zwar dreckig, aber sonst wohlauf. Seit damals haben die Sulzberger Männer, wenn sie etwas über den Durst getrunken haben, die gute Ausrede: »*Da Schluchehund hot mi agfalle!*« Dass die denkwürdige Episode nicht in Vergessenheit gerät, dafür sorgt inzwischen die Musikgruppe Stemmeisen & Zündschnur mit ihrem Lied »Dor Schluchohund«, und einem Gerücht zufolge wäre man hier in Sulzberg einem Wechsel zur Bezeichnung »Schluchehündlar« nicht einmal so abgeneigt. Auch die Nachbarn, die bei solchen Namen ja eigentlich das entscheidende Wörtlein mitzureden haben, würden da wahrscheinlich mitmachen, gern sogar!

Noch eine Redewendung gilt es zu erwähnen: Von einem, der von seinem Gegenüber nichts wissen will, heißt es gelegentlich: »*Der zoigt eam ou d' Sulzberger Sita.*« Das hätte beispielsweise dem Reiseschriftsteller Ludwig Steub passieren können. Der machte sich nämlich einst über den Sulzberger Kirchturm mit seinem Zwiebelknopf lustig. Er fand, eine Kirche auf einem Berg müsse einen Spitzturm haben, um das Steigen und Aufragen des Berges geschmackvoll fortzusetzen. Schon den allerersten der Baumeister derartiger Neubauten hätte man seiner Meinung nach am ersten dieser Turmspitze aufspießen sollen. Im »Vorarlbergischen Wörterbuch« findet sich der Ausdruck »*an Sulzberger Stupfer*«, ein Wink mit dem Zaunpfahl sozusagen. So einer hätte dem Kritiker wahrscheinlich gebührt.

Oder doch dem Architekten?

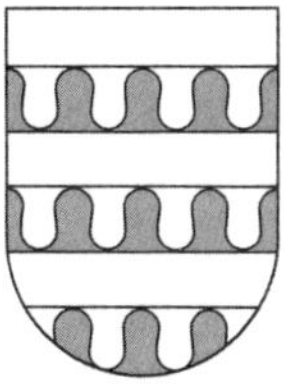

Thüringen

Kriasistinker
Klein-Wiener

Natürlich gibt es Namen, die man sich eher gewünscht hätte, aber wann jemals sind die Bewohner einer Gemeinde gefragt worden, ob ihnen der zugerufene Spott auch recht war? Da gab es die weit entfernten Andelsbucher »Kriasibicker«, gleich in unmittelbarer Nähe die Schnifner »Kriasihögga«, es fehlten also nur noch jene kleinen Kerle, die gemeinhin als »Kriasistinker« ihr heimliches Leben trieben und nach wie vor treiben. Zoologisch gesehen, geht es dabei um Baumwanzen. Damit gehören diese Tierchen zu jener Sorte Schmarotzer, die sich von Pflanzensäften ernähren, von jenen der Himbeere zum Beispiel und eben auch jenen der Kirsche. Bei ihren Besuchen hinterlassen sie einen ziemlich widerwärtigen Geschmack, dessen Stärke natürlich noch bei weitem überboten wird, wenn man das Pech hat, so ein Tierchen versehentlich fast mitgegessen zu haben. Nicht umsonst heißt es im entsprechenden Gedicht von Hildegard Scherrer: *»Mach z'nacht koan Griff uf Kriasi, rief und dunkelrot – vergiß as gnot!«*

Um diese Qualitäten wussten sicher auch die »Thüriger« von früher, trotzdem klingt das Folgende nicht allzu glaubhaft. Es geht um ihre einstige Burg Blumenegg. Sie hat in ihrer Geschichte gleich mehrere Belagerungen, aber auch Plünderungen und Verwüstungen erleben müssen. Feinde gab es zu allen Zeiten genug, einmal waren es die Leute des Churer Bischofs, dann die Feldkircher Bürger, dann die Appenzeller usw. Einmal aber, da sei so eine Belagerung erfolglos geblieben. In den Geschichtsbüchern wird man zwar vergeblich nach Genauerem suchen, die Thüringer aber scheinen sich dafür umso besser auszukennen. Sie erzählen jedenfalls davon, und zwar nicht einmal so ungern. Es muss zu einer Zeit gewesen sein, als bereits mit Donnerbüchsen, also mit

Kanonen, geschossen wurde, das Wissen um den Umgang mit Pfeil und Bogen aber noch durchaus geläufig war. Letzteres war jetzt mit einem Mal wieder gefragt, war doch den Verteidigern die Munition ausgegangen. Also holte man das alte Kriegsmaterial, befestigte ausgewachsene Exemplare solcher Kriasistinker an die Pfeile und schoss diese hinab unter die Feinde. Zielsicherheit spielte dabei gar keine besondere Rolle, Hauptsache war, die stinkenden Käfer landeten bei den Belagerern. Die Rechnung soll aufgegangen sein: Angeekelt habe der Feind gleich darauf das Feld geräumt.

Die ganze Geschichte ist ein weiteres Beispiel dafür, wie ein ehemals sicher spöttisch gemeinter Übername in ein Lob auf die eigene Gewitztheit umgeformt werden kann. So ist es auch nicht verwunderlich, dass die »Thüriger« mehr denn je zu ihrem Namen stehen, was aus Folgendem hervorgeht: Am Abend des 7. Jänner 1974 schlug die Geburtsstunde ihrer Faschingsgilde, die sich ab damals »Kriasistinker« nennt, und mit dem Ruf *»Kriasistinker, ho!«* stürzen sich die Bewohner der Blumenegg-Gemeinde ins alljährliche Fasnattreiben.

Dass auch Thüringen einst mit einer großen Zahl von Kirschbäumen gesegnet war und mit entsprechend viel Kriasi aufwarten konnte, ist eine Tatsache. »Nicht vergessen sei das Steinobst, wovon hauptsächlich Kirschen … immer mehr gepflanzt wurden«, heißt es rückblickend in einer Schrift des örtlichen Obst- und Gartenbauvereins. Als weitere Folge sind dann hier wohl auch die bekannten »Kriasimändle« gern und oft eingesetzt worden. Das waren mit Kirschkernen gefüllte Säcklein, die man als Fußwärmer im Bett verwendete. Man scheint hier jedoch eine andere Methode vorgezogen zu haben, denn in der Fasnatzeitung »Kritischer Beobachter« des Jahres 1924 heißt es: »Die Herren Ziegeleibesitzer werden ersucht, in Hinkunft nur solche Stockziegel nach Thüringen zu liefern, die man mit ins Bett nehmen kann, ohne dieselben vorher erwärmen zu müssen.« Der erwähnte Appell findet sich übrigens bezeichnenderweise in der Rubrik »Aus Klein-Wien«, womit wir beim zweiten Übernamen sind.

Während die ganze Kriasistinker-Angelegenheit doch eher undurchsichtig bleibt, kann der Übername »Klein-Wien« sehr wohl erklärt werden. Er entstand, nachdem hier »z' Thürig« in den zwei Jahrzehnten von 1950 bis 1970 mehr Häuser gebaut worden waren, als die Gemeinde vorher insgesamt hatte. Das war vor allem eine Folge der starken Zuwanderung aus dem Osten Österreichs gewesen. Doch auch schon im 19. Jahrhundert war der Zustrom von Fabriksarbeitern, die aus Südtirol und dem Trentino kamen, enorm gewesen. Ursache dafür war jene Baumwollspinnerei, die im Jahre 1837 von John Douglass gegründet worden war. Hier liefen die erste Turbine der gesamten Monarchie und die erste Dampfmaschine in Österreich westlich der Enns! Als zwei Jahre nach der Gründung des Unternehmens Ihre kaiserlichen Hoheiten Erzherzog Rainer und Erzherzog Johann die Fabrik besichtigten, erklärten sie, in der ganzen Monarchie noch keine schönere gesehen zu haben.

Alles in allem doch einige Gründe, um von »Klein-Wien« zu reden!

Schon möglich, dass dem damaligen Pfarrer Christian Walter der Name vorerst gefiel, schließlich konnte man hier auch auf das landesweit einzige Patrozinium des hl. Stephan verweisen, und dass man dabei unwillkürlich an den bekannten Dom in der Stadt an der Donau erinnert wurde, war wohl naheliegend. Die Freude des Pfarrers wurde allerdings schwer getrübt, wenn er an die Fabrik dachte, die er – in Anspielung auf die Schattenseiten der Industrialisierung – eine »Mördergrube« nannte. Als im Jahre 1909 Ing. Rudolf Kastner die Textilfabrik übernahm, wurden die Beziehungen zur damaligen Kaiserstadt noch offensichtlicher, war der heutige Ehrenbürger der Gemeinde doch ein gebürtiger Wiener.

Thüringerberg

Heiliggeistmetzger

Es ist sicher einer der originellsten Ortsübernamen unseres Landes, zu dem die Thüringerberger da gekommen sind. Um die Sache von Anfang an klarzustellen: Es geht dabei natürlich nur um eine Taube, also um jenes Tier, das schon im Lukas-Evangelium den Heiligen Geist verkörpert hat. Außerdem ist in unserem Fall von einem hölzernen Exemplar die Rede. Das Ganze spielte sich in einer Zeit ab, als es noch in vielen Orten üblich war, an Pfingsten so einen schön bemalten Vogel durch eine eigene Öffnung in der Kirchendecke – das so genannte »Heiliggeistloch« – an einer entsprechend langen Schnur herunterzulassen. Das hatte genau in jenem Moment zu geschehen, wenn unten am Altar der Pfarrer die Arme ausbreitete und sagte: »Komm, Heiliger Geist, auf uns herab!« Wenn es sich machen ließ, wurde die Taube mancherorts sogar über den Köpfen der Gläubigen zum Schwingen gebracht, und es galt als Auszeichnung, wenn der eine oder andere Kopf dabei von ihr »angetupft« wurde.

Eines Tages war in der nahen Propstei eine Visitation angesagt, und zwar ausgerechnet am Pfingstfest. Ein Bischof oder der Abt von Einsiedeln wurde erwartet und da wollte man natürlich mit dem entsprechenden geistlichen Spektakel aufwarten. Offensichtlich stand, aus welchen Gründen auch immer, keine eigene Taube zur Verfügung, also musste so ein Exemplar beschafft werden. Ein solches hätte nun eine der Pfarrgemeinden in der Nähe wahrscheinlich schon entbehren können, aber eben nicht ausgerechnet an Pfingsten. Doch wozu hatten die Thüringerberger so einen holzgeschnitzten Vogel am Schalldeckel ihrer Kanzel? Ein Schreinermeister dieser Gemeinde – in einem Bericht wird er sogar namentlich erwähnt – erhielt den Auftrag, die Taube fachmännisch abzulösen und in die Propstei zu bringen. Er begab sich also zur Kirche, schraubte das gefragte Stück los, steckte es in seinen Rucksack und machte sich auf den Weg. Vom Thüringerberg bis St. Gerold wird man zu Fuß schon gut und gern eine Stunde unterwegs sein, eine ordentliche Einkehr war somit natürlich notwendig. Die Sache zog sich dann aber offensichtlich ordentlich in die Länge. Um die Sache abzukürzen: Man fand den Mann gegen Morgen in einem Straßengraben. Ihm war gottlob nichts passiert, der Taube allerdings war der Sturz nicht gut bekommen. Dass der Propst sauer war, kann man sich denken. Die Thüringerberger aber waren für einen St. Gerolder von jetzt an eben »Heiliggeistmetzger«. Wie die erwähnte Taube ausgesehen mag, kann man übrigens noch heute in der Kirche von Sonntag sehen. Dort befindet sich nämlich auf der Kanzel, unterhalb des Schalldeckels, auch so eine Heiliggeisttaube. Vorausgesetzt, die Geschichte vom Thüringerberger Schreinermeister entspricht den Tatsachen, können die »Sunnatager« somit ja noch froh sein, dass ihre Gemeinde von der Propstei doch um einiges weiter entfernt ist als Thüringerberg. Ob es einem Meister aus ihrer Gemeinde nämlich viel besser ergangen wäre, ist nicht so sicher.

Um einiges mehr nach »Metzgerei« klingt es in einer anderen Version. Diesmal war es der Messner, der losgeschickt wurde, das gefragte Stück zu besorgen. Sein Heimweg verlief ähnlich wie jener des Schreinermeisters und auch der hölzernen Taube erging es nicht besser. Da kam dem Messner ein rettender Gedanke: Er fing eine Taube – so wenig glaubhaft das klingen mag – drehte ihr den Hals um, nahm sie aus, stopfte sie mit Heu voll und nähte sie zu. Man kann sich das entsetzte Gesicht des Propstes vorstellen, als er die Taube überreicht bekam.

Natürlich gibt es in beiden Fällen fürs Geschilderte keine Zeugen mehr, und so mögen Vermutungen berechtigt sein, die anderen Namenserklärungen den Vorzug geben wollen. Neben hölzernen Pfingsttauben gab es auch solche aus Steingut oder Porzellan. Dass ein derartiges Exemplar einmal bei seinem pfingstlichen Flug auf dem Kirchenboden zerschellt ist, kann nicht ausgeschlossen werden, und dass sich Derartiges dann entsprechend herumgesprochen hat, erst recht nicht! Die erwähnte »Metzgerei« konnte also auf vielerlei Art geschehen sein. Auf jeden Fall haben wir es beim Hintergrund für diesen Spottnamen mit uraltem kirchlichem Brauchtum zu tun, das früher auch anderswo üblich war.

Zum Beispiel in einem anderen Großwalsertaler Dorf, »wir wollen es Montag nennen«; so stand es im Jahre 1920 in einer Beilage des »Vorarlberger Volksblattes« zu lesen. Man braucht wohl nicht lange zu überlegen, um zu verstehen, welches Dorf hier gemeint ist. Und dann wird geschildert, wie ein Messnergehilfe durchs Loch, durch das der Hl. Geist als Taube herabkommen soll, herunterruft: *»Er kcha nit kcho, d' Kchazza hend a gfreassa!«* Auch wenn es keine Augenzeugen mehr gibt, die bestätigen können, dass in früheren Zeiten tatsächlich mancherorts eine lebendige Taube durchs Heiliggeistloch ins Kirchenschiff geflattert kam, muss dieses Brauchtum nicht in Zweifel gezogen werden. In einer alten Kirchenrechnung soll es dann auch geheißen haben:

»... d' Kchilcha brüggnet – 3 ½ Guld« – da war also ein neuer Boden gelegt worden –, *da Heilig Geist gfüdt ...* – es wird wohl »gefüttert« gemeint gewesen sein – *6 Batza«.*

Dass der Brauch aufgegeben wurde, daran dürfte nicht zuletzt das anschließende doch etwas problematische Wiedereinfangen der Taube schuld gewesen sein.

Tschagguns

Hennamuser

Als »Muser« wird im Allgemeinen gern jemand bezeichnet, der bei der Arbeit auf ein geruhsames Tempo bedacht ist; sicher nichts Ehrenrühriges, schließlich gilt ja: »Gut Ding braucht Weile.« Daneben wird man bei diesem Ausdruck unwillkürlich auch gleich an ganz bestimmte Tiere denken, an Mäuse, und das hat durchaus etwas für sich. Schließlich gab es einst berufsmäßige Fänger der fleißigen Nager. So hatte beispielsweise die Gemeinde St. Gallenkirch vor etlichen Jahren ihr Gemeindegebiet an drei Mäusefänger übergeben, die nebenberuflich versuchten, dieser Plage einigermaßen Herr zu werden.

Doch die »Tschagguser« sind nicht »Muser«, sondern »Hennamuser«. Nun ist ja bekannt, dass das Hühnervolk sein Federkleid wechselt, was als »Mauser« bezeichnet wird, aber was das mit den »Tschaggusern« zu tun haben soll, wird damit noch nicht klar. Wahrscheinlich spielt – wie bei vielen solchen Übernamen – der Reim eine beträchtliche Rolle, in diesem Fall scheint es sogar eine besonders große gewesen zu sein. Schließlich kommt aus der unmittelbaren Nachbarschaft eine einleuchtende, wenn auch für die Bewohner des Ortes wenig schmeichelhafte Erklärung. Sie stammt aus dem Jahr 1888, reicht also in Zeiten zurück, an die sich niemand der heute Lebenden erinnern kann. Aufgeschrieben hat sie der aus Schruns stammende Historiker Hermann Sander:

»Tschagguser, Hennamuser«, heißt es auch bei ihm, und dann fügt er bei, mit »Hennamuser« seien – Hennendiebe gemeint. Na ja, wird man jetzt vielleicht sagen, von einem Nachbarn war ja nichts anderes zu erwarten. Zur Ehrenrettung seiner Talschaftsmitbewohner insgesamt stellt Sander im Folgenden dann aber fest, man könne den Montafonern, was Diebereien anbelange, mit Recht gewiss nicht mehr vorwerfen als den Bewohnern anderen Talschaften.

In einem bekannten Zweizeiler folgt dann auf *»Tschagguser, Hennamuser«* noch ein »Pfannanagler«, womit wohl die hausierenden Pfannenflicker früherer Zeiten gemeint waren. Und weil dieser Name ja abermals geradezu nach einem passenden Reimwort schreit, kommt jetzt noch ein »Bettgagler«. Einmal bei diesem Thema angelangt, wirft man dem lieben Nachbarn dann auch gleich weitere Bezeichnungen ähnlicher Art an den Kopf und fährt fort: *»Bettsch…, Dribießer!«* Erwähnt werden die netten Dinge übrigens beim Vandanser Hans Barbisch und der muss es als Nachbar ja schließlich wissen.

Dass an die Stelle von Tschagguns auch Schruns rücken konnte, zeigt, wie ernst die ganze Angelegenheit zu nehmen war. Es waren eben Spottreime und keineswegs Übernamen im üblichen Sinn.

Noch ein dritter Nachbar soll hier erwähnt werden. Es ist Johann Jakob Keßler aus Gantschier bei Schruns. In einem seiner wohl selbst gedrechselten »Rima« meint er:

»Tschagguser tuan mer mieda,
miar wissen scho warom:
Si tuan nis gära bschießa
und sen o sos net fromm …«

Nicht fromm! Und das ausgerechnet den »Tschaggusern« mit einer Kirche, die sich als Wahrzeichen der Gemeinde in deren Wappen befindet! Das einer Gemeinde, die neben Rankweil und Bildstein zu den drei großen Wallfahrtsorten unseres Landes zählt!

Übersaxen

Räbaschwänzler

»Jez khum ich auch auf Übersaxen,
dört thuen vil khraut und reben waxen …«

So heißt es bei einem Schlinser Spaßvogel, der sich vor gut 330 Jahren über die Bewohner fast aller Ortschaften in seiner näheren und entfernteren Umgebung lustig gemacht hat. Für einen Moment lang könnte bei »reben« ja an Weinreben gedacht werden, doch der Übername deutet in eine völlig andere Richtung.

Gemeint waren damit die weißen Rüben, die entweder als »süeße« oder ähnlich wie Sauerkraut als »sure Räba« auf den Tisch kamen. Nachdem die Früchte mit einem »Räbahobel« zerkleinert worden waren, wurden sie mit den entsprechenden Zutaten versehen und schließlich eingestampft. Dazu verwendete man einen passenden Stößel. Den Übersaxnern scheint ihr Ernte-Segen schließlich geradezu über die Köpfe gewachsen zu sein und deshalb heißt es beim erwähnten Spaßvogel weiter:

»… aldört hat man ein list erdenkht,
haben stössel wie die hobelbenkh.«

Stößel der üblichen Größe hatten sich also offensichtlich als zu klein erwiesen, und um die große Menge an »Räben« zu bearbeiten, seien deshalb solche in der Größe von Hobelbänken verwendet worden.

»Hüt git's Räba!« hieß es früher sicher oft und sicher nicht nur hier »über den Felsen«. Damit sind die Bewohner da heroben gemeint, die in ihrem Gemeindewappen nicht nur die Bergzacken, sondern als Hinweis auf ihre vielen Sonnenstunden eine strahlende Sonne führen. Dass hier so viele dieser Früchte geerntet werden konnten, lag wohl daran, dass diese auch auf eher mageren Böden gediehen, derartige besaß man schließlich. Selbst wenn die »Räba« in dieser Höhenlage, verglichen mit jenen im frucht-

bareren Tal unten, dünner ausfielen, im Geschmack konnten sie es ohne weiteres mit ihnen aufnehmen. Ja, man könnte durchaus sagen, dass gerade die kleinen Rübchen dieser Sorte den großen und dicken Knollen geschmacklich überlegen waren. Abgesehen davon gilt für diesen Übernamen aber sicher dasselbe wie für jene von Lech und Ludesch, die sich ja ebenfalls als »Räbaschwänz« titulieren lassen mussten. Oder noch deutlicher gesagt: Einmal mehr trifft hier das zu, was für alle diese Namen, die sich mit landwirtschaftlichen Produkten beschäftigen, Geltung hat: Sie zeigen eindrucksvoll, mit welchem Durchhaltewillen die Bevölkerung von einst die normalen, vor allem aber die Hungerjahre durchzuhalten imstande war.

Bleibt noch von einer alten Namensentstehung zu berichten. Im Jahre 1835 schreibt der damalige Kreishauptmann Ebner von seiner Reise von Übersaxen über den Weiler Rheinberg hinunter ins Tal. Mit Rheinberg ist natürlich die heutige Parzelle Rainberg gemeint. Der Namenforscher Josef Zehrer erwähnt einmal, die Frutz sei von den Walsern vorübergehend auch »Ri« (Rhein) genannt worden, davon zeuge noch die Flurbezeichnung »Riberg«.

Der kleine Ausflug in die Namensentstehung ist nicht ohne Absicht erfolgt, gibt er doch Gelegenheit, an dieser Stelle einen altbekannten Spruch zu erwähnen:

Riberg, Quodra, Motta, d' Suppa ischt versotta,
da Riebl ischt verbrennt, d' Saxner hond a dreackigs Hemd!

Die Übersaxner sind sicher gern bereit, ortskundlich weniger Beschlagenen bezüglich Riberg, Quodra und Motta weiterzuhelfen.

Welche Gemeinde dagegen in der einstigen Fasnatzeitung »Die Brennessel« mit »Räbenschwanzhausen« gemeint war, braucht wohl nicht eigens erklärt zu werden.

Vandans

Gipsköpf
Kogabe-Gnager
Rägabättler

Sicher den ältesten Hinweis auf einen Übernamen für die Vandanser lieferte Hermann Sander vor mehr als hundert Jahren. »Ipsköpfe« nannte er sie und dann setzte er zum allgemeinen Verständnis noch ein »Gypsköpfe« dazu. Der Gedanke, dass es eine Anspielung auf ein Gipsvorkommen sein könnte, ist nahe liegend, befindet sich doch gleich bei St. Anton ein ausgedehntes Lager dieses Minerals. Um dieses geht es dann tatsächlich auch, doch vor allem sind damit offensichtlich die ehemaligen Saisonarbeiter gemeint, die – natürlich nicht nur aus Vandans – im Ausland ihr Brot verdienen mussten. Neben Gaschurn und St. Gallenkirch kamen die meisten von ihnen aus Vandans, und Hans Barbisch berichtet, dass etwa die Hälfte aller »Masbilder« zwischen dem 15. und 60. Lebensjahre als Handlanger, Maurer, Verputzer, Stuckateure und Anstreicher nach Frankreich gezogen seien. Man habe sie deshalb kurzweg nur als »d' Franzosa« bezeichnet. Die Gipser zog es eher nach Deutschland, besonders in die Gegenden entlang des Rheins. Da wird es schon manchen hart angekommen sein, sein Heimattal zu verlassen, und nicht umsonst ist das Sprüchlein überliefert:

»As git a Zit zum Lustig-Si, as git a Zit zum Trura;
mara muaß i Pflaster maha, öbermara mura.«

Im Allgemeinen ist es ja nicht üblich, bei einem Ortsansässigen nach Übernamen des eigenen Heimatdorfes nachzufragen oder nachzublättern, doch hier mag eine Ausnahme gestattet sein. In der bekannten »Heimatkunde Vandans« des gerade erwähnten Hans Barbisch findet sich die interessante Frage an seine Mitbürger:

»Vandanser, ihr Kätzer, za was wen d-ar dia Schnätzer?«

Barbisch geht zwar auf die Bedeutung des Wortes »Ketzer« nicht näher ein, dass damit aber keine Häretiker im kirchlichen Sinn gemeint waren, dürfen wir getrost annehmen. Möglicherweise ist der Spruch eine Anspielung auf die wiederholten Versuche der Vandanser, sich pfarrlich von Tschagguns loszulösen. Andererseits werden mit dem Begriff Ketzer auch nicht ungern etwas widerspenstige Personen bezeichnet und sogar eine gewisse Anerkennung könnte dabei zum Ausdruck kommen. Nicht zuletzt ist das wohl eher scherzhaft gemeinte Scheltwort an dieser Stelle notwendig, um darauf mit dem entsprechenden Reimwort weiterfahren zu können, mit dem »Schnätzer«. Damit war ein Messer gemeint, angefangen vom einfachen Hegel bis zum Stilett.

Bisher ist über die Vandanser noch nichts Nachteiliges gesagt worden, aber das Sprüchlein geht ja noch weiter und bringt die Antwort auf die Frage von vorhin, wozu denn die »Schnätzer« notwendig waren:

»Zam Schinda, zam Schaba, zam Koga-n-abnaga.«

Darauf läuft es also wieder einmal hinaus: aufs Verwerten der »Koga«; ähnlich wie den Bewohnern von Damüls wird hier auch den Vandansern unterstellt, sie hätten sich am Fleisch bereits verendeter Tiere gütlich getan.

Ums Essen geht es schließlich noch in einem weiteren Spruch, der sich ebenfalls im erwähnten heimatkundlichen Werk findet:

Mälberbrot und Herschaflasch mahat di magara Venser fast.

Dass mit den »mageren Vensern« die Bewohner der Parzelle Vens gemeint sind, ist natürlich gleich klar. Was aber war das »Mälberbrot«? Es ist dies ein Begriff, der uns Heutigen nicht mehr so ohne weiteres verständlich ist. Wie es der Name sagt, geht es dabei um Brot, und zwar um ein ganz besonderes. In ihm waren nämlich so genannte Mehlbeeren mitverbacken worden. Das waren die Früchte einer Ebereschen-Art, eben des Mehlbeerbaumes oder »Törgütsch«, wie man hier sagt. Er wächst als eher kleiner Baum oder Strauch, hat kugelige, orange bis rot gefärbte, vor allem aber mehlige Früchte. Diese sind roh genießbar, können jedoch auch zu Mus verarbeitet und in Brot eingebacken werden.

Vor allem wurden sie im Ofen gedörrt und anschließend, zerhackt und gemahlen, zum Strecken des kostbaren Mehls verwendet. Dazu kam noch als weiterer Vorteil, dass die in den Früchten enthaltene Sorbinsäure dieses »Mälberbrot« länger haltbar machte.

Wenn man sich dann noch vor Augen hält, dass der »große Bruder« dieser Mehlbeere, die Eberesche (Vogelbeerbaum), einst dem germanischen Wettergott Donar geweiht war, dass keltische Druiden ihren Zauberstab aus dem Holz dieses Baumes herstellten, dass der Baum auch wegen seiner Heilkräfte bekannt war, dass er vor einigen Jahren (1997) zum »Baum des Jahres« erklärt worden ist …!

Mag schon sein, dass das alles den Vensern von früher nicht bekannt war, ihnen hat wohl der kleine Baum oder Strauch genügt, der ihnen jene Früchte schenkte, aus denen sie das so genannte »Mälberbrot« backen konnten. Auf solche Möglichkeiten der Nahrungsbeschaffung muss man zuerst einmal kommen!

Mit »Herschaflasch« ist natürlich Hirschfleisch gemeint. Ob es eine Anspielung aufs Wildern sein sollte, muss Vermutung bleiben; das Ergebnis dieser Kombination »Mälbeerbrot-Herschaflasch« jedenfalls war es, was die Venser »fast« – feist, also dick und wohlgenährt machte. Sie hatten es allerdings auch nötig, lebten sie doch auf einem besonders mageren Boden. Dazu kam noch das gipshältige Wasser, kein Wunder, dass gerade dieses Gebiet in Vandans als letztes besiedelt worden war.

Dass die Menschen hier insgesamt in früheren Zeiten nicht allzu üppig gelebt haben, scheint auch ein Reim von Johann Jakob Keßler aus Gantschier zu bestätigen, wenn er über ihre Zahlungsmoral meint:

»Wenns zom Zala konnt, so zalen sie spottschlächt.
Do fangen si a Markta n a und a Handla n as ischt a Grus,
so daß a jedem liaber weer, as kem am kener ids Hus.«

Und wenn das Wetter nicht mitmachen wollte und Gefahr für die ohnehin magere Ernte bestand, war das Leben erst recht nicht leicht. Einmal sei auch so eine furchtbare Trockenheit gewesen, da hätten die Vandanser eine Wallfahrt nach Bürs unternommen. Das habe geholfen, und wie! Ein Wolkenbruch sei gekommen und habe viel Schaden angerichtet. *»Um Räga bäta tet i nömma, und we' m'r d' Hor ofm Kopf verbrenna tetn!«*, habe einer anschließend gemeint. Womit auch der dritte Übername »Rägabättler« seine Erklärung gefunden haben dürfte. Dass die Vandanser insgesamt gesehen aber doch als mehr oder weniger fromme Leute galten, belegte das Sprüchlein: *»Z' Vandans bätans da Rosenkranz.«* Dass es sich dabei nicht nur um das magere Ergebnis eines »dichterischen« Bemühens gehandelt hat, kann man nur ebenso hoffen wie bei der letzten Feststellung dieser Art, in der die Vandanser Buben ins rechte Licht gerückt werden:

»Schö Wätter, schö Glanz, schöni Buaba z' Vandans.

Viktorsberg

Farnfreasser

In einem früher gern gesungenen Lied, in dem ein Mädchen von seiner Mutter nach seinem Interesse an den Burschen der umliegenden Ortschaften befragt wird, will diese neugierig wissen: »*Mädele, magst an Bergerbuab?*« – und weil unmittelbar zuvor von einem Fraxner die Rede gewesen ist, meint die Mutter dabei natürlich einen Viktorsberger –, aber die Tochter winkt ab:

»*Na, Muatter, na, Bergerbuaba mag i net,*
Farnfreassa ka i net, na, Muatter, na!«

Die Erklärung für den doch etwas seltsamen Namen scheint jene zu sein, die von einem besonders häufigen Vorkommen dieser Pflanze auf dem Viktorsberg spricht. Tatsächlich bekommt man auch heute bei einer Wanderung im Gemeindegebiet den Eindruck, sich hier in einem Gebiet aufzuhalten, das dem Farn – gemeint ist vor allem der Adlerfarn – gute Bedingungen bietet. Die im Boden weit dahinkriechenden, verzweigten Wurzelstöcke tragen Pflanzen, die nicht selten eine Länge von mehreren Metern erreichen.

An dieser Stelle muss natürlich auch noch erwähnt werden, dass man sich hier in Viktorsberg nach Lorüns/Stallehr in der im Verhältnis zur Fläche waldreichsten Gemeinde des Landes befindet (72 Prozent des Gemeindegebietes sind Wald).

Ob die Viktorsberger einmal davon gehört haben, was dem Farn in früheren Zeiten alles an geheimnisvollen Kräften zugesprochen worden ist? Der Teufel fliehe ihn, ein Haus, bei dem er wachse, sei vor Blitzschlag geschützt, auch Menschen bewahre er vor Verzauberungen. Das alles und noch manches andere weiß die gelehrte Hildegard von Bingen in ihrer »Naturgeschichte« zu berichten. Von anderem Zauber, der damit möglich sein soll, erwähnt sie allerdings nichts.

Dafür weiß der Volkskundler Richard Beitl einiges darüber: Noch niemand habe den Farn blühen gesehen, heiße es in einer alten Sage, denn er tue es nur in der Mitternachtsstunde von Unserfrauentag. Wer sich dann solche Blüten hole, der könne sich damit unsichtbar machen. Mariä Himmelfahrt ist bekanntlich am 15. August, sich um diese Zeit um Blühendes umzusehen klingt doch etwas merkwürdig. Auch wenn man sich an die Anweisung hält, es müsse die St. Johannisnacht (24. Juni) sein, ist die ganze Angelegenheit von allem Anfang an zum Scheitern verurteilt, und zwar aus einem ganz einfachen Grund: Farne sind blütenlose Pflanzen, die sich durch ihre Sporen vermehren.

Neben dem erwähnten Adlerfarn gibt es auch den so genannten Tüpfelfarn; er hat einen süßlichen Geschmack und ist früher sogar als Heilmittel verwendet worden. Nach einer alten Sage hätten Engel diese Pflanze der leidenden Menschheit auf die Erde gebracht. Deshalb nannte man sie »Engelsüß« und tatsächlich soll der süßlich schmeckende Wurzelstock früher eine »Notnahrung« gewesen sein. Auch wenn es also durchaus Sinn gemacht hätte, gelegentlich solchen Farn zu essen, dürfte der Übername dennoch nicht aus diesem Grund entstanden sein. Wann immer es in den Übernamen ums »Freassa« ging, wollten die Rufenden vielmehr ausdrücken, dass die derart Verspotteten eben wenig oder nur Minderwertiges zu essen hatten. Sie müssten dann froh sein – so behaupteten es die jeweiligen Nachbarn jedenfalls –, sich ihre Bäuche mit »Scholla«, »Leatta«, »Statzga« usw. und in diesem Fall eben mit Farn vollschlagen zu können.

Als kleines Trostpflaster – wenn es überhaupt nötig ist – mag noch auf jene Stelle aus Isidor Hopfners Beschreibung der Vorarlberger Ortsnamen hingewiesen werden, in der St. Viktorsberg, dessen Schönheit der Lage und der königliche Fernblick von hier heroben erwähnt werden.

Warth

Schtioro
G'kornate Warther
Hörolar

»Berühmt, und zwar mit Recht, ist das schöne und milchreiche Melkvieh auf dem Tannberg ...«, schreibt Kreishauptmann Ebner im Jahre 1841, und dann erwähnt er, dass auch Seine kaiserl. Hoheit Erzherzog Johann auf seinen eigenen Besitzungen in der Steiermark das Tannberger Vieh wiederholt als das vorzüglichste bezeichnet habe. Auch wenn hier vor allem das »Melkvieh« gelobt wurde, ohne Stiere war dabei sicher nicht auszukommen. Um diese »Schtioro« soll es hier vor allem gehen.

Dass es von dieser Sorte Tiere noch mehr gab – auch die Einwohner von Nenzing, Raggal, Braz, Bartholomäberg u. a. wurden mit dem Titel »Stier« bedacht –, kann schon fast als Beeinträchtigung des eigenen Ansehens aufgefasst werden, schließlich klang bei dieser Bezeichnung nicht wenig an Respekt vor den so Titulierten mit. Leo Jutz führt im »Vorarlbergischen Wörterbuch« die Möglichkeit an, es seien damit auch stark erotisch veranlagte Männer gemeint. Der Volkskundler Hermann Sander, dessen Vater aus Schruns stammte, schreibt in den Achtzigerjahren des vorletzten Jahrhunderts sogar einmal, die Bewohner fast eines Drittels (!) aller Vorarlberger Ortschaften würden mit diesem Titel bedacht. Wenn er dann für einen einzelnen Warther allerdings den schmückenden Beinamen *»a g'kornata Warther«* erwähnt, mögen einem doch gewisse Zweifel kommen, ob hier unbedingt an die erwähnte erotische Ausstrahlung gedacht werden muss; eher war es wohl eine weitere Anspielung auf die enormen Kräfte dieser Stiere der besonderen Art, die durchaus fähig gewesen seien, andere auf ihre Hörner zu nehmen, womit auch der Name »Hörolar« erklärt wäre! Der hat nämlich keineswegs – wie es ein Ortsfremder vielleicht meinen könnte – mit Haaren zu tun, sondern es sind damit Hörner gemeint.

Ob es wirklich zu so einem Auf-die-Hörner-Nehmen gekommen ist? Klara Schwendinger erzählt in einem ihrer Gedichte, wer einstmals ins Lechtal hinüber musste, um dort Vieh zu kaufen oder Geld auszuleihen, der habe dann …

… troffo d' Hörolar
uf sinnom lango Weag,
doch hind s'ea nio uf d' Hüonnor gnu,
ear ist doarku an Steag. (Steeg-Lechtal)

Der Stier-Übername und damit der Hinweis auf das gehörnte tierische Kraftpaket erklärt übrigens auch eine weitere – vielleicht die eigentliche – Bedeutung des folgenden Vergleichs: »*Än heat a Gnack wia an Tannberger Schtiir.*« So habe man jedenfalls gelegentlich über ein breitnackiges, bulliges Mannsbild sagen gehört.

Auf dem Pass zwischen Warth und Schröcken liegt Hochkrumbach. Für die Bewohner von hier heroben erwähnt Hermann Sander im Jahre 1888 noch den etwas überraschenden Beinamen »*g'stolne Krumbacher*«. Doch es sind nicht etwa die Hochkrumbacher, die da gestohlen worden sein sollen, Sander meint damit »verstohla«, und zwar nicht etwa im Sinn von »heimlich«, sondern in der aktiven Bedeutung des Stehlens, also diebisch. Und dann bringt er auch gleich einen überraschenden Beleg für die Bezeichnung: Pfarrer Huber habe einmal gepredigt, hier heroben seien zwölf Bauern und dreizehn Schelme. Man dürfe somit annehmen, dass sich Hochwürden dabei selbst auch zur diebischen Menschengattung gezählt habe. An einen seiner Vorgänger – an den Kuraten Sättele – dürfte er dabei aber kaum gedacht haben. Der hatte zwar einmal, um nicht erfrieren zu müssen, aus lauter Holznot die Kirchenbänke zum Einheizen benützt, doch so etwas kann wohl – analog dem so genannten Mundraub – nicht als strafwürdiges Vergehen bezeichnet werden! Gerade der Holzmangel war es auch, der die Existenzprobleme der Bergbauern empfindlich verschärft hatte. In den Berichten von Kreishauptmann Ebner (1841) geht es über drei Seiten lang um die tristen Lebensbedingungen hier heroben. Damals dürften hier noch etwa gut 30 Menschen gelebt haben. Zu der Zeit, als Sander seine diesbezüglichen Notizen machte, dürften es bestenfalls noch etwa ein Dutzend gewesen sein. 1884 war das Gebiet der Gemeinde Warth einverleibt worden, die einige Jahrzehnte lang noch Warth-Hochkrumbach hieß, bevor der Name Hochkrumbach zumindest aus Akten und amtlichen Listen fast völlig verschwand. Das einstige Dorf war also doch, wenn schon nicht »gestohlen« worden, so doch gewissermaßen abhanden gekommen.

Nach so viel »Schrecknissen und Beschwernissen des Krumbacher Winters«, wie es in der Schilderung des Kreishauptmanns heißt, tut es geradezu wohl zu hören, was Lehrer Josef Bickel berichtet. Er weiß nämlich von einem Spruch, der früher häufig zu hören gewesen sei, und dieser mag im Nachhinein für manches entschädigen, was hier »im sibirischen Exil« – auch das eine Beurteilung Ebners – durchzustehen war: *Auf Aflat (Auenfeld) sind die schönsten Sauen und auf Krumbach die schönsten Maika!*

Sicherheitshalber soll noch einmal darauf hingewiesen werden, dass es sich bei der Heimat der gerade erwähnten schönsten Mädchen natürlich ebenfalls um Hochkrumbach gehandelt hat.

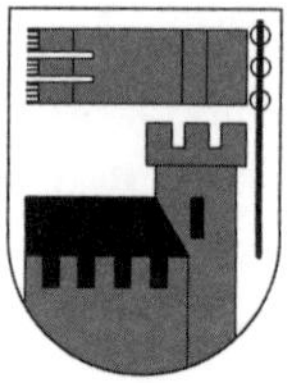

Weiler

Löchleboarer, Födlastoarer Hungerlider

Auf ein früher gern gesungenes Lied, in dem sich eine Mutter bei ihrer heiratsfähigen Tochter nach deren Interesse an den Burschen der umliegenden Ortschaften erkundigt, ist schon einige Male hingewiesen worden. Es enthält eine schöne Zusammenstellung der gängigen Übernamen im Vorderland und seiner Umgebung. Hedwig Seyfried hat den Text des Liedes im Jahre 1937 in ihre Arbeit über das Brauchtum von Weiler aufgenommen:

»*Mädele, magst an Wilerbua?*«, fragt die Mutter und ...
»*Na, Muatter, na*«, kommt die Antwort der Tochter,
»*d' Wilerbuaba mag i net,*
Löchleboara ka i net. Na, Muatter, na!«

»Löchleboarer«, so werden sie also genannt, die Bewohner von Weiler. Die Möglichkeit, dass gelegentlich ein Zugsschaffner derart tituliert worden ist, soll nur am Rande vermerkt werden. Sie scheidet aus unserer Betrachtung schon deshalb aus, weil die gerade erwähnte heiratslustige Tochter sicher nicht daran gedacht hat, etwa berufsmäßig Löchlein in Fahrkarten zu stanzen.

Als Begründung für den Übernamen muss meistens eine Tätigkeit beim Setzen der Stecken für die Weinreben herhalten. Da wurden bekanntlich Löcher in den Boden gemacht, wozu man einen Eisenstecken verwendete. Verglichen mit den Klauser Nachbarn war man hier eigentlich noch gut weggekommen, wurden diese doch für die gleiche Tätigkeit mit dem Namen »Stecklschißer« bezeichnet. Doch die Bewohner von Weiler hatten sich zu früh gefreut, denn jetzt kam ja erst die Fortsetzung des Übernamens. Prompt brachte sie einen Begriff aus der offensichtlich immer wieder besonders beliebten Kategorie jener Wörter, die man von den eigenen Kindern möglichst nicht hören wollte. Der fertige

Text scheint vor allem auf Gleichklang bedacht gewesen zu sein und habe so geheißen: »*Wiler, Kiler, Löchleboarer, Födlastoarer!*« So will es jedenfalls der gebürtige Frastanzer Leo Jutz, der sich um die Erforschung der Vorarlberger Volkskunde äußerst verdient gemacht hat, in Viktorsberg erfahren haben. Darauf, was das erwähnte »Kiler« bedeutet haben soll, geht er leider nicht näher ein, möglicherweise handelt es sich dabei nur um ein Reimwort ohne besondere Bedeutung. Dafür war ein »*Löchleboara, d' Hand i d' Schnorra!*« umso klarer. Ob es als Ankündigung einer entsprechenden »Antwort« der derart Titulierten verstanden werden sollte? Daneben gab es aber auch andere Möglichkeiten, harmlosere sozusagen, um etwas Passendes auf »Löchleboarer« zu finden, »Nochistoarer« zum Beispiel.

Einmal bei den »Dichtern« soll auch noch ein altes Sprüchlein aufgewärmt werden, das besonders hier im Vorderland in verschiedenen Varianten und mit wechselnden Adressaten zu hören war:

Löchleboarer hinterm Hag,
freassen da Krotta d' Böaner ab.

Dabei sollten die Löchleboarer natürlich nicht als große Feinschmecker bezeichnet werden, schließlich waren ja auch keine Froschschenkel gemeint. Eher sollte es wohl wieder einmal eine Anspielung auf einen eher einfach gedeckten Mittagstisch sein. Dazu passte gleich der letzte Übername. Er lautete »Hungerlider«, und dabei konnte man es sich hier dann aussuchen, wie man es verstehen wollte bzw. ob man sich lieber zu denen zählen wollte, die am Hungertuch knabberten, oder zu jenen, die als geizig galten.

Ist es überraschend, dass die Bewohner von Weiler bei so viel nachbarlichem Spott auch ihrerseits nicht zimperlich waren, wenn es darum ging, selbst entsprechende Namen auszuteilen? Der folgende Spruch scheint diese Annahme jedenfalls zu belegen. Da soll es nämlich geheißen haben:

»*Wer durch Wiler kunnt ohne Spott, ist an Engl vor Gott.*«

Wolfurt

Hafoloabar
Hafolöablar

Wie es der Name sagt, geht es um einen »Hafo«, also um einen Hafen, und er diente einem ganz bestimmten Zweck: In ihm wurden kleine, aus Mais- oder Dinkelmehl geformte kleine Laibe in Salzwasser gekocht. Während in Übernamen, bei denen es ums Essen geht, meistens mit unverhohlenem Spott der lieben Nachbarn gerechnet werden muss, scheint hier geradezu eine gewisse Bewunderung mitzuschwingen, war so ein »Hafoloab« doch auch anderswo eine sehr gefragte Sache. So sangen zum Beispiel die »Doarobiorar Jungfara« in ihrem bekannten Lied:

»Mior schaffand gern, mior eassond gern do Hafoloab, do Speack,
Kaffee und Riebel, Türkosupp, jo däs ischt halt an Schleack!«

Wenn im Liechtensteinischen denen von Balzers »Hafalääb« zugerufen wurde, war damit Ähnliches gemeint; es handelte sich bei ihnen ebenfalls um eine sehr beliebte Mehlspeise. Keine Spur also davon, woran ein Uneingeweihter beim ersten Hören des Übernamens vielleicht gedacht haben mag, nämlich ans »Loabo«, ans Übriglassen!

Für die Wolfurter war und ist so ein richtiger Hafoloab wohl noch viel mehr! Nicht umsonst rufen sie in der närrischen Zeit *»Ure, ure, Hafoloab!«* und dabei bekennen sich nicht nur die »Ure«, die »Läppe«, zu diesem nahrhaften traditionsreichen Mittagsgericht. Stets galt und gilt der Spruch: *»Speock und Hafoloab verschoppond d' Löchor«*, solche Gerichte machten und machen eben satt. Dass man bei der Zubereitung allerdings auch einiges falsch machen konnte, beweist der Reim:

Hafoloab und Schollo (Torfbrocken),
des sind zwä grusige Bollo!

Die passenden Zutaten und das richtige Rezept allein waren noch keine Garantie fürs Gelingen des kulinarischen Vorhabens. Der Spott des Übernamens bezog sich wahrscheinlich eher auf missglückte Produkte, richtig zubereitet war so ein Hafoloab nämlich stets ein wohlschmeckendes Gericht. Weshalb auch sonst hätten die Wolfurter Köchinnen im Fasching des Jahres 2004 auf dem »Ball der Vorarlberger in Wien« ausgerechnet diese heimatliche Spezialität zubereitet. Dass dabei ein »Ständelebroto« – ein Schweinebraten – oder ein gut durchzogenes Speckstück, weiters Sauerkraut und echter »Subiorar« nicht fehlen durften, verstand sich von selbst. Als schließlich dann auch noch das Kabarettduo »D' Hafoloabar und d' Subiorar« auftrat und auf seine Weise mithalf, den positiven Eindruck, den Wolfurt in der Bundeshauptstadt hinterließ, nachhaltig zu verstärken, konnten die »Hafoloabar« sicher sein, dass die anwesenden Nicht-Vorarlberger den Wolfurter Übernamen nicht mehr so schnell vergessen würden.

Zwischenwasser

Das Wappen von Zwischenwasser zeigt einen goldenen Baum mit drei Ästen, der die Vereinigung der drei Kirchdörfer Batschuns, Dafins und Muntlix versinnbildlicht. Vor einem knappen halben Jahrhundert hat sich Artur Schwarz auch einmal der Ortsübernamen im Vorderland angenommen. Dabei hat er sich hier im Hinblick auf den Zusammenschluss zur Gesamtgemeinde folgenden kleinen Seitenhieb nicht verkneifen können: »Auffallend ist die Häufigkeit der Übernamen in der Gemeinde Zwischenwasser, wo Berg und Tal nur durch eine Zwangsehe miteinander verbunden sind und keine Parzelle es gestattete, daß eine andere der Gemeinde ihren Namen leihen durfte.«

Ein guter Grund mehr also, die Übernamen der einzelnen Ortschaften und Ortsteile hier »zwischen den Wassern« Frutz und Frödisch vorzustellen.

Batschuns

Isastäackazweier

Es wird wohl angebracht sein, eine kurze Erklärung des ersten Wortbestandteils vorauszuschicken. Beim »Isastäacka« – dem Eisenstecken – handelte es sich um eine zugespitzte Eisenstange, die man vor allem bei Heuen brauchte, um dabei die Löcher zu stoßen, in welche die Heinzen gesteckt wurden. Heute dienen solche Geräte vor allem noch dem Hobby-Gärtner, wenn er die Stickel für seine Stangenbohnen steckt.

Beim zweiten Teil des Wortes geht es um das so genannte »Zweien«, ums Veredeln von Bäumen. Somit hätten die »Bschuner« tatsächlich das »Isastäacka-Zweia«, also das Eisenstecken-Veredeln, geschafft!

Bei Übernamen kommt es nicht selten vor, dass die »Heldentat« eines Einzelnen gleich allen anderen Ortsbewohnern ebenfalls angelastet wird. So verhält es sich auch hier in Batschuns. Erzählt wurde das Kunststück nämlich in Wirklichkeit nur von einem Einzigen. Bei ihm habe es sich aber nicht etwa um einen ahnungslosen Möchtegern-Pomologen gehandelt, sondern um einen gelernten Obstsachverständigen. Vom Erfolg seines Unternehmens braucht gar nicht geredet zu werden.

Als Erklärungsmöglichkeit für das Ganze bietet sich wohl am ehesten an, dass der betreffende Fachmann bei dem Vorhaben nicht ganz Herr seiner fünf Sinne gewesen war; in diesem Zusammenhang wurde jedenfalls von einer weinseligen Stimmung gesprochen und in der habe er eben einen jungen Baum mit einem Eisenstecken verwechselt. Doch sogar das scheint der Wirklichkeit nicht zu entsprechen. Schließlich entpuppt sich die Geschichte nämlich als eine jener Episoden, wie man sie nicht ungern zu vorgerückter Stunde am Wirtshaustisch zum Besten gab und nach wie vor gibt. Sie sei nämlich einst beim »Juli«, also im ehemaligen Gasthaus »Zum Schlößle« an der Laternserstraße, in geselliger Runde erzählt worden.

Bleibt noch zu bemerken, dass die Bezeichnung »Isastäackazweier« nicht selten auch für die Rankler gegolten hat. Dies hängt vielleicht damit zusammen, dass Batschuns pfarrlich bis zum Jahre 1925 zu Rankweil gehört hat. Josef Märk meint jedenfalls am Ende seines langen Gedichts über die »Hus- und Öbernämma« mit der Zeile: »*... sind lutter Hirschflözer und Isastäackazweier*« alle Rankler.

Natürlich gehören da auch die Buchebrunner dazu, aber sie haben es noch zu einem eigenen Übernamen gebracht. »Gütterlisoacher«, fanden die Nachbarn offensichtlich, das passe gut hierher. Einmal mehr haben wir es also mit einem Begriff aus jener bekannten, offensichtlich besonders bevorzugten Kategorie zu tun. In einem »Gütterli«, einem meist enghalsigen, bauchigen

Glasfläschchen also, wurde früher gern Hochprozentiges aufbewahrt. In so einem Fall war es ein »Schnapsgütterli«. Fläschchen mit eher geringem Inhalt, die als Arzneibehälter eingesetzt wurden, waren die so genannten »Doktorgütterli«. Nahm jemand allzu viel solcher Hilfsmittel in Anspruch, musste er sich vielleicht die Titulierung »Gütterlischißer« gefallen lassen; eine Feststellung, die uns natürlich nicht weiterbringt. Daneben bedachte man mit dieser Bezeichnung auch einen Kleinigkeitskrämer oder einen sich überklug dünkenden Zeitgenossen und hier scheinen wir uns schon eher auf der richtigen Fährte zu befinden. Alles in allem dürfte wohl jene Deutung zutreffen, die davon spricht, die gemeinten »zielsicheren« Buchebrunner seien sich immer besonders klug vorgekommen und deswegen habe man sie eben mit dem netten Wort bedacht. Wenn nämlich oben ein enghalsiges Gefäß erwähnt wurde, gehörte schließlich einiges an Treffsicherheit dazu, das in die Tat umzusetzen, was der Übername wörtlich ausdrückt. Die Buchebrunner werden sicher nicht erzürnt sein, wenn wir die fruchtlosen Erörterungen rund um ihren angeblichen Spottnamen an dieser Stelle abbrechen und uns denen von Suldis zuwenden.

Doch dort, knapp zwei Kilometer weiter südlich, geht es in derselben Art weiter. Aus dem »Güttererli« und seiner – wenn auch nur nachgesagten – überraschenden Verwendung wird hier in Suldis ein »Schmalzhafa«, der ebenfalls einer neuen, ursprünglich sicher nicht vorgesehenen Benützungsart zugeführt worden sein soll. So behaupteten es jedenfalls die Nachbarn, welche von ihnen auch immer hier in Frage gekommen sein mögen.

Was unter einem »Schmalzhafa« zu verstehen ist, braucht wohl nur kurz erklärt zu werden. Es war ein Gefäß aus Steingut oder Holz, in dem geschmolzenes Fett, also Butterschmalz, Schweineschmalz, aber auch frische Butter aufbewahrt wurden.

»Ma tuat di in Schmalzhafa!«, war früher eine nicht selten verwendete Drohung für Kinder. Hoffentlich hat die Schuljugend hier in Suldis Derartiges nicht etwa auf ihre Schule in der Batschunser Schmalzgasse bezogen!

Über den zweiten Bestandteil des Spottnamens ist – einmal mehr – kaum ein Wort zu verlieren. Oder doch? Hatte sich etwa einmal eine Zweckentfremdung eines derartigen Gefäßes herumgesprochen und war von den lieben Nachbarn nur zu gerne aufgeschnappt worden? Oder anders gefragt: Hatten die Suldner etwa von den Raggaler »Schißkübelemoler« gehört, wollten es ihnen gleichtun, hatten aber nur ein entsprechend vornehmes Gefäß im Auge und der Einfachheit halber aufs umständliche Bemalen verzichtet?

Spätestens an dieser Stelle werden die Suldner sich bestimmt der Meinung anschließen, dass alle diese Vermutungen kaum mehr als unbegründete Verdächtigungen sind. Nicht umsonst hat der Volkskundler Artur Schwarz, in dessen Aufzeichnungen vor einem knappen halben Jahrhundert sich der Name findet, ausdrücklich betont, Auskünfte über die Spottnamen der Bewohner einer Gemeinde habe er stets bei deren Nachbarn bekommen.

Auch die zweite Bezeichnung »Stängeledreijer« harrt noch einer genauen Erklärung. Anbieten würde sich die Tatsache, dass es hier in früherer Zeit zwei oder sogar drei bekannte Küfer gegeben hat. Ein solcher gern als »Kübler« bezeichneter Fachmann verstand sich sicher auch aufs Drechseln, womit sich die erwähnten »Dreijer« als Ausübende dieses Handwerks erklären ließen.

Dafins

Stiermelker

Das soll ihnen zuerst jemand nachmachen, den Dafinsern, einen Stier zu melken! Artur Schwarz, der sich auch mit diesem Ortsübernamen beschäftigt hat, dämpft gleich von Anfang an allzu hohe Erwartungen und meint, so etwas könne eben vorkommen, wenn man einen dunklen Stall habe. Dann aber bringt er tatsächlich eine dazu passende Geschichte von einem Bauern, den er gut gekannt habe. Nein, nicht dass dieser etwa ernsthaft daran gegangen sei, einen Stier zu melken, aber für eine junge Kuh habe er sein neu geborenes Stier-Kalb immerhin gehalten. An Weihnachten sei es zur Welt gekommen und immer habe er ihm fleißig Milch zu trinken gegeben. Auch als es auffallend starke Füße bekommen und vor lauter Übermut fester als üblich an der Kette gezerrt habe und außerdem gar so gut gediehen sei, habe er sich stets auf eine viel versprechende Kuh gefreut. Sieben Wochen seien so vergangen, dann aber habe er große Augen gemacht. Einmal nämlich habe er sein Vieh im Freien »verspringen« lassen, da sei das Kälblein übermütig im Schnee herumgetollt und da habe er eine enttäuschende Entdeckung machen müssen: Das wohlgesetzte Kälblein gehörte nicht dem weiblichen Geschlecht an und habe sich als munteres – Stierlein entpuppt. Dass dann später mit dem Melken nichts geworden sein kann, braucht eigentlich nicht eigens erwähnt zu werden, aber das Entstehen eines Spottnamen hat da eben seine eigene Logik!

Zur Ehrenrettung der Bauern im Allgemeinen müsse er jedoch noch darauf hinweisen – fährt der Berichterstatter fort –, bei diesem Landwirt habe es sich um einen ehemaligen Handwerker gehandelt, der erst durch seine Heirat zu einem bäuerlichen Anwesen gekommen sei. Er war also sozusagen ein »frisch gebackener« Bauer. Und zur Ehrenrettung der Dafinser Bauern im Besonderen müsse auch noch gesagt werden, das Ganze habe sich gar nicht bei ihnen oben abgespielt, sondern irgendwo im Land. Dennoch lässt der erwähnte Volkskundler die Möglichkeit, dass die Ortsbewohner hier auf diese Art zu ihrem Übernamen gekommen sein könnten, offen.

Natürlich wurde auch in Dafins wie andernorts stets ein Gemeinde-Stier gehalten, und zwar bis zum Jahre 1997, dann wurde er seiner Pflichten – und wohl auch Freuden – entbunden, pensioniert und später zu Tafelspitz, Gulasch und Würsten verarbeitet. Damit gehört die uralte Tradition der natürlichen Zuchtvieh-Fortpflanzung endgültig der Vergangenheit an. Wie lange sich der Ortsübername noch halten wird, ist zwar so gesehen eine schon fast überflüssige Frage.

Leo Jutz erwähnt im »Vorarlbergischen Wörterbuch« übrigens für die Dafinser auch noch »Stierwäscher«. Es ist dies gleichzeitig der bekannte Übername der Salzburger, die seinerzeit ihre Festung retten wollten, indem sie den feindlichen Belagerern durch einen bemalten, anschließend gewaschenen und dann neu bemalten Stier sozusagen eine kleine Herde und damit einen großen Nahrungsvorrat vortäuschten. Mit Erfolg übrigens, denn die Feinde seien daraufhin abgezogen. Da Dafins in seiner unmittelbaren Nähe über keine ehemalige Burg verfügt, darf diese Deutung wohl außer Betracht bleiben. Wer weiß, was jene Bregenzer, die hier als Gewährsleute angegeben werden, mit ihrer Erwähnung einer »Stierwäscherei« überhaupt gemeint haben! Andererseits könnte man natürlich auch sagen: Irgendetwas besonders »Intelligentes« darf hinter dem Übernamen sicher vermutet werden.

Muntlix

Schäalli

»Landauf, landab tragen die Kühe Glocken, große und kleine, wie es eben der Brauch ist. In Muntlix scheint auf der Weide ein großes Geläute zu sein, weshalb die Bewohner auch als »Schäalli« bekannt sind. Das ist ganz harmlos und gibt den Muntligern ein gutes Zeugnis, denn wer dem Vieh eine Glocke anhängt, will wissen, wo es ist.« So hat Artur Schwarz vor rund 40 Jahren den Orts-Übernamen erklärt, und dann fährt er fort, vornehmere Kreise würden statt »Schäalli« auch »Hin und Her« sagen, weil ja bekanntlich erst die Hin- und Herbewegung einer Glocke den Klang zu entlocken vermöge.

Mag sein, dass gelegentlich ein Bauer der Ansicht war und ist, ein noch so schöner Glockenklang könne die Milch nicht ersetzen, doch den Muntligern lag ganz offensichtlich mehr als anderen an so einem wohlklingenden Geläute. Bei den Tieren verhält es sich übrigens ganz ähnlich; da gibt es Kühe, die sich energisch wehren, wenn man ihnen den Glockenriemen umlegen will, der größere Teil der Tiere aber schwingt die Glocken sichtlich mit Wohlbehagen hin und her. »Viele Kühe haben Glocken umgehängt, damit sie beim Fressen nicht einschlafen«, behaupten böswillige Spötter von den ruhig grasenden Wiederkäuern, aber das gleichmäßige Klingen der Glocken hat einen durchaus praktischen Zweck: Die Tiere hören sich gegenseitig und bleiben beisammen.

Von den Glocken des Herdenviehs schwenkt Schwarz dann noch zu einem ganz anderen Thema, das aber ebenfalls mit Glocken zu tun hat: Zu der Zeit, als er der Herkunft des Namens nachging, wurde in Muntlix gerade die neue Fideliskirche gebaut. Diese und den dazugehörenden Turm hätten die Muntliger wohlweislich nicht aneinander, sondern getrennt errichtet, damit man bei einer eventuell nötigen Zwangsversteigerung nicht beide miteinander versteigern müsse.

Bei den Muntligern von heute scheint indes eine andere Erklärung ihres Übernamens eher Zustimmung zu bekommen. Er sei der Hinweis auf das einstmals häufige Vorkommen von – Kröpfen. Was damit gemeint ist, muss der jüngeren Generation inzwischen wahrscheinlich bereits erklärt werden. Es geht dabei um vergrößerte Schilddrüsen, was vor allem auf Jodmangel im Trinkwasser zurückzuführen ist. Früher waren solche Kröpfe nichts Seltenes, und erreichte eine derartige Geschwulst am Hals eine gewisse Größe und schwankte entsprechend hin und her (siehe oben »Hin und Her«!), so sprach man eben von »Schäalla« und deren Trägerinnen und Trägern, den »Schäalli«. Gleichzeitig teilten diese und mit ihnen eben auch gleich alle anderen Ortsbewohner mit diesem Übernamen das Los, das den Riefensbergern zum gleichen Namen verholfen hatte.

Nach so viel Lob – zumindest was das Glockenläuten des Herdenviehs anlangt – verträgt man wohl auch eine jener nicht besonders einfallsreichen Bezeichnungen, wie sie die Nachbarn den Bewohnern des Ortsteils Arka – etwa 700 m rechts frutzaufwärts von der Frödischmündung – gegeben haben: »Studabrunzer«. Die Erklärung ist einfach: Früher seien oft viele in den so genannten

»Stürcher« (südwestl. der Alpe Gapfohl) zum Beerensammeln gegangen, vor allem Heidel- und Himbeeren waren gefragt. Dabei seien sie natürlich auch in den Stauden herumgekrochen, womit der erste Wortbestandteil erklärt ist. Der zweite muss nicht unbedingt wörtlich genommen werden, schließlich ist die liebe Nachbarschaft mit Bezeichnungen dieser Art bekanntlich meistens nicht zimperlich. Indes wäre gegen die dabei praktizierte Tätigkeit in Gottes freier Natur sicher nichts einzuwenden, zumal sie ausdrückte, wie wenig Zeit sich die eifrigen Beerensucher nahmen, ihre Arbeit zu unterbrechen. Wer dieser Argumentation nichts abgewinnen kann, sei an ein altes Vorarlberger Sprichwort erinnert: *»Ma suacht nit hinter da Studa, wemma nit scho seal dahinter khockat ischt.«*

Nachwort

»Das ist nicht auf seinem Mist gewachsen«, mögen sich manche der Leserinnen und Leser gelegentlich bei der Lektüre gedacht haben. Sie haben Recht, viel ist abgeschrieben oder irgendwo aufgeschnappt worden. Doch selbst Goethe sagt einmal:

»Diese Worte sind nicht alle in Sachsen
noch auf meinem eignen Mist gewachsen ...«

Auf unser Land übertragen, gilt immerhin, dass das Berichtete nicht nur in Vorarlberg gewachsen, sondern auch dort gesät worden ist.

Und wenn der gerade erwähnte Geheimrat gleich darauf fortsetzt, was da an Samen zu ihm gekommen sei ... »erzog ich im Lande gut gedüngt«, kann der Autor dieser sicher etwas ausgefallenen Sammlung guten Gewissens behaupten, auch er habe das an ihn Herangetragene nach seinen Möglichkeiten »gedüngt«, gedüngt mit den zahlreichen Veröffentlichungen jener, die sich bereits vor vielen Jahren mit den Hintergründen dieser Übernamen beschäftigt haben, und mit den Ergebnissen seiner Nachforschungen und Befragungen. Mit reinen Namenslisten war nämlich in den meisten Fällen kaum etwas anzufangen. Ein Beispiel für viele soll es verdeutlichen:

Da flatterte eines Tages eine schöne Auflistung solcher Übernamen auf den Schreibtisch des Autors. Unter den erwähnten Namen war auch einer für Höchst dabei, der »Wiesastorar« lautete. Für einen Ländle-Bewohner eigentlich ein klarer Fall: Leute, die in der Wiese »storan«, also herumstochern. Wozu? Maulwürfe vertreiben zum Beispiel oder Mäuse. Waren vielleicht Mäusefänger gemeint? Vielleicht sogar berufsmäßige? Es war nämlich gar nicht so selten, dass eine Gemeinde ihr Gebiet an Mäusefänger übergab, die nebenberuflich versuchten, die Plage einzudämmen. Warum soll es so etwas nicht auch in Höchst gegeben haben! Nannte man nicht die Nachbarn in Fußach unter anderem auch »Müslar«? Aber Nachfragen ist immer gut, und prompt kam von einem Höchster die Auskunft, der Übername laute richtig: »Wießasterer« und es gehe dabei um Bäume, welche die Früchte der Sorte »Weißer Klarapfel« aufgepfropft bekommen hätten, und zwar nur auf einen ihrer Äste. Aus diesen Ästen waren dann eben »Asterer« geworden, das klingt logisch. Ob es richtig ist, ist nach wie vor nicht entschieden, denn bei einer weiteren Erklärung blieb es zwar bei den Äpfeln, aber nun ging es um eine andere Frühsorte, die »Weißer Astrachan« hieß. Aus anfangs vermuteten Mäusejägern waren somit über Klarapfel-Begeisterte schließlich – möglicherweise – Liebhaber dieser heute nur noch wenigen bekannten Frühsorte geworden.

Abschließend soll, nein, muss an dieser Stelle noch ein großer Dank ausgesprochen werden, am meisten sicher dem oft genannten Dr. Artur Schwarz. Über viele Jahre hinweg ist er den Hinweisen auf solche Übernamen nachgegangen und hat die Ergebnisse seiner Forschung in etlichen Beiträgen veröffentlicht. Der Autor des vorliegenden Buches hat selbst den Unterricht des gebürtigen Langeneggers als Professor am Bundesgymnasium Bregenz erlebt und – das darf er ohne zu übertreiben sagen – genossen.

Vieles vom Zusammengetragenen stammt aus alten Zeitungsberichten und Notizen von längst verstorbenen Heimat- und Volkskundlern, etliches von versierten Fachleuten auf diesem speziellen Gebiet, wie sie bekanntlich jeder Ort besitzt, aber auch von anderen Personen, denen das Thema wichtig genug war, ihre Erfahrungen und ihr Wissen darüber einem neugierigen Frager mitzuteilen. Dafür möchte sich dieser bei allen herzlich bedanken.

Der Rankler Hofrat Dipl.-Ing. Josef Märk, der für seine Heimatgemeinde Rankweil 235 (!) »Hus- und Öbernämma« gesammelt und erklärt hat, schreibt am Ende seiner langen Liste, die Aufgezählten seien … *lutter Hirschflözer und Isastäackazweier.*

Und dann beschließt er sein Gedicht mit dem Vierzeiler:

»Und met da Spengler, Engeriderer, Schäalli, Eusäbitöter,
Stinker, Räbaschwänz, Schnetz und anderna Fretter,
met Hasagnager, Schollafräasser und Bammilibüch
freuen mir üs a alta Näma und alta Brüch.«

Seine abschließende Feststellung deckt sich mit dem Wunsch des Autors, wie er die vorliegende Sammlung verstanden und aufgenommen wissen möchte.

Franz Elsensohn
Götzis, 2007

Literatur

Albrich, Franz: Wie die Haselstauder zu ihrem Übernamen kamen. In: Dornbirner Schriften 10 (1990), S. 3 – 6

Allgäuer, Hubert: Gemeinden und die Übernamen für ihre Bewohner (Typoskript). Gisingen 2005

Bächtold-Stäubli, Hanns (Hg.): Handwörterbuch des deutschen Aberglaubens. Berlin/Leipzig 1927 – 1942

Barbisch, Hans: Vandans. Eine Heimatkunde aus dem Tale Montafon in Vorarlberg. Innsbruck 1922

Baur, Walter: So gond di Gäng. Sprüche und Redewendungen in Lustenauer Mundart. Lustenau 1980

Beitl, Klaus (Bearb.): Wörterbuch der deutschen Volkskunde. Stuttgart 1974

Berchtold, Wolfgang: August Berchtold. In: Walter Fehle (Hg.): Heimatbuch Götzis. Götzis 1988, 2. Teil, S. 330 – 332

Biedermann, Johann B.: Nüt för uguat - Gedichte in Montavoner Mundart. Bludenz 1898

Bilgeri, Benedikt: Der Getreidebau im Lande Vorarlberg. Ein Beitrag zur Wirtschafts-, Siedlungs- und Stammesgeschichte. In: Montfort 2 (1947), S. 178 – 248 – 4 (1949), S. 11 – 49 und S. 142 – 229

Bilgeri, Benedikt: Der Bund ob dem See. Vorarlberg im Appenzellerkrieg. Stuttgart 1968

Borger, Otto: Maisasarbat. Montafoner Mundartgedichte. Schruns 1958

Borger, Otto: Die Lötschta. Montafoner Mundartgedichte. Schruns 1968

Borger, Otto: Ds Johr dor. Montafoner Mundartgedichte. Schruns 1983

Burmeister, Karl Heinz: Die Gemeindewappen von Vorarlberg. Sigmaringen 1975

Burmeister, Karl Heinz (Hg.): Röthis - Geschichte und Gegenwart. Röthis 1982

Burtscher, Quido: D' Zunftfahne. In: Bludenz aktuell 27 (1979), S. 25 – 26

Diem, Armin: Do Stubat-Buob (S. 113) – Frühling (S. 149). In: Artur Schwarz (Hg.): In der Sprache der Heimat. Bregenz 1956

Dieth, Franz: Volkspoesie. Volksreime aus Hirschau. In: Heimat 4 (1923) S. 9 – 16

Dobler, Eugen: Hot vom Zu. In: Artur Schwarz: Die Ortsübernamen von Vorarlberg. In: JbLMV 1958/59, S. 58 – 75, hier 58 f.

Dörler, Adolf: Schilda in Vorarlberg. In: Bothe für Tirol und Vorarlberg, 17. Februar 1896

Dörler, Adolf: Märchen und Schwänke aus Nordtirol und Vorarlberg. In: Zeitschrift d. Vereins f. Volkskunde 16 (1906), S. 278 – 302

Dünser, Ulrich: Götzis. In: VVK (1907–1912), hier 1911, S. 42–44
Eichenberg, Gemeinde (Hg.): 75 Jahre Gemeinde Eichenberg, Lochau 1998
Elmenreich, Ferdinand; Feurstein, Gottfried: Die Landwirtschaft Vorarlbergs. In: Karl Ilg: Landes- und Volkskunde, Geschichte, Wirtschaft und Kunst Vorarlbergs. Band 2. Innsbruck-München 1968, S. 345–409
Elsensohn, Hugo: Ortsübliche Neckereien. In: Heimat 4 (1923), S. 19–21
Endrös, Hermann; Weitnauer, Alfred (Hg.): Allgäuer Sagen, 2. Auflage. Kempten 1954
Erne, Franz Heinz: 25 Jahre Obst- und Gartenbauverein Thüringen. Bludenz 1975
Felder, Franz Michael: Nümmamüllers und das Schwarzokaspale – ein Lebensbild aus dem Bregenzerwald. Lindau 1879
Feßler, Josef: Die Eigenart der Bevölkerung von Fontanella, ihre Gliederung und Erwerbsmöglichkeiten: Berücksichtigung im Schulablauf. Fontanella 1955
Fetz, Josef: Bregenzerwald-Geschichte. 1. Band. Lochau 1966
Fetz, Josef: Die Schwozer. In: Montfort 2 (1947) 7/12, S. 296–297
Feuerstein, Josef; Sauerwein, Herbert: Schröcken – Ein Walserdorf im Wandel der Zeit. In: Walserheimat in Vorarlberg 9 (1971), S. 3–16
Fink, Xaver: Die Flurnamen zu Doren. In: Werner Vogt: Sagen aus der Talschaft Bregenzerwald. Dornbirn 1992, Nr. 59
Fischer, Hermann (Bearb.): Schwäbisches Wörterbuch. Tübingen 1904–1936
Fitz-Grabher, Sieglinde: Onderliechts – Gedichte in Lustenauer Mundart. Lustenau 1987
Flaig, Walther: Das Silvretta-Buch. Konstanz 1954
Frick, Helmut: Spengler und Engeridörrer: In: Sulner Funka-Blättle 1991, S. 4–6
Frick, Johann Ferdinand: Heimatkunde der Ortschaft Gisingen. Feldkirch 1929
Fritz, Anton: Der Berger und der Taler. In: Bludenzer Anzeiger, 10. Feber 1962
Fritz, Anton: Ortsneckereien aus der Innerfratte. In: Bludenzer Anzeiger, 17. März 1962
Fritz, Anton: Ortsneckereien aus der Außerfratte. In: Bludenzer Anzeiger, 21. April 1962
Fußenegger, Gebhard: Doarobiorar Jungfara. In: Vorarlberger Liederbuch. Bregenz 1981, S. 214
Gabriel, Eugen: Namen und Mundart. In: Ebnit (Dornbirner Schriften, Sonderheft Nr. 1). Dornbirn 1992, S. 60–62
Gamon, Karl: Sagen und Geschichten aus Nenzing. Nenzing 1986
Ganahl, Reinhard: Heimatkundliche Beiträge über Brand zum Jubiläumsjahr »650 Jahre Brand«. Brand 1977
Gasser, Josef: Spitznamen mit tieferer Bedeutung. In: Heimat, 11 (1930), S. 282–286

Gmeiner, Emil: Die Schwarzacher Wetzsteinschleiferei. In: Gemeinde Schwarzach (Hg.): Heimat Schwarzach. Schwarzach 1990, S. 200 – 207
Goop, Adulf Peter: Brauchtum in Liechtenstein. Vaduz 1986
Grabher, Hannes: Lustenauer Mundartdichtungen. Lustenau 1937
Grabher, Hannes: Brauchtum, Sagen und Chronik. Lustenau 1956
Grabher, Hannes: Vrschnäppt. In: Artur Schwarz (Hg.): In der Sprache der Heimat. Mundartgedichte Vorarlbergs von einst und jetzt. Bregenz 1956, S. 233
Grabher, Hannes: D' Sprooch. In: Ders.: So is 's Läobo. Lustenau, 1963, S. 109
Grabher, Hannes: D' Hörnlar. In: VVK (1970), S. 91
Grabher, Hannes: Z' Luschtnou duß. In: Pauli Hofer (Hg.): Was sengt ma? Lustenau 1980, S. 20
Grabher-Meyer, Maria: Vorarlberger Sprichwörter und Redensarten im Volksmund (Typoskript). Feldkirch 1967
Gross-Müller, Ida: Käsknöpfle. In: VVK (1985), S. 156
Häfele, Franz: Aus der Geschichte des Obstbaues. In: Holunder 4 (1926) 44
Häfele, Franz: Über den Namen Dornbirn. In: Feierabend 16 (1934) 24, S. 267 f.
Hagen, Kaspar: Gedichte in der Bregenzer Mundart, hg. von Emil Allgäuer. Bregenz 1921
Hagen, Werner: Ämlig. In: Ebnit (Dornbirner Schriften, Sonderheft Nr. 1). Dornbirn 1992, S. 94-95
Hager, Arthur (Hg.): Meiningen – aus der Geschichte einer Grenzgemeinde. Meiningen 1981
Hauser, Christian: Vorarlberger Volks- und Ortsneckereien. In: Alemannia 18 (1890), S. 183 – 185
Häusle, Johannes: Rankweiler Chronik in zwei Teilen (Manuskript-Kopie). Rankweil 1746/1758
Hehle, Erwin: Geschichten aus dem Großen Walsertal: Sonntag, Die »Alpenrose«, Buchboden, Bad Rotenbrunnen. Feldkirch 1992
Heim, Siegfried: Hot und wist. In: So heo s i ghört. In: Heimat Wolfurt 11 (1993), S. 45
Hensler, Anna: Allerlei von landfahrendem Volk, von Frutzhäglern und Montafoner Karrenziehern. In: Vorarlberger Landeszeitung 1922, 22. Februar 1922 – 4 Folgen
Hensler, Anna: Zu den Vorarlberger Volkssagen. In: Feierabend 14 (1932) 25, S. 410 – 412
Henrich, Josef: Laterns und sein Wald. In: Feierabend 16 (1934) 37, S. 413 – 414
Henss, Herti: Die fünfte Jahreszeit vom Arlberg bis zum Bodensee. Hard 2004
Herburger, Johann Conrad: Lingenauer Chronik. Lingenau 1818
Hiller, Joseph: Au im Bregenzerwald: 1390 – 1890; zur Erinnerung an das 500jährige Pfarr-Jubiläum. Bregenz 1894
Hopfner, Isidor: Die Namen Vorarlbergs auf der neuen Landeskarte. Bregenz 1911

Hörmann, Ludwig von: Wanderungen in Vorarlberg. Innsbruck 1895
Hörmann, Ludwig von: Im Spätherbst auf den Hohen Freschen. In: Feierabend 1 (1919) 38, S. 188 – 192 u. 39, S. 195 – 196
Hörmann, Ludwig von: Volkstümliche Sprichwörter und Redensarten aus Vorarlberg. In: Feierabend 1 (1919) 38, S. 187 – 188
Jutz, Leo (Bearb.): Vorarlbergisches Wörterbuch mit Einschluß des Fürstentums Liechtenstein. Wien 1960
Keller, Anton: Aufzeichnungen zu Spottgedichten (Manuskript). Dornbirn 1929
Keßler, Johann Jakob: D' Muntafuner. In: Richard Beitl: Deutsche Volkskunde. Berlin 1933
Kilga, Burkhard: Mäder – Heimatdorf am Rhein (Schriftenreihe der Rheticus-Gesellschaft 35). Feldkirch 1997
Köhlmeier, Wise: Wolfurt in Chroniken und Berichten. Wolfurt 1982
Konzett, Ignaz (Hg.): Fragmente aus dem Volksleben im grossen Walsertale vom Pfarrer Johann Rinderer mit einer Zugabe von Witzen und Sprüchen aus dem Tale vom Herausgeber Ignaz Konzett, Oberlehrer in Frastanz. Bludenz 1904
Längle, Anton: Vorarlberger Spitznamen (Manuskript). Götzis 1929
Leipold-Schneider, Gerda: Fischerei in See und Rhein. In: Heimatbuch Höchst Band 1. Lochau 1994, S. 121 – 153
Lins, Rainer (Hg.): Tisis – Dorf- und Kirchengeschichte (Schriftenreihe der Rheticus-Gesellschaft 28). Feldkirch 1992
Ludescher, Martha: Wia mir dr Schnabl gwaksa ischt. Altaschtädtner Dialektusdrück. Feldkirch o. J.
Lürzer, Friedrich von: Das Bodenseeufer zwischen der alten und neuen Rheinmündung in Vorarlberg. In: Blätter für Naturkunde und Naturschutz 28 (1941) Heft 2, S. 15
Lutz, Edith; Lutz Klaus (Hg.): O Hoamatle! – O Hoamatle? (Mundart in Vorarlberg 1) Bregenz 1985
Madlener, Reinold: D' Schollafreasser (Typoskript). Koblach 1974
Malin, August; Hosp, Willy: Der Hurnus - Organ sämtlicher karnevalistisch, komisch, ulkisch, publizistisch veranlagten Hurnisse. Feldkirch 1923
Märk, Josef: Rankweiler Hausnamen. In: Josef Bösch (Hg.): Heimat Rankweil. Rankweil 1967, S. 462
Märk, Josef: Rankler Hus- und Öbernämma (Typoskript). Rankweil 1983
Märk, Josef: Oberländer Späaltabürger. In: VVK (1988), S. 122-130
Mennel, Othmar: Zwüschad Aah und Subers. Vorderwälder Mundartgedichte. Band 2. Hard 1993
Metzler, Franz: Der Geißhirt. In: R. Hansen u. J. Bitsche: Meine Welt – Vorarlberger Lesebuch, Teil 1, S. 310 f.
Metzler, Georg: Gemüsebau in Ludesch. In: Gemeinde Ludesch (Hg.): Ludesch. Ludesch 1996, S. 198 – 209

Metzler, Josef: Der Obst- und Gartenbau in Andelsbuch im Wandel der Zeit. In: Andelsbuch informiert 5 (1976), S. 14–16
Mittelberger, Johann Josef: Berg und Dorf. In: VVK (1964), S. 36–43
Montafon (Hg.): Montafoner Heimatbuch, 2. Auflage. Schruns 1980
Müller, Christine: Die Entstehung des Namens »Lumpasämmler«. In: Ortskundliche Stoffsammlung von Götzis (Typoskript). Götzis 1988
Müller, Siegfried: Eine Sammlung des heimatkundlichen Stoffes für die Volksschule Fraxern (Hausarbeit). Fraxern 1949
Nachbaur, Jakob: Übernamen der Gemeindebürger in der Region Vorderland. In: Ders.: Die kleine Chronik - Zeitgeschichte und Statistiken, geschichtlicher Rückblick von 1923 bis 1998 vorwiegend über Dafins und die Gemeinde Zwischenwasser. Sulz 1998, S. 175–177
Neßler, Nikolaus: Der passende Dank. In: Katholischer Volkskalender 1925, S. 149
Neururer, Norbert: Landschaft und Siedlung. In: Artur Schwarz (Hg.): Heimatkunde von Vorarlberg. Bregenz 1949, S. 105 ff.
Neyer, Bruno: Bludenz - das Alpenstädtlein im Walgau. Bludenz 1996
Niederer, Gebhard: Gaissau. Aus der Geschichte eines Grenzdorfes. Dornbirn 1962
Nußbaum, Ambros: Gedichte rund um den Kummaberg. Dornbirn. o. J.
Oster, Maria: Die heilsame Roßbadquelle. In: Vorarlberger Nachrichten, 19. Juli 1969, S. 27
Pühringer Dagmar: Heimatkundliche Stoffsammlung von Schnepfau (Typoskript). 1986
Reiser, K. A.: Allgäuer Sagen, Aus K. A. Reisers »Sagen, Gebräuche und Sprichwörter des Allgäus« ausgewählt von Hulda Eggart, Kempten/München 1914
Röhrich, Lutz: Lexikon der sprichwörtlichen Redensarten. Freiburg-Basel-Wien 2003
Ruoff, Arno; Gabriel Eugen: Die Mundarten des Montafons (Schriften der Vorarlberger Landesbibliothek, Band 7). Graz 2003
Sander, Hermann (Hg.): Joseph Feldkirchers Gedichte in der Mundart von Andelsbuch. Innsbruck 1877
Sander, Hermann: Die Erwerbung des vorarlbergischen Gerichtes Tannberg durch Österreich. Innsbruck 1886, S. 23
Sander, Hermann: Volks- und Ortsneckereien in Vorarlberg. In: Alemannia 16 (1888), S. 94–96
Sander, Hermann: Beiträge zur Rechts- und Culturgeschichte des vorarlbergischen Gerichtes Tannberg. Innsbruck 1892, S. 24
Sander, Hermann: Dichterstimmen aus Vorarlberg. Innsbruck 1895, S. 298
Sayn-Wittgenstein, Franz zu: Vorarlberg und Liechtenstein. München 1989
Schatzmann, Franz A.: Bangs. In: Heimat 4 (1923) S. 146–149

Schatzmann, Franz A.: Heimatkunde der Altgemeinde Altenstadt: kleine Bilder und Aufsätze. Nofels 1928
Schelling, Georg: Besenopfer In: VVK (1964), S. 70 – 74
Scherrer, Hildegard: A Ströafle Sunnaschie. Mundartgedichte. Feldkirch-Gisingen 1994
Schleh, Johann Georg: Hystorische Relation (Embser Chronik). Hohenems 1616 (Nachdruck Bregenz 1935)
Schwarz, Artur: Die »Schwozer«. In: Montfort 1 (1946) 3/4, S. 118 – 120
Schwarz, Artur (Hg.): In der Sprache der Heimat. Mundartgedichte Vorarlbergs von einst und jetzt. Bregenz 1956
Schwarz, Artur: Die Ortsübernamen von Vorarlberg. In: JbLMV 1958/59, S. 55 – 75
Schwarz, Artur: Der Witzvogel in Übernamen. In: Vorarlberger Nachrichten, 7. Feber 1959
Schwarz, Artur: Naturberufe in Vorarlberger Ortsübernamen. In: Vorarlberger Nachrichten, 9. Mai 1959
Schwarz, Artur: Geschichtliches Erbgut in den Ortsübernamen Vorarlbergs. In: VVK (1960), S. 51 – 54
Schwarz, Artur: Ortsübernamen im Vorderland. In: Jahresbericht der Bürgergemeinschaft Rankweil 1961, S. 23 – 31
Schwarz, Artur: Humor in den Vorarlberger Ortsübernamen. In: VVK (1963), S. 91 – 94
Schwarz, Artur: Heimatbuch Egg. Egg 1974
Schwarz, Artur: Blick ins vergangene Jahr (Lustenau/Brand). In: VVK (1974), S. 161
Schwarz, Artur: Sprichwörter und Redensarten im Zwielicht. In: VVK (1978), S. 84 – 88
Schwarz, Artur: Nebenberufe in früheren Zeiten. In: VVK (1981), S. 93 – 97
Schwarz, Artur: Die Hebisepflanzer aus Schnepfau. In: VVK (1983), S. 61 – 63
Schwarz, Artur: Vorarlberger Sprüch. 2. Aufl., Bregenz 1983
Schwendinger, Klara: Goßar-Leod. In: Artur Schwarz (Hg.): In der Sprache der Heimat. Bregenz 1956, S. 160 f.
Schwendinger, Klara: Allarhand und'ranand. Damüls 1986
Schwimmer, Johann: Vorarlberger Berg- und Ortsnamen. Vorarlberger Volksblatt, 8. April 1952
Seeger, Ludwig: Die bsegneta Schwi. In: Feierabend 11 (1929) 35, S. 340
Seeger, Ludwig: Gsätzle und Gsängle. In: Artur Schwarz (Hg.): In der Sprache der Heimat. Bregenz 1956, S. 256 ff.
Seeger, Ludwig: Nit lugg lo! Mundartgedichte. Rankweil 1986
Seyfried, Hedwig: Das Brauchtum von Weiler und seine Verwertung im Unterricht. Weiler 1937
Stadelmann, Eugen: Mufängarfasnatlied – D' Kapealloschaltar. In: Mir Hardar. Hard 1980, S. 21 f., 95 f.

Stadelmann, Eugen: Hard, wie's war vor über hundert Jahr'. In: VVK (2003), S. 65 f.
Steiner, Thaddäus: Namen und Siedlung am Sulzberg. In: Montfort 46 (1994) 3, S. 304
Steub, Ludwig: Alpenreisen. München 1978
Steub, Ludwig: Streifzüge durch Vorarlberg. Hg. von Hans Nägele. München 1908
Thurnher, Eugen: Redensart, Volksschauspiel und Sagengut. In: Karl Ilg (Hg.): Landes- und Volkskunde. Geschichte, Wirtschaft und Kunst Vorarlbergs, Band III – Das Volk. Innsbruck 1961, S. 135 – 167
Tiefenthaler, Meinrad (Hg.): Bericht über die Kreisbereisung des Kreishauptmannes Franz Anton von Daubrawa, 1819. In: Ders.: Die Berichte des Kreishauptmannes Ebner. Bd. 2 der Schriften zur Vorarlberger Landeskunde. Dornbirn 1950
Tschaikner, Manfred: Feige Feldkircher, leichtgläubige Bludenzer, lüsterne Montafoner und »trogne« Walser – ein spöttisches Gedicht über die Gemeinden des Vorarlberger Oberlandes von Rankweil bis Gaschurn aus dem Jahr 1670. In: Bludenzer Geschichtsblätter 75 (2005), S. 43 – 78
Ulmer, Andreas: Die Volkserhebungen gegen die Josefinischen Neuerungen in Dornbirn (1789-91). In: Montfort 3 (1948), S. 50
Ungenannt: Topographie von Vorarlberg. In: Vorarlberger Landeszeitung, 17. Juni 1893
Ungenannt: Aus der Vorzeit von Hohenweiler. In: Holunder 7 (1929), Nr. 52, S. 1 – 2
Ungenannt: Wie man die Schollen entdeckte. In: Holunder 37 (1929), S. 1 f.
Ungenannt: Aus der Geschichte der Gemeinde Buch. In: Holunder 8 (1930), Nr. 42, S. 1 – 3
Ungenannt: D' Krottafischle. In: Bürscher Krottablatt, 20. Feber 1972
Vallaster, Christoph: Kleines Vorarlberger Heilbäderbuch (Ländle-Bibliothek, Band 2). Dornbirn 1984
Vallaster, Christoph: Das Vorarlberger Tabakbuch. Dornbirn 1985
Vogt, Werner (Bearb.): Erzählungen und Sagen aus der Talschaft Bregenzerwald. Dornbirn 1992
Vogt, Werner: … auf ein lockendes »Hall, Hall«. In: Bregenzerwaldheft 8 (1989), S. 58
Vorarlberger Volksliedwerk (Hg.): D' Riedargaß. In: Vorarlberger Liederbuch. Bregenz 1981, S. 212
Wanner, Gerhard: Historische Fastnachtsbräuche in Feldkirch. In: VVK (1992), S. 93 – 96
Weber, Karl: Chronik für die Gemeinde Satteins (Typoskript). Satteins o. J.
Weggemann, Ernst: Fruchtgesegnete Gärten. In: Franz Heinz Erne: Der Obere Walgau. Thüringen 1959, S. 93 – 97

Wehinger, Herbert: Der Weinbau in Röthis. In: Karl Heinz Burmeister (Hg.): Röthis – Geschichte und Gegenwart. Röthis 1982, S. 433 – 476
Weizenegger, Franz Joseph: Vorarlberg. Aus dem Nachlaß bearbeitet und herausgegeben von Meinrad Merkle, I. Teil. Innsbruck 1839
Wichner, Josef: Vom Arlberg zum Bodensee. Ein Vorarlberger Heimatbuch – ausgewählte Erzählungen. Regensburg-Wien 1919
Wiederin, Bruno: D' Schnäggle. In: Vorarlberger Volkskalender 1988, S. 84
Winsauer, Gebhard: Der Name Dornbirn. In: Heimat 7 (1926) Dornbirnerheft, S. 115
Wirthensohn, Ernst: Dorfbuch Thal - Die Geschichte der Fraktion Thal, Gemeinde Sulzberg (Typoskript). Sulzberg 1985
Wolf, Albert: Vorarlberger Ortsübernamen – Sammlung. Gemeindearchiv Lech o. J.
Wölfle, Gebhard: Gedichte in der Mundart von Bizau. Dornbirn 1927
Wratzfeld, Viktor: Schollenstechen im alten Lauterach. In: Jahresbericht des BORG Lauterach 87/88, S. 59 – 64
Zehrer, Josef: Die Ortsnamen von Vorarlberg. In: JbLMV 1957, Bd. 2, S. 76 – 170 – 1960 (1961), S. 107 – 211 – 1967, S. 9 – 48
Zehrer, Josef: Flurnamensammlungen im Vorarlberger Landesarchiv. In: JbLMV 1978/79, S. 191 – 198
Zerlauth, Anneliese: Gartaarbat. In: Gemeinde Ludesch (Hg.): Ludesch. Ludesch 1996, S. 211
Zösmair, Josef: Die Ortsnamen des Gerichtsbezirkes Bludenz in Vorarlberg. Bludenz 1888
Zösmair, Josef: Die Ortsnamen Vorarlbergs und Liechtensteins aus Personennamen - Ein Beitrag zur Besiedlungsgeschichte dieser Gebiete. Dornbirn 1921

***

Alemannia = Alemannia – Zeitschrift für Sprache, Literatur und Volkskunde des Elsasses und Oberrheins. Freiburg i. Br.
Bludenzer Anzeiger = Anzeiger für den Bezirk Bludenz. Bludenz
Feierabend = Feierabend - Wochenbeilage zum Vorarlberger Tagblatt. Bregenz
Heimat = Heimat – Volkstümliche Beiträge zur Kultur und Naturkunde Vorarlbergs. Bregenz
Holunder = Holunder – Wochen-Beilage für Volkstum, Bildung und Unterhaltung zur Vorarlberger Landes-Zeitung. Bregenz
JbLMV = Jahrbuch des Vorarlberger Landesmuseumsvereins. Bregenz
Montfort = Montfort – Vierteljahresschrift für Geschichte und Gegenwart Vorarlbergs. Dornbirn
VVK = Vorarlberger Volkskalender. Dornbirn

Auskunftspersonen

Albrich, Franz, Dornbirn
Allgäuer, Hubert, Prof., Gisingen
Amann, Gebhard, Schnifis
Amann, Robert, Schnifis
Ammann, Wilfried, Ludesch
Baur, Walter, Lustenau
Bayer, Rainer, Tosters
Bereuter, Georg, Lingenau
Bischof, Bruno, Damüls
Blank, Helmut, Sulzberg
Böhler, Hermann, Doren
Borg, Josef, Nenzing
Breiner, Hildegard, Bregenz
Brunn, Katharina, Krumbach
Burtscher Elisabeth, Fontanella
Dietrich, Richard, Dipl.-Ing., Lauterach
Dönz, Manfred, Schruns
Duelli, Rainer, Übersaxen
Dür, Wilfried, Mag., St. Gallenkirch
Eberle, Anton, Bildstein
Ehrenberger, Hugo, Langenegg
Ess, Albert, Prof., Altenstadt
Feurstein, Helmut, Dr., Bregenz
Fink, Anton, Egg
Fink, Otto, Lingenau
Fink, Robert, Gisingen
Fitz, Sieglinde, Lustenau
Franz, Anton, Egg
Fritsche, Karl, Bürserberg
Fritz, Tiburt, Mittelberg
Fritz, Willi, Dalaas
Galehr, Judith, Götzis/Meschach
Gmeiner, Emmerich, Prof., Hörbranz
Gomm, Peter, Eichenberg
Grabher, August, Fußach
Halder, Gallus, Sigmarszell
Haller, Ludwig, Sulzberg
Hansjakob, Werner, Hörbranz
Hartenstein, Michael, Dr., Gaißau
Heim, Siegfried, Wolfurt
Hopfner, Ewald, Buch
Jagg, Bruno, Fußach
Jussel, Guntram, Dr., Bludesch
Knecht, Kurt, Rankweil
Köhlmeier, Ernst, Hard
Konzett, Ludwig, Satteins
Küng, Rudolf, Bludenz
Lampert, Karl, Göfis
Längle, Elmar, Götzis
Mähr, Frieda, Düns
Mähr, Ludwig, Düns
Maldoner Anton, Alberschwende
Mangeng, Karl-Heinz, Dornbirn
Mathis, Josef, Muntlix
Matt, Werner, Mag., Dornbirn
Mennel, Anton, Riefensberg
Mennel, Othmar, Dornbirn
Meusburger, Fidel. Bezau
Meusburger, Lydia, Schwarzenberg
Meusburger, Xaver, Schnepfau
Nachbaur, Rosa, Laterns
Nachbaur, Werner, Fraxern
Nesensohn, Jakob, Laterns
Nigsch, Germana, Schoppernau
Nikolussi, Erich, Klösterle
Nußbaumer, Peter, Langenegg
Nußbaumer, Renate, Langenegg
Pachner, Felix, Bürs
Plank, Robert, Meiningen
Rusch, Gert, Höchst
Sagmeister, Rudolf, Vandans
Schallert, Elmar, Dr., Nüziders
Schallert, Erich, Brand
Schallert, Manfred, Lochau

Scheibenstock, Emil, Bartholomäberg
Schneider, Albert, Höchst
Schneider, Bartle, Schwarzenberg
Schneider, Josef, Marul
Selb, Josef, Gaißau
Sinz, Egon, Dr., Kennelbach
Stadelmann, Fidel, Höchst
Stadelmann, Germana, Hard
Strolz, Ida, Wald a. A.
Sturn, Elmar, Röthis
Sutterlüty, Anton, Dr., Egg
Thoma, Edwin, Dalaas
Troy, Kaspar, Egg
Vallaster, Adolf, Mäder
Vogt, Werner, Hard
Walser, Petra, Dr., Lech
Wasserer, Walter, Lochau
Welte, Thomas, Mag., Frastanz
Wüstner, Jodok, Satteins
Zech, Ernst, Lorüns
Zech, Otto, Nüziders
Zirovnik, Ilse, Ebnit